Vos
zones
erronées

Dr WAYNE W. DYER

Vos zones erronées

Identifiez et éliminez
vos comportements négatifs

Traduit de l'américain
par
Michel Deutsch

Titre original
Your Erroneous Zones

Copyright
© Wayne W. Dyer, 1976

Édition
Mortagne Poche
C.P. 116
Boucherville, Qc
J4B 5E6

Diffusion
Tél.: (450) 641-2387
Téléc.: (450) 655-6092
Email: info@editionsdemortagne.com

Tous droits réservés
Les Éditions de Mortagne
© Copyright Ottawa 1983
Mortagne Poche
© Copyright 1993

Dépôt légal
Bibliothèque national du Canada
Bibliothèque national du Québec
2e trimestre 1993

ISBN: 978-2-89074-534-6

16 17 18 19 20 - 93 - 12 11 10 09 08
Imprimé au Canada

A Tracy Lynn Dyer,
*Je t'aime de la manière particulière
dont j'ai écrit ces pages.*

Sommaire

*Toute la théorie de l'univers est infailliblement
orientée vers un seul et unique individu. Vous.*

Walt WHITMAN

INTRODUCTION

Quelques considérations personnelles

Un jour, devant un public d'alcooliques, un orateur essayait de démontrer, une fois pour toutes, que l'alcool était l'abomination de la désolation. Il avait disposé sur l'estrade deux récipients identiques contenant l'un et l'autre un liquide incolore. L'un d'eux, déclara-t-il, est rempli d'*aqua simplex*, l'autre d'alcool pur. L'orateur fit tomber un petit ver de terre dans le premier récipient. Tout le monde vit le ver frétiller et grimper le long de la paroi intérieure du bocal pour arriver tout tranquillement à la surface. Puis il plongea le même ver dans le récipient d'alcool : la bestiole se désintégra littéralement sous les yeux de l'assistance.

— Quelle conclusion peut-on tirer de cette démonstration ? demanda alors l'orateur.

Quelqu'un, au fond de la salle, répondit à haute et intelligible voix :

— Si je comprends bien, quand on boit de l'alcool, on est sûr de ne jamais avoir de ver.

Il y a beaucoup de vers dans ce livre. Je veux dire par là que le lecteur y trouvera exactement ce qu'il voudra y trouver compte tenu des valeurs qui sont les siennes, de ses croyances, de ses préjugés et de sa propre vie. Parler de conduites négatives et des moyens d'y remédier, cela ne va pas de soi. Tout un chacun vous dira qu'il ne demande pas mieux que de faire son examen de conscience, dans la ferme intention de changer sa manière d'être, mais la façon dont il se conduit dément souvent cette déclaration préalable.

Changer est chose malaisée. Si vous êtes semblable à la plupart des gens, toutes les fibres de votre être se rebelleront à l'idée de vous attaquer à cette tâche difficile : faire table rase des idées guidant les sentiments et les comportements qui vous sont dommageables.

Néanmoins, en dépit des « vers », je crois que ce livre vous intéressera. Moi, je l'aime ! Et j'ai éprouvé du plaisir à l'écrire.

Si j'estime que la santé mentale n'est pas un sujet à traiter par-dessus la jambe, en revanche, je ne pense pas qu'il soit incompatible avec une certaine dose d'humour et qu'il faille nécessairement employer un jargon incompréhensible pour l'aborder. Je me suis efforcé d'éviter, le plus souvent, les explications alambiquées, parce que je ne me fais pas une idée très compliquée du bonheur.

La santé est un état naturel et les moyens de demeurer en bonne santé sont à la portée de tous. Je prétends qu'un judicieux mélange de travail acharné, de lucidité, d'humour et de confiance en soi sont des ingrédients suffisants pour avoir une existence bien remplie. Je ne crois pas aux formules dogmatiques, aux plongées dans le passé qui nous font découvrir que l'on a eu du mal à apprendre la propreté quand on était petit et que si l'on est malheureux, c'est la faute d'autrui.

Cet ouvrage se veut une agréable approche de l'art de parvenir au bonheur, approche fondée sur la responsabilité vis-à-vis de soi-même, sur la soif de vivre et le désir d'être totalement tel que l'on veut au moment voulu. C'est une approche toute simple qui s'appuie sur le bon sens. Si vous êtes en bonne santé, si vous êtes heureux, peut-être direz-vous : j'aurais pu écrire ce livre.

Et vous aurez raison. Inutile d'être docteur ès sciences humaines pour comprendre les principes qui sont à la base d'une vie efficace. Cela ne s'apprend ni dans les amphithéâtres ni dans les manuels mais en prenant les mesures utiles à son propre bonheur. J'y travaille quotidiennement tout en aidant les autres à faire des choix similaires.

Chacun des chapitres de ce livre est conçu comme une séance de consultation. Nous avons adopté ce parti pris de permettre à chaque lecteur de trouver le moyen de s'aider lui-même dans la mesure du possible. Chemin faisant nous examinerons une « zone de brouillage », un certain type de comportement autodestructeur, et nous explorerons les antécédents historiques de ces conduites dans notre culture (et, par conséquent, en nous). Notre ambition est de vous aider à comprendre *pourquoi* vous êtes piégé dans cette zone négative. Ensuite, nous ferons l'inventaire des conduites spécifiques caractérisant cet état. Les types de comportement dont nous parlerons s'appliquent à des actes quotidiens qui peuvent paraître tout à fait admissibles mais qui, en réalité, sont nuisibles au bonheur. Nous ne prendrons pas pour exemple des cas de déséquilibre émotionnel grave : au contraire, nous nous attacherons aux messages névrotiques que nous émettons tous les jours.

Après avoir passé en revue les comportements propres à ces zones erronées, nous étudierons les *raisons* pour lesquelles les gens s'accrochent de toute leur force à une conduite qui ne les rend pas heureux. Cela nous conduira à disséquer sans pitié la forteresse psychologique que l'on a édifiée pour justifier un comportement autodestructeur au lieu de se détourner de celui-ci. Ainsi nous tenterons de répondre à deux questions : « Que m'apporte le comportement que j'ai adopté ? » et « Pourquoi persister dans ce comportement s'il m'est néfaste ? »

En examinant chacune de ces zones erronées, vous remarquerez sans aucun doute que tous les paragraphes consacrés aux « bénéfices » contiennent un message identique. Vous constaterez que les raisons pour lesquelles on conserve un comportement névrotique présentent une grande cohésion dans toutes les zones erronées quelles qu'elles soient. Le plus souvent, il semble plus sûr de s'en tenir à une réaction acquise, même si elle est autodestructrice. En outre, il n'est pas nécessaire de changer et d'assumer une responsabilité si l'on se garde de toucher aux zones erronées. Les avantages qu'apporte la sécurité apparaîtront avec évidence au fil de ces pages. Vous vous apercevrez alors que tout votre système de garanties psychologiques a pour but de vous disculper et de vous empêcher de changer. Le fait que vous vous attachiez à la sauvegarde d'un grand nombre de comportements autodestructeurs pour une seule et unique raison ne fait que rendre l'épanouissement de votre personne plus accessible. Il vous suffira de l'éliminer pour faire disparaître vos zones erronées.

Chaque chapitre s'achève sur la présentation d'une stratégie directe visant à évacuer le comportement négatif. C'est exactement le schéma d'une séance de consultation : d'abord, exploration de la difficulté, celle-ci cernée, analyse de la conduite mutilante, puis approfondissement du « pourquoi » de cette conduite et enfin établissement d'une tactique concrète en vue d'extirper le point faible.

Peut-être le lecteur trouvera-t-il ce parti pris monotone et répétitif. C'est un bon signe — le signe d'une réflexion efficace. Il y a de nombreuses années que je soigne les gens. Je sais que la réflexion efficace — une réflexion capable de modifier un comportement autodestructeur — ne provient pas seulement du fait de dire quelque chose à quelqu'un. Il faut répéter, répéter sans se lasser. C'est seulement quand l'interlocuteur a entièrement accepté et compris ce qu'on lui a dit que son comportement commence à se modifier. Voilà pourquoi, pour certains thèmes, on tapera et retapera obstinément sur le même clou.

Deux de ces thèmes ont une importance capitale. Le premier a trait à votre capacité à choisir vous-même vos émotions. Il faut commencer par examiner sa propre vie à la lumière des choix que l'on a faits ou que l'on n'a pas faits. Vous assumerez alors la responsabilité de ce que vous êtes et de ce que vous ressentez. Etre plus heureux et plus efficace, c'est avoir une conscience plus claire des choix devant lesquels vous vous trouvez. VOUS ETES LA SOMME DE VOS CHOIX. Moi, je suis seulement assez « extérieur » pour croire que, grâce à une motivation et un effort suffisants, vous serez capable d'être ce que vous choisirez d'être.

Prendre en charge le moment présent : tel est le second thème sur lequel nous insisterons. Cette formule reviendra fréquemment au fil des pages. Cette consigne est un élément essentiel pour évacuer les zones erronées et accéder au bonheur. Quoi que l'on éprouve, c'est maintenant qu'on doit l'éprouver. Et pourtant, que de temps on gaspille à s'appesantir sur les expériences passées ou à rêver à des expériences futures ! S'attacher dès maintenant à accéder au bonheur, c'est la pierre de touche d'une vie efficace. Tous les comportements négatifs (les zones erronées) ne sont rien de plus que des tentatives pour vivre à un moment autre que le moment présent.

Nous reviendrons, pour ainsi dire à chaque page, sur ces deux notions : choisir et vivre l'instant présent. Le lecteur attentif ne tardera pas à se poser des questions qui ne lui étaient encore jamais venues à l'esprit. « Pourquoi est-ce que j'ai choisi précisément maintenant de ne pas être bien dans ma peau ? Comment est-il possible de faire un usage plus efficace de l'instant présent ? » : telles sont les questions que se pose au plus profond de son être celui qui, se détournant de ses zones erronées, avance vers la plénitude et le bonheur.

En guise de conclusion, nous brosserons brièvement le portrait de la personne qui a extirpé toutes ses zones erronées et qui guide elle-même ses émotions au lieu de les laisser contrôler par l'univers extérieur. Le questionnaire qui suit est destiné à mesurer votre capacité à choisir le bonheur et la plénitude de soi. Examinez ces questions aussi objectivement que possible afin de porter un jugement de valeur sur vous-même et sur la façon dont vous vivez l'instant présent. Chaque « oui » est le signe de votre maîtrise et de votre aptitude à faire des choix efficaces.

1. Croyez-vous être le maître de vos pensées ? (Chapitre premier)

2. Etes-vous capable de contrôler vos sentiments ? (Chapitre premier.)

3. Vos motivations viennent-elles de l'intérieur et non de l'extérieur ? (Chapitre VII.)

4. Vous moquez-vous de l'approbation d'autrui ? (Chapitre III.)

5. Établissez-vous vous-même vos règles de conduite (Chapitre VII.)

6. Le désir de justice et d'équité vous est-il étranger ? (Chapitre VIII.)

7. Vous acceptez-vous tel que vous êtes sans arrière-pensée ? (Chapitre II.)

8. Etes-vous insensible au culte de la personnalité ? (Chapitre VIII.)

9. Préférez-vous l'action à la critique ? (Chapitre IX.)

10. Accordez-vous une place au mystère et à l'inconnu ? (Chapitre VI.)

11. Etes-vous capable de vous décrire franchement, sans faire de nuances ? (Chapitre IV.)

12. Pouvez-vous vous aimer vous-même tout le temps ? (Chapitre II.)

13. Pouvez-vous progresser par vous-même ? (Chapitre X.)

14. Avez-vous éliminé tous les rapports de dépendance ? (Chapitre X.)

15. Avez-vous renoncé à vous reprocher les fautes que vous avez commises dans votre vie ? (Chapitre VII.)

16. Avez-vous extirpé tout sentiment de culpabilité (Chapitre V.)

17. Etes-vous capable de ne pas vous soucier de l'avenir ? (Chapitre V.)

18. Etes-vous capable d'aimer et d'être aimé ? (ChapitreII.)

19. Pouvez-vous refréner votre colère (Chapitre XI.)

20. Avez-vous éliminé de votre existence une tendance à biaiser ? (Chapitre IX.)

21. Avez-vous appris à utiliser l'échec de façon positive ? (Chapitre VI.)

22. Etes-vous capable de vous divertir spontanément sans plan préconçu ? (Chapitre VI.)

23. Appréciez-vous l'humour et pouvez-vous le pratiquer ? (Chapitre XI.)

24. Les autres vous traitent-ils comme vous le souhaitez ? (Chapitre X.)

25. Etes-vous davantage motivé par un désir d'enrichissement que par le besoin de pallier vos insuffisances ? (Chapitre premier)

Vous pouvez à tout moment choisir de répondre OUI à toutes ces questions si vous êtes disposé à en finir avec la multitude des« il faut que » et des « je dois » qui vous ont été inculqués tout au long de votre vie. Le véritable choix consiste à savoir si vous voulez être personnellement libre ou demeurer lié à l'image que les autres se font de vous.

Après avoir assisté à une de mes conférences, une de mes amies, Doris Warshay, écrivit et me dédia ce poème intitulé *New Directions* :

> Je veux voyager aussi loin que je le pourrai,
> Je veux accéder à la joie que recèle mon âme,
> Repousser les limitations que je connais,
> Et sentir croître mon esprit.
> Je veux vivre, exister, « être »,
> Et entendre les vérités qui sont en moi. »

Je suis convaincu que ce livre vous aidera à éliminer tous les « vers », toutes les œillères qui font peut-être écran à de nouvelles et splendides expériences, à découvrir et à choisir, par et pour vous-même, une voie nouvelle.

I

Se prendre soi-même en charge

*L'essence de la grandeur est la capacité
de choisir l'accomplissement de soi
dans des circonstances où d'autres choisiraient la folie*

Retournez-vous. Vous remarquerez qu'un compagnon vous suit perpétuellement pas à pas. Faute d'un meilleur nom, appelons-le *Votre Propre Mort*. Ce visiteur, vous pouvez le redouter ou tirer profit de lui. A vous de choisir.

La mort étant éternelle et la vie si courte, demandez-vous ceci : « Dois-je m'abstenir de faire ce que je désire réellement faire ? », « Dois-je mener ma vie comme les autres le voudraient ? », « Est-il important d'accumuler des *choses* ? ». Il y a de fortes chances pour que vos réponses puissent se résumer en quelques mots : Vivre... Etre soi-même... Jouir... Aimer.

Vous pouvez avoir peur de la mort, ce qui est parfaitement vain, ou vous servir d'elle pour apprendre à vivre efficacement. Écoutez Ivan Ilitch, le héros de Tolstoï, méditant dans l'attente de celle qui va anéantir un passé totalement dominé par les autres, une existence au cours de laquelle Ilitch a renoncé à être son propre maître pour s'intégrer dans un système :

> « Et si j'avais raté toute ma vie ? » Il lui vint à l'esprit que ce qui lui avait semblé parfaitement impensable auparavant, à savoir qu'il n'avait pas mené sa vie

comme il aurait dû la mener, était peut-être vrai, après tout. Il lui vint à l'esprit que les impulsions à peine perceptibles qu'il avait eues mais immédiatement refoulées avaient peut-être été la réalité alors que tout le reste était factice. Et que ses obligations professionnelles, la manière dont il avait organisé sa vie personnelle et familiale, tous ses centres d'intérêt mondains et officiels avaient peut-être été factices. Essayant de se faire l'avocat de tout cela, il prit brusquement conscience de la faiblesse de ce qu'il défendait. Il n'y avait rien à défendre.

Quand vous méditerez pour décider si vous allez ou non vous prendre en charge et choisir par vous-même, posez-vous cette question d'importance : « Combien de temps resterai-je mort ? » Face à cette perspective d'éternité, vous pourrez désormais faire vos propres choix et laisser à ceux qui vivront éternellement les soucis, les craintes, les « Est-ce que je peux me permettre de faire ceci ou cela » et tout sentiment de culpabilité.

Si vous ne commencez pas à avancer dans cette voie, vous pouvez être sûr de vivre jusqu'à votre dernier soupir comme les autres disent que vous devez vivre. Notre séjour en ce bas-monde est si bref qu'il faut absolument le rendre agréable. En un mot comme en cent, il s'agit de votre vie : faites-en ce que vous voulez en faire, Vous.

Bonheur et quotient intellectuel

Se prendre en charge exige de renoncer à un certain nombre de mythes prédominants. Et pour commencer l'idée que le critère de l'intelligence est l'aptitude à résoudre des problèmes complexes : lire, écrire, effectuer certains calculs, résoudre rapidement des équations abstraites. Cette notion de l'intelligence fait de l'instruction officielle et livresque la jauge de l'accomplissement de soi et favorise une sorte de snobisme intellectuel dont les conséquences sont désastreuses. Nous en sommes venus à croire qu'une personne qui possède des grades académiques, qui est un

« sorcier » dans tel ou tel domaine (les mathématiques, les sciences, la richesse du vocabulaire, la mémorisation des faits les plus superflus, la lecture rapide) est « intelligent ». Cela n'empêche pas les cliniques psychiatriques d'être encombrées de patients qui peuvent tous se glorifier de telles lettres de créances. Le véritable critère de l'intelligence, c'est de vivre une existence efficace et heureuse chaque jour et à chaque instant de la journée.

Si vous êtes heureux, si vous appréciez tout ce que nous apporte l'instant présent, vous êtes une personne intelligente. Résoudre les problèmes est un utile adjuvant au bonheur. Mais si vous savez que, en dépit de votre incapacité à trouver une solution devant telle ou telle difficulté particulière, vous êtes cependant décidé à choisir une vie heureuse ou, pour le moins, à refuser d'être malheureux, vous êtes intelligent. Vous êtes intelligent parce que vous détenez l'arme absolue contre le grand adversaire, la D.N. — la Dépression Nerveuse.

Cela va peut-être vous étonner mais les nerfs qui craquent, cela n'existe pas. Les nerfs ne craquent pas. Disséquez quelqu'un et cherchez des nerfs qui ont craqué. Vous n'en trouverez jamais. Les gens « intelligents » ne sombrent pas dans la déprime parce qu'ils sont responsables d'eux-mêmes. Ils savent préférer le bonheur à la dépression parce qu'ils savent comment affronter les *problèmes* de la vie. Attention : je n'ai pas dit qu'ils savent les *résoudre*. Ils ne prennent pas pour critère de leur intelligence leur aptitude à *résoudre* tel ou tel problème, mais leur faculté de préserver leur bonheur et leur propre valeur, que les problèmes soient ou non résolus.

Vous pouvez commencer à vous considérer comme vraiment intelligent quand vous choisirez de bien réagir dans des circonstances délicates. Les combats que l'on doit mener dans la vie sont à peu près les mêmes pour tout le monde. Tous les gens qui ont affaire à d'autres êtres humains, quel que soit le contexte social, se heurtent à des difficultés analogues. Les désaccords, les conflits et les compromis font partie de la condition humaine. Les difficultés d'argent, la vieillesse, la maladie, la mort, les catastrophes naturelles et les accidents sont des événements qui posent des problèmes immédiats et semblables pour la plupart des êtres humains. Mais il y a des gens qui, quelles que soient les circonstances, sont capables de s'en sortir, de ne pas s'enfermer dans le découragement et l'accablement alors que d'autres s'effondrent, sombrent dans la passivité ou font une dépression nerveuse. Les personnes qui admettent que les problèmes font partie de la condition humaine et pour qui l'absence de problèmes ne constitue pas la mesure du bonheur sont les êtres les plus intelligents qui existent. Ce sont aussi les plus rares.

Savoir se prendre totalement en charge implique un mode de pensée entièrement différent. Il nous semble difficilement applicable parce que, dans notre civilisation, trop de forces s'allient contre la responsabilité individuelle. Il faut impérativement que vous croyiez en votre capacité de réagir émotionnellement à tout instant de votre vie, comme vous l'aurez choisi. C'est là un point capital. Or, vous avez sans doute cru à mesure que vous mûrissiez que vous ne pouviez pas être maître de vos émotions. Que la colère, la peur et la haine, comme l'amour, l'enchantement et la joie, sont des phénomènes sur lesquels on ne peut rien. Qu'on ne contrôle pas ces sentiments, mais qu'on les subit. Si un événement triste traversait votre vie, vous éprouviez tout naturellement de la tristesse et vous espériez qu'interviennent des événements heureux qui vous permettent de vous sentir à l'aise.

Choisir les sentiments que l'on éprouve

Les sentiments ne sont pas simplement des émotions qui s'emparent de vous sans crier gare, mais des réactions que vous choisissez d'extérioriser. Si vous êtes comptable de vos émotions, vous n'avez aucun besoin de choisir d'avoir des réactions négatives. A partir du moment où vous aurez appris à éprouver ce que vous choisissez d'éprouver, vous serez sur le chemin qui mène à l'« intelligence »— un chemin qui ne comporte aucun détour conduisant à la dépression nerveuse. Ce sera une voie nouvelle parce que vous considérerez une émotion donnée comme un choix et non comme une servitude de l'existence. C'est le fondement même de la liberté personnelle.

On peut avoir recours à la logique pour détruire le mythe selon lequel l'individu n'est pas responsable de ses émotions. Un simple syllogisme (formulation logique comportant deux prémisses, la majeure et la mineure, et une conclusion reposant sur l'harmonie de celles-ci) vous permet de commencer à vous prendre en charge vous-même, intellectuellement et émotionnellement.

SYLLOGISME LOGIQUE

Majeure : Aristote est un homme.
Mineure : Tous les hommes ont du poil sur le visage.
Conclusion : ARISTOTE A DU POIL SUR LE VISAGE.

SYLLOGISME NON LOGIQUE

Majeure : Aristote a du poil sur le visage.
Mineure : Tous les hommes ont du poil sur le visage.
Conclusion : ARISTOTE EST UN HOMME.

Évidemment, quand on se lance dans la rhétorique, il faut veiller à ce que la majeure et la mineure soient cohérentes. Dans le second exemple, Aristote pourrait aussi bien être un singe ou une taupe. Voici un exercice de logique susceptible de mettre à tout jamais au rebut la thèse prétendant qu'il n'est pas possible de prendre en charge son propre univers émotionnel :

Majeure : Je peux contrôler mes pensées.
Mineure : Mes sentiments sont engendrés par mes pensées.
Conclusion : Je peux contrôler mes sentiments.

La prémisse majeure est claire. Vous avez le pouvoir de penser à tout ce que vous choisissez de laisser entrer dans votre crâne. Si quelque chose jaillit brusquement de votre esprit (vous l'avez choisi et il y est entré auparavant même si vous ne savez pas toujours pourquoi), vous avez encore le pouvoir de le chasser et, par conséquent, vous contrôlez votre univers mental. Si je vous dis : « Pensez à une antilope rose », vous pouvez penser à une antilope verte, à un dahut ou, tout simplement, penser à autre chose si vous en décidez ainsi. Vous seul êtes en mesure de contrôler ce qui entre dans votre tête sous forme de pensée.

Vous ne le croyez pas ? Eh bien, répondez à cette question : « Si vous ne contrôlez pas vos pensées, qui les contrôle ? » Votre épouse ? Votre patron ? Votre mère ? Eh bien, si ce sont vraiment eux qui contrôlent vos pensées, envoyez-les se faire soigner et vous vous porterez aussitôt beaucoup mieux.

Mais, en réalité, vous savez très bien qu'il n'en est rien. Vous, et vous seul, contrôlez vos mécanismes mentaux (sauf dans des cas extrêmes de lavage de cerveau ou d'expériences de conditionnement qui sont étrangers à votre existence). Vos pensées sont à vous et c'est à vous seul qu'il appartient de les conserver, de les modifier, de les partager ou de méditer sur elles. Personne ne peut entrer dans votre tête pour savoir ce que vous pensez. En vérité, vous contrôlez vos pensées et votre cerveau est un instrument dont l'usage dépend de vous seul.

La prémisse mineure n'est guère contestable, tant sur le plan de la science que sur celui du bon sens. Vous ne pouvez pas éprouver un sentiment (une émotion) s'il n'y a pas eu d'abord eu une pensée. Supprimez votre cerveau : les sensations n'existent plus. Le sentiment est une réaction physique provoquée par une pensée. Si vous pleurez, si vous rougissez, si les battements de votre cœur se précipitent — la liste des réactions émotionnelles potentielles est illimitée — il y a d'abord eu un signal lancé par le centre de la pensée. Si celui-ci est endommagé ou court-circuité, il n'y a plus de réactions émotionnelles. Dans le cas de certaines lésions cérébrales, on n'éprouve même plus de douleur physique :

vous pourriez littéralement faire griller votre main sur le brûleur de la cuisinière sans ressentir la moindre souffrance. Vous savez qu'il vous est impossible d'éprouver aucune sensation corporelle si votre centre mental est déconnecté. Aussi la mineure reflète-t-elle la vérité. Toutes les émotions que l'on éprouve sont précédées par une pensée et, sans cerveau, il n'y a pas de sentiments.

La conclusion n'est pas moins inéluctable. Si vous contrôlez vos pensées et si vos sentiments procèdent de vos pensées, vous êtes capable de les contrôler. Et vous contrôlez vos sentiments en agissant sur les pensées qui les ont précédés.

Bref, vous croyez qu'on vous rend malheureux, mais c'est inexact. C'est vous-même qui vous rendez malheureux par ce que vous pensez des gens et des choses qui entrent dans votre vie. Devenir un être libre et sain exige d'apprendre à *penser* autrement. Dès que vous serez capable de modifier vos pensées, de nouveaux sentiments commenceront à se manifester : vous aurez alors fait le premier pas sur la route de la liberté personnelle.

Pour éclairer ce syllogisme d'un jour plus personnel, prenons un exemple : Cal est un jeune cadre qui passe le plus clair de son temps à se torturer parce que son patron le juge stupide. Il est très malheureux que son patron ait cette mauvaise opinion de lui. Mais si Cal ne savait pas que son patron le trouve stupide, serait-il encore malheureux ? Bien sûr que non. Comment quelque chose qu'il ignore pourrait-il le rendre malheureux ? Par conséquent, ce n'est pas ce que son patron pense ou ne pense pas de lui qui l'afflige, mais ce que Cal pense de lui-même. En outre, il se rend malheureux en se persuadant que ce que pense un autre est plus important que ce qu'il pense lui-même.

Le même raisonnement s'applique à tous les événements, toutes les choses et tous les points de vue. La mort de quelqu'un ne vous rend pas malheureux. Tant que vous n'avez pas appris le décès, vous n'êtes pas malheureux. Si vous le devenez, ce n'est donc pas dû à la mort mais à ce que cet événement vous évoque.

En soi, les ouragans ne sont pas déprimants. Etre déprimé

est une réaction exclusivement humaine. Si l'ouragan vous déprime, c'est que vous vous racontez des choses qui vous dépriment. Cela ne veut pas dire que vous devez vous leurrer en manifestant de la joie quand l'ouragan éclate. Non, mais demandez-vous : « Pourquoi choisir la dépression ? Une attitude plus positive en face de l'ouragan m'aiderait-elle ? »

La culture au sein de laquelle vous avez grandi vous a enseigné que vous n'êtes pas responsable de vos sentiments, même si, selon la vérité du syllogisme, vous en avez toujours été responsable. Vous avez appris une foule de maximes destinées à masquer le fait que vous êtes maître de vos sentiments. Voici une liste succincte de quelques-unes de ces formules dont vous usez et abusez. Nous examinerons ensuite le message qu'elles véhiculent.

— Vous m'agacez.
— Vous me démoralisez.
— Je ne peux pas m'empêcher d'éprouver ce que j'éprouve.
— Je suis en colère, voilà tout, ne me demandez pas d'expliquer pourquoi.
— Il me rend malade.
— L'altitude me terrifie.
— Vous m'embarrassez.
— Elle me met vraiment dans tous mes états.
— Vous m'avez publiquement ridiculisé

Ce catalogue pourrait se poursuivre à l'infini. Chacun de ces lieux communs est porteur d'un message. Un message qui vous dit que vous n'êtes pas responsable des sentiments que vous éprouvez. Nous allons maintenant reprendre cette liste en la formulant autrement de façon à traduire ce que vous êtes, c'est-à-dire responsable de ce que vous éprouvez, et à montrer que vos sentiments ont pour source ce que vous pensez à propos de tout et du reste.

— Je m'agace moi-même à cause de ce que je me dis concernant vos réactions envers moi.
— Je me suis démoralisé moi-même.

— Je peux m'empêcher d'éprouver ce que j'éprouve mais j'ai choisi de l'éprouver.

— J'ai décidé d'être en colère parce que je peux généralement manipuler les autres en étant en colère puisqu'ils pensent que je les contrôle.

— Je me rends malade moi-même.

— Je me fais peur à moi-même quand je suis sur une hauteur.

— Je m'embarrasse moi-même.

— Je me mets dans tous mes états quand je suis auprès d'elle.

— Je me suis ridiculisé moi-même en prenant l'opinion que vous avez de moi plus au sérieux que la mienne et en croyant que d'autres en feraient autant.

Peut-être pensez-vous que les formules de la liste n° 1 ne sont que des figures de style sans guère de signification, qu'il ne s'agit que de façons de parler dont notre culture a fait des clichés. Eh bien, demandez-vous donc pourquoi les formules de la liste n° 2, elles, ne sont pas devenues des clichés. La réponse est simple : notre culture nous inculque les maximes de la première liste et nous détourne du raisonnement logique de la seconde.

Le message est clair comme de l'eau de roche. C'est vous qui êtes responsable de ce que vous ressentez. Vous ressentez ce que vous pensez et il vous est loisible d'apprendre à penser différemment dans tous les domaines — si vous le décidez. Demandez-vous s'il est rentable d'être malheureux, démoralisé ou déprimé. Ensuite, mettez-vous à analyser en profondeur le genre de pensées qui engendrent ces sentiments débilitants.

Une rude tâche : apprendre à ne pas être malheureux

Il n'est pas aisé de penser selon des normes nouvelles. Vous êtes habitué à certains modes de pensée et à leurs conséquences attristantes. Il faut beaucoup d'efforts pour désapprendre les habitudes mentales que vous avez assimilées jusqu'à aujourd'hui. Le bonheur, c'est facile, mais apprendre à ne pas être malheureux peut se révéler difficile.

Le bonheur est un état naturel. Il n'y a qu'à regarder de jeunes enfants pour s'en convaincre. Ce qui est dur, c'est de désapprendre tous les « il faut que », tous les « je dois » que l'on a absorbés par le passé. La prise en charge de soi-même commence par une prise de conscience. Surveillez-vous quand vous dites quelque chose dans le genre de « il m'agace ». Rappelez-vous ce que vous faites au moment où vous le faites. Pour penser selon des normes nouvelles, il faut avoir conscience des anciennes. Vous vous êtes accoutumé à concevoir vos sentiments comme extérieurs à vous-même. Vous avez passé des milliers d'heures à consolider ces filières mentales. Pour rétablir l'équilibre, il vous faudra passer des milliers d'heures à pratiquer ces nouveaux modes de pensée qui vous attribuent, à vous, la responsabilité des sentiments que vous éprouvez. C'est dur, terriblement dur. Et alors ? Ce n'est pas une raison pour ne pas le faire.

Rappelez-vous l'époque où vous appreniez à conduire. Vous vous êtes trouvé confronté à un problème apparemment insurmontable. Vous aviez trois pédales mais seulement deux pieds. Vous avez d'abord été frappé par la complication de la tâche. Embrayer lentement, car brutalement la voiture broute, égaliser la pression sur la pédale d'embrayage et sur l'accélérateur, freiner avec le pied droit mais ne pas oublier de débrayer pour ne pas caler. Un million de signaux mentaux. Toujours penser, toujours faire fonctionner son cerveau. Que se passe-t-il ? *Vous êtes aux aguets.* Et puis, après une multitude d'essais, d'erreurs, d'efforts renouvelés, vous vous installez un beau jour dans votre voiture et vous démarrez. Vous ne calez pas, l'auto ne broute pas et *vous ne pensez plus.* La conduite est devenue une seconde nature. Comment en êtes-vous arrivé là ? Au prix de grandes difficultés, de réflexions au coup par coup, d'efforts de mémoire, de travail.

Vous savez comment ajuster votre esprit lorsqu'il vous faut accomplir des tâches physiques, par exemple apprendre à vos mains et à vos pieds à coordonner leurs mouvements pour piloter une automobile. Dans l'univers des émotions, bien qu'il soit moins connu, c'est le même procédé. Vous avez acquis les habitudes qui sont désormais les vôtres en les consolidant tout au long de votre vie. Vous êtes automatiquement malheureux, irrité, mortifié ou frustré parce que vous avez appris depuis bien longtemps à penser en ces termes. Vous avez accepté votre comportement sans jamais essayer de le remettre en question. Pourtant, vous pouvez apprendre à ne plus être malheureux, irrité, mortifié ou frustré tout comme vous avez appris à éprouver toutes ces réactions négatives.

Par exemple, on vous a enseigné qu'une visite chez le dentiste est une expérience désagréable et douloureuse. Vous avez toujours eu le sentiment que c'était pénible et vous vous dites même des choses telles que : « J'ai horreur de la fraise. » Mais ce sont seulement là des réactions acquises. Vous pourriez tirer avantage de cette expérience en décidant simplement qu'elle est agréable et passionnante. Si vous étiez réellement décidé à vous servir de votre cerveau, vous pourriez vous convaincre que le crissement de la fraise est merveilleusement sensuel. Et chaque fois que vous l'entendrez, vous pourriez, en entraînant votre cerveau, considérer que c'est le moment le plus érotique de votre vie. Ce que vous aviez coutume d'appeler douleur s'appellerait plaisir et vous n'auriez plus peur d'aller chez votre dentiste. Il est autrement plus enrichissant de prendre en charge et de maîtriser son petit univers dentaire que de s'accrocher à une vieille imagerie et de se résigner à prendre son mal en patience.

Il se peut que ces propos vous laissent sceptique. Peut-être vous dites-vous : « Je peux penser tout ce que je veux : ça ne m'empêchera pas d'être malheureux quand le dentiste commencera à utiliser sa fraise. » Revenons-en à la conduite automobile. Quand avez-vous *cru* être capable de manœuvrer le levier du changement de vitesses ? Une simple pensée devient une croyance quand on tape longuement sur le clou de la pensée. Il ne suffit pas d'essayer une fois et de prétexter une maladresse initiale pour capituler.

Se prendre en charge soi-même, ce n'est pas seulement essayer un nouveau mode de pensée, « pour voir ». Cela exige d'avoir la volonté d'être heureux, de remettre en question et

31

de détruire, en gros et en détail, toutes les pensées qui engendrent en nous le sentiment paralysant d'être malheureux.

Le choix, liberté ultime

Si vous êtes toujours convaincu que vous ne choisissez pas d'être malheureux, essayez d'imaginer, chaque fois que vous êtes dans cet état, que vous êtes victime d'un traitement pénible. On vous enferme dans une pièce, seul, pendant un laps de temps interminable, ou, à l'inverse, on vous oblige à rester debout pendant des jours et des jours dans une cabine d'ascenseur pleine de monde. On vous prive de nourriture ou on vous force à manger quelque chose que vous détestez tout particulièrement. Ou encore, on vous torture — il s'agit d'une torture physique provoquée par autrui et non d'une torture mentale provoquée par vous-même. Supposez qu'on vous martyrise de la sorte aussi longtemps que vous persisterez à vous sentir malheureux. Combien de temps pensez-vous que vous continuerez à vous enfermer dans votre dépression ? Il y a de fortes chances pour que vous ne tardiez pas à changer d'attitude. La question n'est donc pas de savoir si vous pouvez assumer le contrôle de vos sentiments mais de savoir si vous le voulez. Quelle somme de souffrances devez-vous supporter avant d'en arriver à faire ce choix ? Certaines personnes préfèrent la folie. D'autres capitulent tout simplement et se résignent à une existence misérable parce que les dividendes de compassion qu'elles reçoivent sont supérieurs aux intérêts à escompter du bonheur.

La seule vraie question, c'est celle de votre capacité à choisir d'être heureux à chaque instant de votre vie ou, tout au moins, à ne pas choisir d'être malheureux. C'est là un concept révolutionnaire, mais il convient de l'étudier avec soin avant de le rejeter. Le repousser sans réfléchir revient à admettre que quelqu'un d'autre est responsable de vous. En fin de compte, choisir d'être heureux pourrait sembler plus facile qu'un certain nombre de choses qui sèment quotidiennement le chaos dans votre existence.

De même que vous êtes libre de choisir d'être heureux au

lieu d'être malheureux, face à la multitude d'événements auxquels vous êtes chaque jour confronté, vous êtes libre d'adopter un comportement enrichissant et de renoncer à un comportement négatif. Si vous êtes conducteur, vous devez vous trouver souvent coincé dans les bouchons. Vous mettez-vous en colère ? Injuriez-vous les autres conducteurs ? Vous en prenez-vous à vos passagers ? Invectivez-vous tout ce qui se trouve à votre portée, êtres humains ou objets ? Prétextez-vous, pour vous justifier, que les encombrements vous font invariablement voir rouge et que vous perdez alors toute maîtrise de vous-même ? Si tel est le cas, c'est que vous avez une certaine conception de vous et de votre manière d'agir au milieu des embouteillages.

Mais si vous décidiez de penser différemment, d'utiliser votre cerveau de façon enrichissante ? Cela prendrait du temps mais vous pourriez apprendre à dialoguer autrement avec vous-même, à adopter de nouveaux modes de conduite, par exemple siffloter, chanter, écrire mentalement votre courrier et même, pourquoi pas, vous chronométrer de demi-minute en demi-minute pour savoir combien de temps vous pouvez vous contenir avant de laisser éclater votre colère ! Cela ne vous apprendra pas, certes, à aimer les encombrements, mais à mettre en pratique d'autres formes de pensée. Et ne soyez pas impatient, c'est une démarche lente et progressive, mais heureuse. Car vous aurez décidé de ne pas vous sentir mal à l'aise, en choisissant de substituer des habitudes et des sentiments sains et nouveaux à vos vieilles émotions négatives.

Vous pouvez choisir de considérer chacune de vos expériences comme quelque chose d'agréable, comme un défi. Les réceptions sinistres, les conférences assommantes sont un terrain favorable pour qui veut choisir d'éprouver de nouveaux sentiments. Quand vous vous ennuyez, vous pouvez faire travailler votre cerveau de façon passionnante en orientant différemment la conversation à l'aide d'une remarque judicieuse, en imaginant le premier chapitre d'un roman ou en élaborant des plans qui vous éviteront de vous retrouver dans la même situation à l'avenir. Ce travail exige d'abord d'évaluer les gens et les événements qui vous sont le plus néfastes, puis de décider de faire l'effort mental grâce auquel vous les obligerez à travailler pour vous. Au restaurant, si vous avez coutume de protester contre la médiocrité du service, commencez par vous demander pourquoi vous ne choisiriez pas de ne pas vous énerver sous prétexte que quelqu'un ou quelque chose ne fonctionne pas comme vous le voudriez. Votre valeur est trop précieuse pour laisser quelqu'un avoir prise sur vous, particulièrement quelqu'un qui compte si peu dans votre existence. Alors, mettez sur pied une tactique afin de modifier la situation, partez ou faites ce que vous voulez mais ne vous laissez pas émouvoir. Faites travailler votre cerveau pour votre propre compte et vous finirez par prendre l'habitude de conserver votre flegme quand les choses iront de travers et tout vous paraîtra merveilleux.

Choisir la santé au lieu de la maladie

On peut également choisir d'éliminer certaines souffrances physiques qui ne sont pas liées à des mauvais fonctionnements organiques connus. Parmi les maux les plus courants qui n'ont généralement pas leur origine dans des désordres physiologiques, citons la migraine, les maux de reins, les ulcères, l'hypertension, les poussées de boutons, les crampes, etc.

Une de mes clientes jurait que, depuis quatre ans, elle avait la migraine tous les matins. A 6 h 45, elle attendait que ça vienne et prenait aussitôt un calmant. En outre, elle tenait ses amis et ses collègues au courant de ses souffrances. Je lui laissai entendre qu'elle voulait avoir ces maux de tête, qu'elle avait, en réalité, choisi de les avoir pour se faire remarquer, pour attirer la sympathie et se faire plaindre. Je lui suggérai aussi qu'elle pouvait apprendre à refuser d'avoir mal et à déplacer le siège de sa migraine. Elle saurait ainsi qu'il était en son pouvoir de contrôler ses maux de tête en modifiant leur localisation. Le lendemain matin, elle se réveilla à 6 h 30 et attendit. Quand la migraine se manifesta, elle parvint par un effort mental à en changer le site. Elle avait choisi une modalité nouvelle et, finalement, elle choisit de ne plus jamais avoir de migraine.

Des indices de plus en plus nombreux viennent étayer l'hypothèse selon laquelle les gens vont jusqu'à choisir des affections comme des tumeurs, la grippe, l'arthrite, les maladies de cœur, les « accidents » et bien d'autres infirmités, y compris le cancer qui a toujours été considéré comme une sorte de fatalité extérieure. Divers chercheurs qui traitent des patients tenus pour incurables commencent à penser qu'aider le malade à ne pas vouloir la maladie, sous aucune forme, peut être un moyen de l'améliorer. Les sciences nous apprennent que, dans certaines civilisations, on s'attaque à la douleur en prenant totalement possession de l'intellect de sorte que le contrôle de soi devient synonyme de contrôle mental.

Le cerveau, qui est composé de milliards et de milliards d'éléments fonctionnels, a largement la place d'enregistrer dix faits nouveaux chaque seconde. On a estimé que le cerveau humain pouvait stocker une masse d'informations équivalente à cent trillions de mots et que nous n'utilisons qu'une infime fraction de sa capacité de stockage. On dispose là d'un puissant outil qui nous accompagne partout et l'on peut fort bien choisir de l'employer pour des usages prodigieux auxquels personne n'a encore songé. Gardez cela en mémoire en lisant ce livre et essayez de choisir des modes de pensée nouveaux.

Ne vous hâtez pas de dire que c'est du charlatanisme. Presque tous les médecins ont connu des patients qui ont choisi une maladie physique n'ayant pas de cause physiologique connue. Il n'est pas rare que des personnes tombent mystérieusement malades lorsqu'elles se trouvent dans une situation délicate ou évitent d'être malades lorsqu'il est « impossible » de l'être pour telle ou telle raison, mais le moment venu laissent apparaître les symptômes ajournés, une fièvre par exemple, et doivent s'aliter.

Je connais un monsieur de trente-six ans dont la vie conjugale était infernale. Le 15 janvier, il décida qu'il quitterait sa femme le 1er mars. Le 28 février, il fut pris de vomissements irrépressibles et il avait 40° de température.

Cela devint une sorte de routine. Chaque fois que l'échéance arrivait, il avait une indigestion ou attrapait la grippe. En fait, il s'agissait là d'un choix. Il lui était plus facile d'être malade que d'affronter le sentiment de culpabilité, la peur, la honte et l'inconnu qui vont de pair avec une séparation.

Prêtez attention à cette publicité : « Je suis agent de change... Vous imaginez sans peine la tension et les maux de tête que j'éprouve. Pour les faire disparaître, je prends la pilule Machin. » Quel est le message que véhicule cette publicité ? Vous ne pouvez pas contrôler vos sensations si vous exercez certaines professions (si vous êtes enseignant, si vous êtes cadre, si vous êtes parent). Reposez-vous donc sur quelque chose d'autre qui le fera à votre place.

Nous sommes journellement bombardés par des messages de ce genre. L'implication en est claire : nous sommes des prisonniers impuissants qui avons besoin de quelqu'un ou de quelque chose d'extérieur pour agir à notre place.

C'est *absurde*. Vous seul pouvez améliorer votre sort, vous seul pouvez vous rendre heureux. C'est à vous qu'il incombe de prendre le contrôle de votre esprit et, dès lors, d'avoir les sentiments et les comportements de votre choix.

Éviter les blocages

En cherchant à mieux exercer votre capacité à choisir le bonheur, ayez présent à l'esprit le mot *blocage*. C'est l'indicateur de vos émotions négatives. Vous pouvez estimer que la colère, l'agressivité, la timidité sont des sentiments valables en certaines occasions et, par conséquent, vous désirez les préserver. L'ampleur du blocage éventuellement engendré par ces émotions doit être votre guide.

Le blocage peut aller de la passivité totale à une vague indécision, une légère hésitation. La colère vous empêche-t-elle de dire, d'éprouver ou de faire quelque chose ? Si oui, vous êtes bloqué. La timidité vous empêche-t-elle de rencontrer des gens dont vous souhaiteriez faire la connaissance ? Si oui, vous êtes bloqué et vous voilà frustré d'expériences que vous êtes légitimement en droit de souhaiter. La haine, la jalousie vous donnent-elles des ulcères ou contribuent-elles à élever votre tension ? Ont-elles des effets néfastes sur votre travail ? Etes-vous incapable de dormir ou de faire l'amour à cause d'un sentiment négatif ponctuel ?

Ce sont là autant de signes de blocage. *Le blocage !* Comment le définir ? C'est un état, bénin ou grave, qui vous interdit de vous exprimer au niveau où vous voudriez le faire. Si certains sentiments aboutissent à ce résultat, point n'est besoin de chercher ailleurs une raison pour vous débarrasser d'eux.

Voici un petit inventaire de quelques situations susceptibles de provoquer un blocage le plus souvent anodin, mais quelquefois sérieux.

Vous êtes bloqué quand...

Vous êtes incapable de parler affectueusement à votre épouse et à vos enfants en dépit de votre désir.

Vous ne parvenez pas à travailler sur un projet qui vous intéresse.

Vous ne faites pas l'amour alors que vous le voudriez bien.

Vous passez toute la journée entre quatre murs à broyer du noir.

Vous ne jouez pas au bridge, vous ne jouez pas au tennis, vous renoncez à toute activité agréable parce que quelque chose vous ronge.

Vous êtes incapable de parler à quelqu'un qui vous attire.

Vous évitez de converser avec quelqu'un lorsque vous vous rendez compte qu'un simple geste améliorerait vos relations avec cette personne.

Vous n'arrivez pas à dormir parce que quelque chose vous tracasse.

La colère vous empêche de penser de façon lucide.

Vous dites quelque chose de blessant à quelqu'un que vous aimez.

Vous avez des tics ou vous êtes si nerveux que vous ne vous conduisez pas comme vous le voudriez.

Lourd est l'impôt du blocage. Pratiquement toutes les émotions négatives se soldent par un autoblocage plus ou moins prononcé ; cette raison seule suffit pour avoir la volonté d'éliminer entièrement ces émotions néfastes. Peut-être pensez-vous qu'une émotion négative peut être payante. Par exemple, faire la grosse voix pour interdire à un jeune enfant de jouer dans la rue. Si c'est un moyen simple et efficace de faire preuve d'autorité, c'est une tactique intéressante. En revanche, si vous haussez le ton, non pas pour vous faire obéir, mais parce que vous êtes énervé, vous vous bloquez et il est alors temps pour vous de commencer à envisager de nouveaux choix qui vous aideront à atteindre votre objectif — empêcher votre enfant d'aller jouer dans la rue — sans éprouver pour autant des sentiments qui vous sont préjudiciables. Nous reviendrons plus en détail sur ce sujet au chapitre XI.

L'instant présent et son importance

Il y a déjà une façon de lutter contre le blocage qui est de vivre l'instant présent. C'est là la base même de l'efficacité. Si l'on y réfléchit, il est impossible de vivre autrement que dans le présent. Lui seul existe : l'avenir n'est rien de plus qu'un autre instant présent que l'on vit lorsqu'il arrive. Une chose, en tout cas, est sûre : il est impossible de vivre l'avenir tant qu'il n'est pas là.

Cependant, la morale et l'art de vivre que prône notre civilisation dévalorisent le moment présent. Que nous dit-on ? Faites des économies pour demain. Réfléchissez aux conséquences de vos actes. Ne soyez pas hédonistes. Songez au lendemain. Préparez votre retraite.

Fuir l'instant présent est devenu une maladie propre à notre civilisation. Nous sommes perpétuellement conditionnés à sacrifier le présent pour l'avenir. Si on la pousse jusqu'à sa conclusion logique, cette attitude ne conduit pas seulement à refuser de jouir du présent : elle nous détourne éternellement du bonheur. Quand l'avenir est là, il devient le présent et force nous est, de nouveau, de nous servir de ce présent dans l'intérêt du futur. Car si le bonheur est pour demain, il nous échappera toujours.

Ce refus de l'instant présent — qui est une vraie maladie — revêt des formes multiples. Voici quatre exemples illustrant cette conduite d'évasion :

Mme Sally Forth décide d'aller se promener dans la forêt pour retrouver le contact avec la nature et jouir de l'instant présent. Tout en se promenant dans les bois, elle laisse la bride sur le cou à son esprit et se prend à songer à tout ce qu'elle aurait dû faire si elle était restée à la maison. Les gosses, les commissions, le ménage, les factures... Est-ce que tout est en ordre ? Puis, la voilà qui se met à penser à tout ce qu'elle devra faire en rentrant de sa promenade. Le présent investi par le passé et le futur, s'évanouit, et l'occasion, bien rare, qu'avait Mme Sally Forth de profiter de l'instant présent au grand air est perdue.

Mme Sandy Shore part pour les îles afin de passer ses vacances à se dorer au soleil — non pas pour jouir de la chaleur sur son corps mais pour épater ses amies quand elle rentrera merveilleusement hâlée. C'est au futur qu'elle pense et quand le futur sera là, elle déplorera de ne plus être en train de prendre des bains de soleil sur la plage. Si vous n'êtes pas convaincu que la société où nous vivons encourage une telle attitude, méditez donc sur ce slogan pour une huile solaire : « Employez cette lotion, et on sera jaloux de vous lorsque vous rentrerez. »

M. Neil Prayer se fait du souci à propos de sa virilité. Quand, en compagnie de sa femme, il jouit de l'instant présent, son esprit s'évade, il pense à tel ou tel événement passé ou futur — et le moment présent lui glisse entre les doigts. Lorsque, enfin, il parvient à se concentrer sur le présent et à faire l'amour, il imagine que sa femme est quelqu'un d'autre et celle-ci s'abandonne à des fantasmes analogues en se figurant être avec son amant.

M. Ben Fishen est plongé dans la lecture d'un livre sérieux. Soudain, il s'aperçoit qu'il n'a lu que trois pages et que son esprit vagabonde. Il n'a pas assimilé une seule idée de l'auteur. Bien que ses yeux aient suivi les mots un à un, son attention s'est détournée du texte. En réalité, il réitérait un rituel journalier tandis que son esprit se concentrait sur le film qu'il avait vu la veille ou s'interrogeait sur le jeu télévisé du lendemain.

C'est en vous perdant en lui que vous jouirez le plus merveilleusement de l'instant présent, fugace par définition. Cueillez-le quand il s'offre en oubliant le passé qui est achevé et le futur qui viendra à son heure. Appropriez-vous l'instant présent comme s'il ne devait pas y en avoir d'autre et rappelez-vous que souhaiter, espérer et regretter sont les tactiques les plus courantes et les plus dangereuses pour refuser le présent.

Ce refus conduit souvent à idéaliser l'avenir. A un moment ou à un autre de votre vie future, miraculeusement, tout s'harmonisera et vous trouverez le bonheur. Quand le grand événement attendu — l'obtention d'un diplôme, le mariage, la naissance d'un enfant, une promotion — se produira, la vie commencera vraiment. Mais, la plupart du temps, quand il se produit, grande est la déception ! Ce qui arrive n'est jamais conforme à ce que l'on imaginait. Souvenez-vous de votre première expérience sexuelle. Après une aussi longue attente, cela n'a été ni un feu d'artifice d'orgasmes ni le grand délire. Non, vous vous êtes demandé avec étonnement pourquoi on faisait tellement d'histoires pour cela et peut-être avez-vous pensé : C'est tout ?

Évidemment, si un événement n'est pas conforme à l'idée que l'on s'en faisait, on peut l'idéaliser pour ne pas se laisser abattre. Mais il ne faut pas prendre l'habitude de ce cercle vicieux. Brisez-le tout de suite en prenant pour tactique de jouir pleinement de l'instant présent.

En 1903, Henry James donnait ce conseil dans *les Ambassadeurs* :

> Vivez au maximum. Ne pas le faire est une erreur. Ce que l'on fait exactement n'a guère d'importance du moment que l'on vit. Si l'on n'a pas eu cela, qu'a-t-on eu ?... Ce qui est perdu est perdu, ne nous y trompons pas... L'heure propice c'est celle que l'on a encore la chance d'avoir... Vivez !

Retournez-vous sur votre passé comme Ivan Ilitch : rarement vous regretterez ce que vous avez fait. C'est ce que vous n'avez pas fait qui torture. Alors, la conclusion est claire : n'hésitez pas ! *Do it !* Faites en sorte de jouir de l'instant présent. Savourez chaque seconde de votre vie. Car sacrifier l'instant présent au passé ou à l'avenir, c'est le perdre à tout jamais.

Les gens qui savent jouir de l'instant présent et en tirer le maximum ont choisi une vie libre, efficace, source de bonheur. Ce choix, chacun d'entre nous est en mesure de le faire.

Épanouissement et imperfections

La recherche du bonheur et de l'accomplissement de soi peut être motivée par deux besoins. La motivation la plus commune est l'imperfection et l'autre, positive, est l'épanouissement.

Si l'on observe avec attention un caillou au microscope, on constate qu'il ne change pas. Mais, en revanche, dans les mêmes conditions, un fragment de corail se développe et se transforme. Conclusion : le corail est vivant, le caillou est inerte. Comment distinguer entre une fleur vivante et une fleur morte ? Celle qui croît est la fleur vivante. L'épanouissement est le seul critère de la vie ! Il en va de même dans l'univers psychologique. Si vous vous épanouissez, vous êtes vivant. Si vous ne vous épanouissez pas, vous pourriez aussi bien être mort.

Vous pouvez être motivé par le désir de vous épanouir et non par le besoin de pallier vos insuffisances. Il suffit que vous ayez la conviction que vous pouvez toujours développer, améliorer, parfaire votre personnalité. Quand vous décidez d'être bloqué ou d'éprouver des émotions préjudiciables, vous prenez la décision de ne pas vous épanouir. Vouloir son propre épanouissement, c'est vouloir utiliser l'énergie vitale pour être plus heureux et non pas faire un effort pour s'amender parce que l'on a péché ou que l'on a certaines lacunes.

Le corollaire qui accompagne le choix de l'épanouissement comme motivation est la maîtrise de l'instant présent. Cela signifie que c'est vous qui décidez de votre destin. Vous n'êtes pas quelqu'un qui s'adapte au monde : vous choisissez le monde qui vous convient. Écoutez ce que disait George Bernard Shaw dans *la Profession de Mme Warren* :

> Les gens rendent toujours les circonstances responsables de ce qu'ils sont. Je ne crois pas aux circonstances. Les gens qui réussissent dans ce monde sont ceux qui se mettent en quête des circonstances qu'ils souhaitent et qui les fabriquent s'ils ne les trouvent pas.

Mais rappelez-vous ce que l'on a dit au commencement de ce chapitre. Changer sa façon de penser, de sentir ou de vivre est possible, mais ce n'est jamais facile. Imaginons que l'on vous annonce de but en blanc que, dans un an, vous aurez à accomplir une tâche difficile – par exemple, courir le mille en 4'30" ou faire un saut de l'ange parfait depuis le grand plongeoir – et que, si vous échouez, vous serez exécuté. Que ferez-vous ? Vous établirez un programme d'entraînement quotidien que vous suivrez scrupuleusement jusqu'au jour de l'épreuve. Vous entraînerez votre *esprit* aussi bien que votre corps parce que c'est votre esprit qui donne des ordres à votre corps. Vous vous entraînerez obstinément, avec acharnement sans céder à la tentation d'abandonner ou de ralentir vos efforts. Et, c'est ainsi que, le jour de l'épreuve, vous aurez la vie sauve.

Ce petit conte de fées a sa raison d'être. Tout le monde sait bien qu'on ne devient pas un athlète complet en vingt-quatre heures. Et pourtant, trop nombreux sont ceux qui se figurent que l'esprit est capable d'un tel exploit. Si l'on essaie d'acquérir un comportement mental nouveau, on escompte qu'après la première tentative, on l'aura parfaitement intégré. Pour l'esprit comme pour le corps, un entraînement quotidien est nécessaire.

Si vous voulez véritablement vous libérer de vos névroses, vous accomplir et être le maître de vos choix, si vous voulez véritablement connaître le bonheur dans l'instant présent, il vous faudra commencer par désapprendre à penser négativement avec autant d'énergie que vous avez mis jusqu'à présent à vous préparer en vue d'une quelconque entreprise difficile.

Pour parvenir à cet objectif, vous devrez inlassablement vous répéter que votre esprit vous appartient réellement et que vous êtes capable de contrôler vos sentiments. Le reste de ce livre vise à vous aider à atteindre vos buts personnels en vous obligeant, précisément, à ressasser les mêmes thèmes : si vous êtes décidé à vous prendre en charge, vous pourrez décider de vos choix et jouir de l'instant présent.

II

Premier amour

Votre valeur personnelle, ce ne sont pas les autres qui peuvent l'estimer, mais vous. Si vous dépendez des autres pour l'apprécier, cette valeur n'est plus personnelle puisqu'elle est tributaire d'autrui.

Il se peut que vous soyez atteint d'une maladie sociale dont une simple piqûre ne peut pas avoir raison. Il est fort possible que vous souffriez d'une infection de dénigrement de soi dont le seul traitement connu est une injection massive d'amour de soi. Mais on vous a peut-être inculqué, comme à beaucoup d'autres, l'idée qu'il est mal de s'aimer soi-même. Pensez aux autres, nous dit la société. Aime ton prochain, nous exhorte l'Église. Mais il est un précepte que tout le monde semble oublier : aime-toi toi-même. C'est précisément ce que vous allez devoir mettre en pratique pour jouir du moment présent.

Enfant, vous avez appris que s'aimer soi-même, ce qui était alors une chose tout à fait évidente pour vous, c'était faire preuve d'égoïsme ou de vanité. Vous avez appris qu'il fallait d'abord penser aux autres pour devenir quelqu'un de « bien ». Vous avez appris à vous effacer et on vous a abreuvé de maximes archaïques. « Partage tes affaires avec tes cousins », vous ont dit vos parents. Et tant pis s'il s'agissait de vos trésors, de vos objets bien-aimés, tant pis si papa et maman, eux, ne partageaient pas leurs jouets de grandes personnes avec les autres. Souvent aussi vous deviez « rester à votre place » et l'on voulait bien « vous voir mais pas vous entendre ».

Les enfants pensent tout naturellement qu'ils sont beaux et terriblement importants mais lorsqu'ils sont devenus adolescents, les messages de la société ont pris racine en eux. Alors fleurit le manque de confiance en soi, et il se renforce au fil des années. « Voyons ! Vous n'allez pas sombrer dans le narcissisme ! Qu'est-ce que les autres penseraient de vous ? »

Ces insinuations sont subtiles et elles ne sont nullement mal intentionnées, mais elles obligent l'individu à rester dans le rang. Par l'intermédiaire de ses parents et de ses proches, de l'école, de l'Église et de ses amis, l'enfant apprend toutes ces bonnes manières qui sont la marque de l'univers des adultes. Jamais les gosses ne se conduisent selon ces règles quand ils sont entre eux, sauf quand ils veulent faire plaisir à leurs aînés. « Dis s'il-te-plaît et dis merci, ne mets pas les coudes sur la table, lève-toi quand une grande personne entre, demande la permission si tu veux sortir de table, laisse-toi pincer les joues et caresser les cheveux quand j'en ai envie. »

Le message est limpide : ce sont les adultes, les autres qui comptent, non pas les enfants.

Le premier corollaire de ces aphorismes est cet impératif : « Ne te fie pas à ton propre jugement. » Pour étayer ce principe, ce ne sont pas les formules lues dans la rubrique « politesse » qui manquent, loin de là. Ces règles, dissimulées sous le masque des « bonnes manières », vous ont aidé à intérioriser le jugement d'autrui aux dépens de vos propres critères d'appréciation. Il n'est pas étonnant que les mêmes incertitudes et les mêmes attitudes d'autodénigrement persistent chez l'adulte. Et comment ces doutes vous handicapent-ils ? Par la façon dont vous aimez les autres. L'amour que l'on donne à autrui est directement lié à l'amour que l'on porte à soi-même.

Tentative de définition de l'amour

Il existe autant de définitions de l'amour que de gens qui cherchent à le définir. Essayons celle-ci à toutes fins utiles : *l'amour est la capacité et la volonté de laisser ceux pour qui l'on a de l'affection être ce qu'ils choisissent d'être sans exiger que leur comportement vous donne satisfaction.* Cette définition est peut-être valable, mais il n'en demeure pas moins que bien rares sont ceux qui peuvent l'adopter pour eux-mêmes. Comment parvenir à laisser les autres être ce qu'ils choisissent d'être sans exiger qu'ils répondent à votre attente ? C'est très simple : en vous aimant vous-même. En ayant le sentiment que vous avez de l'importance, que vous possédez une valeur propre, que vous êtes beau. Lorsque vous saurez à quel point vous êtes estimable, vous n'aurez pas besoin que les autres viennent confirmer votre valeur en ayant un comportement conforme à vos oukases. Si vous êtes sûr de vous, vous n'aurez ni l'envie ni le besoin qu'autrui soit semblable à vous. D'abord, vous êtes unique. Ensuite, cela dépouillerait les autres des caractères qui font qu'ils sont uniques, eux aussi, et ce que vous aimez en eux n'est rien d'autre que ce qui les distingue de tout le monde, ce qui constitue leur originalité.

Les choses commencent à s'arranger. En vous exerçant à vous aimer vous-même, vous voilà soudain capable d'aimer les autres, de donner aux autres, de servir les autres en donnant d'abord à vous-même, en vous servant d'abord. Ce n'est nullement là un stratagème. Vous n'agissez pas ainsi pour qu'on vous remercie, ni par souci de rentabilité, mais pour le plaisir authentique que vous ressentez à aider ou à aimer vos semblables.

Si le moi est considéré comme indigne, si on ne l'aime pas, donner de l'amour devient impossible. Comment en donner quand on est méprisable ? Et si l'on ne donne pas d'amour, on n'en reçoit pas. En effet, que vaut l'amour prodigué à un être indigne ? Pour aimer, pour donner et recevoir l'amour, il faut commencer par aimer totalement son moi.

Noah était un monsieur d'un certain âge qui prétendait aimer tendrement sa femme et ses enfants. Pour leur prouver son affection, il leur offrait des cadeaux très coûteux, il leur payait des vacances luxueuses et se faisait un point d'honneur, quand il était en voyage d'affaires, de terminer ses lettres par « avec tout mon amour ». Et pourtant, Noah avait toujours été incapable de dire à sa femme ou à ses enfants qu'il les aimait. Il avait le même problème avec ses parents qu'il adorait. Les mots, il les répétait dans sa tête mais chaque fois qu'il essayait de dire « je vous aime », les mots s'étranglaient dans sa gorge.

Dans son esprit, s'il disait « je vous aime », il fallait que quelqu'un réponde « moi aussi, je vous aime, Noah ». A ses déclarations d'amour devait répondre l'affirmation de sa propre valeur. Dire ces mots, c'était, à ses yeux, prendre un trop grand risque car s'il n'obtenait pas la réponse attendue, sa propre valeur serait remise en question. Si, en revanche, il avait pu partir du postulat qu'il était susceptible d'être aimé, il n'aurait eu aucune difficulté à dire « je vous aime ». Si le « moi aussi, je vous aime, Noah » désiré ne s'ensuivait pas, tant pis : cela n'aurait rien eu à voir avec sa valeur personnelle qui serait demeurée intacte. Qu'il fût ou non aimé en retour aurait été le problème de sa femme ou de la personne que Noah aimait à ce moment-là. Il pouvait assurément *vouloir* que quelqu'un l'aime mais ce n'aurait pas été essentiel pour confirmer sa valeur propre.

Vous pouvez remettre en cause tous vos sentiments envers vous-même en fonction de votre capacité à vous aimer, vous. Rappelez-vous que jamais et en aucun cas la haine de soi est plus valable que l'amour de soi. Même si vous avez eu une attitude que vous réprouvez, ne vous prenez pas en horreur : cela ne ferait que vous bloquer et vous porter préjudice. Au lieu de vous détester, ayez des sentiments positifs. Tirez la leçon de votre erreur et prenez la décision de ne pas la renouveler, mais ne l'associez pas à votre valeur propre.

Là est la racine de l'amour de soi et de l'amour des autres. Ne confondez jamais votre valeur propre (elle existe une fois pour toutes) avec votre comportement ni avec le comportement que les autres ont vis-à-vis de vous. Répétons-le encore : ce n'est pas facile. Les messages sociaux sont accablants. On dit : « Tu es un méchant garçon » au lieu de « Tu t'es mal conduit » ; « Maman ne t'aime pas quand tu te conduis comme ça » au lieu de « Maman n'aime pas que tu te conduises comme ça ». Peut-être, en tirant la leçon de ces messages, vous êtes-vous dit : « Puisqu'elle ne m'aime pas, je dois être un bon à rien » au lieu de : « Elle ne m'aime pas. Ça la regarde et, même si cela me déplaît, je suis toujours quelqu'un d'important. »

R.D. Laing résume dans *Knots** le processus par lequel on intériorise les pensées des autres en les rapportant à sa valeur propre :

Ma mère m'aime.
Je me sens bien.
Je me sens bien parce qu'elle m'aime.
Ma mère ne m'aime pas.
Je me sens mal dans ma peau.
Je me sens mal dans ma peau parce qu'elle ne m'aime pas.
Je suis méchant parce que je me sens mal dans ma peau.
Je me sens mal dans ma peau parce que je suis méchant.
Je suis méchant parce qu'elle ne m'aime pas.
Elle ne m'aime pas parce que je suis méchant.

Rompre avec les habitudes de pensées de l'enfance n'est pas une tâche aisée. L'image que vous avez de vous-même peut être encore fondée sur l'opinion que les autres ont de vous. S'il est vrai que c'est d'abord par l'opinion des adultes que vous concevez une première image de vous, il n'est pas vrai, en revanche, que vous deviez obligatoirement garder cette image intacte. Oui, il est pénible de se débarrasser de ces vieilles chaînes qui vous entravent, mais il est encore plus pénible de les conserver si vous en considérez les conséquences. Grâce à l'action mentale, vous pourrez faire des choix fondés sur l'amour de vous-même qui vous étonneront.

Le comportement des personnes qui savent aimer est-il autodestructeur ? Jamais. Ces personnes se dénigrent-elles et se cachent-elles dans un petit coin ? Absolument pas. Savoir donner et recevoir l'amour, cela commence par soi-même, cela commence par le serment d'en finir avec tous les comportements d'abaissement de soi qui sont devenus un véritable mode de vie.

---

* R.D. Laing, *Knots* (New York, Vintage Books, 1970), p. 9.

Se choisir soi-même

Avant toute chose, vous devez liquider le mythe selon lequel vous n'auriez qu'une seule et unique image de vous-même et que celle-ci serait à tout jamais positive ou négative. Les images que vous avez de vous-même sont nombreuses et elles varient tout le temps. Si l'on vous demandait : « Est-ce que vous vous aimez ? », vous auriez peut-être tendance à grouper toutes les idées négatives que vous vous faites de vous en un seul bloc et à répondre par un « non » global. Dissociez vos aversions générales en leurs éléments constitutifs et vous aurez alors des objectifs précis sur lesquels axer votre action.

Vous avez une idée de vous-même sur le plan physique, intellectuel, social et affectif. Vous avez une opinion sur vos aptitudes dans le domaine de la musique, du sport, de l'art, de la mécanique, de l'écriture, etc. Vos autoportraits sont aussi nombreux que vos activités et à travers tous ces comportements, c'est toujours *vous* qui agissez, vous, la personne que vous acceptez ou que vous refusez. Votre valeur propre, cette ombre amicale toujours présente, le mentor qui vous met sur la voie du bonheur individuel et de la maîtrise de soi, ne doit pas être liée aux jugements que vous portez sur vous-même. Vous existez. Vous êtes un être humain. C'est tout ce dont vous avez besoin. Votre valeur, c'est vous qui la déterminez et vous n'avez d'explications à fournir à personne. Ainsi définie, elle n'a rien à voir ni avec votre comportement ni avec vos sentiments. Peut-être, dans telle ou telle circonstance, avez-vous une conduite que vous vous reprochez, mais c'est sans aucun rapport avec votre valeur propre. Vous pouvez choisir d'être définitivement digne de vous-même et, à partir de ce moment, à vous de vous appliquer à améliorer les images que vous avez de vous.

Aimer son corps

Tout commence par le moi physique. Aimez-vous votre corps ? Si vous répondez « non », essayez de savoir précisément pourquoi. Dressez la liste de ce qui vous déplaît en vous. Débutez par le haut : vos cheveux, votre front, vos yeux, vos paupières, vos joues. Aimez-vous votre bouche, votre nez, vos dents, votre cou ? Que pensez-vous de vos bras, de vos doigts, de vos seins, de votre ventre ? N'ayez pas peur d'allonger l'inventaire. Incluez-y aussi vos organes intérieurs. Vos reins, votre rate, vos artères et vos fémurs. Passez ensuite aux obscurs ingrédients qui font de vous ce que vous êtes. Que dire de votre fissure de Rolando, de votre oreille interne ? De vos lobes, de vos capsules surrénales, de votre glotte ? La liste devra être très longue si vous voulez faire un bilan approfondi. Vous n'*avez* pas un joli corps mais vous *êtes* votre corps et le détester, c'est ne pas s'accepter soi-même en tant qu'être humain.

Peut-être certains de vos attributs physiques vous laissent-ils insatisfait. Si telle ou telle partie de votre corps peut être modifiée, faites-en l'un de vos objectifs. Si vous avez trop de ventre ou si la couleur de vos cheveux vous déplaît, considérez que ce sont là des choix que vous avez faits dans un présent antérieur et prenez une autre décision à leur sujet. Quant aux parties de votre corps qui vous semblent imparfaites mais qui ne peuvent pas être modifiées (des jambes trop longues, des yeux trop étroits, des seins trop petits ou, au contraire, trop volumineux), on peut les considérer avec une autre optique. Rien n'est jamais *trop* ceci ou *trop* cela. Avoir des jambes longues, ce n'est ni mieux ni pire qu'avoir ou ne pas avoir de cheveux. Vous ne faites qu'adopter le canon de la beauté de la société contemporaine. Ne laissez pas les autres décréter ce qu'il y a d'attirant en vous. Décidez d'aimer votre moi physique, proclamez qu'il est à vos yeux valable et séduisant sans tenir compte des comparaisons et des opinions d'autrui. Il est en votre pouvoir de décider de ce qui est agréable et de jeter le refus de soi aux oubliettes.

Vous êtes un être humain. Les êtres humains ont certaines odeurs, émettent certains bruits et ont certaines pilosités, mais la société nous impose des normes physiques. Ayez honte de vos caractéristiques humaines, vous dit-on. Apprenez à masquer votre comportement — de préférence en utilisant nos produits. Ne vous acceptez pas tel que vous êtes. Cachez votre moi réel.

On ne peut pas regarder la télévision ou écouter la radio pendant une heure sans être agressé par ces messages. Ce bombardement publicitaire quotidien que vous subissez sans le vouloir vous incite à rougir de l'odeur de votre bouche, de vos aisselles, de vos pieds, de votre peau et même de vos parties génitales. « Choisissez notre produit et vous retrouverez votre vraie nature. » Comme si votre manière d'être était contraire à la nature, comme si, pour être mieux en accord avec vous-même, vous deviez dégager l'odeur d'un cosmétique. Comme s'il fallait désodoriser chacun de vos orifices avec le « sent-bon » adéquat parce que, suivant l'exemple des autres, vous refusez telle ou telle partie de vous-même.

Frank a 32 ans. Il refuse toutes ses fonctions corporelles. A ses yeux, ce sont là des choses dégoûtantes, innommables. Il est tellement obsédé par la propreté corporelle qu'il ne se sent pas du tout à son aise quand il transpire. De plus il exige que sa femme et ses enfants observent les mêmes rigoureux préceptes d'hygiène. A peine a-t-il fini de tondre la pelouse ou de disputer une partie de tennis qu'il se précipite sous la douche pour faire disparaître les mauvaises odeurs. Ce n'est pas tout : il tient absolument à ce que sa femme et lui se lavent après avoir fait l'amour. Il ne supporte pas les odeurs de son corps et il ne peut pas vivre avec quelqu'un qui soit moins hygiénique que lui. Frank parfume les toilettes avec des bombes aérosols, il utilise une multitude de produits pour sentir bon et quand il devient humain et commence à sentir comme un être humain, il redoute d'offusquer les gens. Il a appris à refuser les fonctions et les odeurs naturelles de son corps. Ses attitudes traduisent son refus de s'accepter tel qu'il est : quand il se résigne à être naturel, il est gêné ou il s'excuse.

Mais se comporter comme un être humain, cela suppose que l'on en accepte les odeurs naturelles et quelqu'un qui cherche à s'aimer tel qu'il est ne sera nullement gêné par son moi naturel. En réalité, si Frank était entièrement honnête vis-à-vis de lui-même et s'il faisait abstraction du conditionnement qui le pousse à se refuser tel qu'il est, il pourrait peut-être même trouver agréables son corps et les odeurs sublimes que celui-ci exhale. Même s'il n'a pas envie de partager ses effluves avec autrui, il pourrait au moins les accepter, se dire que, somme toute, il les aime et ne plus avoir honte devant les autres.

S'accepter soi-même, c'est aimer son être physique en bloc en éliminant l'imposture des images culturelles, ou, plus simplement, c'est tolérer son corps quand il en prend à son aise avec les préceptes de la cosmétologie. Il ne s'agit pas de parader avec ostentation, mais plus intimement, d'apprendre à apprécier d'être soi-même.

Beaucoup de femmes capitulent devant les oukases culturels et, quand il s'agit de leur corps, elles se comportent comme elles sont censées devoir le faire. Que leur dit-on ? Rasez-vous les jambes et les aisselles, aspergez-vous de déodorant, parfumez-vous, stérilisez votre bouche, fardez-vous les yeux, les lèvres et les joues, portez des soutien-gorge matelassés, vaporisez comme il convient vos organes sexuels et maquillez vos ongles. Cette conception du corps suppose que sa nature − donc ce qu'il y a d'essentiellement humain en vous − est par définition déplaisant et que c'est seulement en la rendant artificielle que vous serez séduisante. Et c'est là le plus attristant : vous fabriquez un moi frauduleux qui se substitue au moi naturel et il vous accompagne pendant presque toute votre vie. On vous pousse à rejeter ce moi qui est beau. Il est compréhensible que la publicité vous oriente vers cette voie, compte tenu des bénéfices escomptés, mais il est moins compréhensible que vous achetiez tous ces produits puisque, ce faisant, vous choisissez de mettre au rebut votre moi réel.

Cessez d'abord de cacher ce qui, en vous, est beau et naturel. Ensuite, vous pourrez utiliser des cosmétiques quels qu'ils soient, non plus parce que vous avez honte de ce que vous voulez dissimuler, mais pour vous affirmer et vous épanouir davantage. Il n'est pas facile, dans ce domaine, d'être honnête avec soi-même et il faut du temps pour apprendre à faire la différence entre ce qui nous plaît et ce qui, selon la publicité, devrait nous plaire.

Choisir des images de soi plus positives

Choisir une image de vous-même ne dépend que de vous. Vous pouvez choisir de vous considérer comme intelligent en vous appliquant vos propres critères. En fait, plus vous vous rendez heureux, plus vous êtes intelligent. Si vous avez des lacunes sur certains points, comme l'algèbre, l'orthographe ou l'écriture, c'est tout simplement la conséquence naturelle des choix que vous avez faits jusqu'à maintenant. Si vous décidiez de mieux connaître ces matières en y consacrant le temps qu'il faut, vous feriez sans aucun doute des progrès. Peut-être vous croyez-vous comme quelqu'un qui n'est pas tellement intelligent. Dans ce cas, rappelez-vous ce que nous avons dit au premier chapitre : si vous vous sous-estimez, c'est parce que vous vous êtes mis cette idée dans la tête et que vous vous comparez aux autres en fonction de critères d'ordre scolaire.

Cela va peut-être vous surprendre, mais vous pouvez choisir d'être aussi brillant que vous le désirez. En réalité, la compétence n'est en rien une qualité innée : c'est une fonction du temps. Le système d'attribution des diplômes en est bien la preuve. Il est clair, d'après les normes en vigueur, que les résultats obtenus par les meilleurs élèves d'un niveau donné le sont aussi plus tard par la majorité des élèves à un niveau ultérieur. Les recherches dans ce domaine ont montré que si la plupart des élèves finissent par acquérir la maîtrise de n'importe quelle discipline, certains y arrivent plus tôt que d'autres*. Cependant, on qualifie souvent de « faibles », quand ce n'est pas de « retardataires », ceux qui mettent plus longtemps à dominer telle ou telle matière. John Carroll a publié dans *Teachers College Record* un article intitulé « A Model for School Learning », où il écrit :

> L'aptitude est le temps nécessaire à l'élève pour atteindre à la maîtrise d'une discipline. En conséquence si le temps voulu leur est accordé, tous les étudiants sont théoriquement capables de maîtriser une discipline.

---

* Benjamin S. Bloom et al., *Handbook on Formative and Summative Evaluation of Student Learning* McGraw-Hill. (New York, 1971).

Si vous y consacrez suffisamment de temps et d'efforts, vous pouvez maîtriser presque toutes les disciplines académiques. Mais vous ne faites pas un tel choix, et cela pour d'excellentes raisons. Pourquoi prodigueriez-vous votre énergie à résoudre des problèmes obscurs ou à apprendre des choses qui ne vous intéressent pas ? Etre heureux, vivre efficacement et aimer sont des objectifs autrement plus importants. L'intelligence n'est pas une chose que l'on a héritée ou un privilège qui vous a été octroyé. Toute la question est là. Vous êtes aussi intelligent que vous choisissez de l'être. Ne pas croire en son intelligence, c'est tout bonnement se mépriser soi-même et cela ne peut que grever votre existence.

La capacité de choisir les images que l'on se fait de soi-même s'applique à tous les autoportraits que l'on a dans la tête. On est l'être social que l'on choisit d'être. Si votre comportement social vous déplaît, il vous est loisible de le modifier, mais sans confondre ce comportement avec votre valeur propre. Vos capacités dans le domaine de l'art, de la mécanique, de l'athlétisme, de la musique, etc., sont aussi, pour une large part, le résultat de choix et il ne faut pas les confondre avec votre valeur propre. (Le chapitre IV traitera de façon plus complète des images de soi et des raisons pour lesquelles on les a choisies.) Dans la même optique, on a insisté dans le chapitre précédent sur le fait que votre vie *affective* résulte de vos choix. Vous pouvez dès maintenant prendre une décision en ce qui concerne l'acceptation de vous-même fondée sur ce que vous croyez être conforme à votre être. Corriger ses déficiences peut être une entreprise passionnante et il n'y a aucune raison de choisir de se sentir indigne pour la simple raison que certains aspects de soi-même sont à parfaire.

L'aversion de soi revêt de nombreuses formes et il se peut que vous pratiquiez l'autodénigrement. Voici un petit catalogue de comportements typiques de cette autocensure :

— Rejeter les compliments. (« Oh ! Cette vieille histoire ?... Non, je ne me suis pas conduit comme un grand chef, j'ai eu de la chance, voilà tout ! »)

— S'excuser quand on vous félicite de votre élégance. « Ma coiffeuse est sensationnelle. Elle serait capable de rendre un crapaud séduisant. », « Croyez-moi, c'est ma façon de m'habiller qui vous donne cette impression. », « Le vert est ma couleur. »)

— Attribuer à d'autres ce qui doit légitimement vous revenir. (« Heureusement que Michael est là. Sans lui, je ne serais rien. », « C'est Marie qui a tout fait. Moi, je me suis contentée de superviser. »)

— Se référer à autrui dans la conversation. (« Mon mari dit que... », « Ma mère estime que... », « George n'arrête pas de répéter que... »)

— Chercher l'assentiment d'autrui quand vous formulez une opinion. (« N'est-ce pas, mon chéri ? », « C'est ce que je disais, tu es témoin, Mark ? », « Demandez donc à mon mari, vous verrez bien ! »)

— Refuser de commander quelque chose dont vous avez envie, non point parce que ce serait une folie (encore que vous vous retranchiez peut-être derrière cette raison) mais parce que vous pensez que vous ne le méritez pas.

— Ne pas avoir d'orgasmes.

— Ne pas vous offrir quelque chose parce que vous considérez que vous devez l'acheter pour quelqu'un d'autre, encore qu'un tel sacrifice ne soit pas indispensable ; ou ne pas vous offrir ce qui vous ferait plaisir parce que vous n'en êtes pas digne.

— Renoncer à de petits plaisirs comme des fleurs, des vins fins ou des choses que vous aimez parce que ce serait du gaspillage.

— Vous retourner quand quelqu'un s'écrie au milieu de la foule : « Salut, l'ahuri ! »

— Vous donner à vous-même (et demander aux autres de les utiliser) des sobriquets qui sont, en fait, péjoratifs tels que : Minette, Bécassine, Tête d'Œuf, Gros Lard, *ad libitum.*

— Penser, quand un ami ou votre amoureux vous offre un bijou, quelque chose dans le genre : « Tu dois sûrement avoir chez toi un tiroir rempli de cadeaux pour les autres filles. »

— Penser, quand quelqu'un vous dit que vous êtes belle : « Où tu es aveugle ou tu cherches à m'amadouer. »

— Penser, si quelqu'un vous invite au restaurant ou au spectacle : « C'est comme ça que cela commence mais combien de temps est-ce que ça va durer quand il s'apercevra de ce que je suis réellement ? »

— Penser, quand une jeune fille accepte le rendez-vous que vous lui donnez, qu'elle agit ainsi uniquement par charité.

J'ai eu, il y a un certain temps, l'occasion de m'occuper d'une jeune femme extrêmement séduisante qui attirait visiblement les hommes. Pourtant, Shirley — c'était son nom — prétendait que toutes les relations qu'elle nouait finissaient mal et que, bien qu'elle désirât follement se marier, l'occasion de convoler ne s'était jamais présentée. Les entretiens thérapeutiques que j'ai eus avec elle mirent en évidence qu'elle sapait systématiquement les rapports qu'elle avait avec les hommes sans s'en rendre compte. Qu'un garçon lui avouât qu'il s'intéressait à elle et qu'il l'aimait, elle se disait aussitôt dans son for intérieur : « Il me raconte ça parce qu'il sait que c'est ce que j'ai envie d'entendre. » Shirley était toujours à l'affût de la phrase qui la dévaloriserait. Ne s'aimant pas elle-même, elle répudiait les efforts que les autres faisaient pour l'aimer. Elle ne croyait pas qu'on puisse la trouver séduisante. Pourquoi ? D'abord, parce qu'elle ne se croyait pas digne d'être aimée. En conséquence, le cycle sans fin des renonciations était sa façon à elle de confirmer l'idée qu'elle se faisait de son indignité.

Si un certain nombre de points relevés dans l'inventaire ci-dessus peuvent paraître futiles, ce sont néanmoins, à leur échelle réduite, des indices de la volonté de se récuser soi-même. Si, par goût du sacrifice, par refus de la moindre extravagance, vous préférez, par exemple, commander un sandwich plutôt qu'une côtelette d'agneau, c'est parce que vous ne vous estimez pas digne d'un mets plus succulent. Peut-être vous a-t-on enseigné que la politesse puérile et honnête exige que vous refusiez les compliments qu'on vous adresse ou peut-être pensez-vous que vous manquez effectivement de séduction. Quand on vous a seriné cela pendant des années et des années, se refuser soi-même devient une seconde nature. Les exemples d'un tel comportement qui se manifestent dans la conversation et dans les conduites quotidiennes sont légion. Et chaque fois que vous adoptez une attitude de dénigrement vis-à-vis de vous-même, vous apportez de l'eau au moulin du vieil épouvantail dont les autres vous menacent et vous réduisez la part de l'amour dans votre vie, qu'il s'agisse de l'amour de soi ou de l'amour que vous portez aux autres. Une chose est sûre : vous avez trop de valeur pour continuer à vous rabaisser de la sorte.

S'accepter tel qu'on est sans arrière-pensée

S'aimer soi-même, c'est s'accepter comme quelqu'un de valable parce qu'on l'a choisi. C'est aussi ne pas se plaindre. Les gens qui vivent en harmonie avec eux-mêmes ne se plaignent jamais— ils ne se plaignent surtout pas que les pierres soient dures, que le ciel soit couvert ou que la glace soit trop froide. S'accepter, c'est ne pas ronchonner et être heureux, c'est ne pas rouspéter à propos de choses qui échappent à notre action. Gémir est le refuge de ceux qui n'ont pas confiance en eux. Quand vous énumérez dans la conversation tous les détails qui vous déplaisent en vous, vous ne faites qu'accentuer votre insatisfaction parce que vos interlocuteurs ne peuvent pratiquement rien faire sinon vous dire : « Mais pas du tout... » — et vous ne les croyez pas. De même, laisser les autres vous importuner en vous narrant par le menu toutes leurs misères et en s'apitoyant sur eux-mêmes ne rend service à personne. Il suffit, souvent, de poser une question toute simple pour mettre un terme à ce comportement aussi vain que désagréable : « Pourquoi me dites-vous tout ça ? » Ou : « Est-ce que je peux faire quelque chose pour vous aider dans ce domaine ? »

Posez-vous les mêmes questions et vous vous rendrez compte que vos jérémiades sont le comble de l'aberration. C'est du temps perdu, du temps gâché en pure perte que vous auriez pu mieux utiliser en pratiquant l'amour de soi, en vous tressant une couronne d'éloges ou en aidant quelqu'un d'autre à s'accomplir.

Il y a deux cas où ces doléances sont particulièrement mal

venues : 1) Quand vous dites à quelqu'un que vous êtes fatigué. 2) Quand vous dites à quelqu'un que vous ne vous sentez pas très bien. Si vous êtes fatigué, plusieurs options sont ouvertes, mais vous plaindre au premier venu, surtout si c'est quelqu'un que vous aimez, c'est agresser ce malheureux. Et cela ne vous soulagera nullement de votre fatigue. La même logique s'applique au second point.

Nous ne nous éléverons pas ici contre le fait que vous vous plaignez à autrui de ne pas vous sentir bien si vos interlocuteurs peuvent vous aider si peu que ce soit. Mais il est inutile de vous lamenter devant des personnes qui ne peuvent rien faire sinon supporter vos récriminations. Par ailleurs, celui qui s'attache véritablement à pratiquer l'amour de soi et qui éprouve telle ou telle incommodité, tel ou tel désagrément, cherchera à régler son problème tout seul au lieu de s'appuyer sur quelqu'un d'autre pour lui faire porter une part de son fardeau.

Se lamenter est inutile et vous empêche de vivre efficacement. Cela encourage l'apitoiement sur soi et bloque toute tentative en vue de donner et de recevoir des marques d'amour. En outre, cela diminue les possibilités d'améliorer les rapports affectifs et de développer les contacts sociaux. Certes, on vous prêtera peut-être attention mais de telle façon que cela jettera une ombre sur votre bonheur.

Etre capable de s'accepter sans se plaindre implique que l'on comprenne à la fois l'amour de soi et le mécanisme de cette .insatisfaction, qui sont des termes s'excluant mutuellement. Si vous vous aimez réellement, vous lamenter devant des tiers qui ne peuvent rien pour vous est absurde et indéfendable. Et si vous remarquez chez vous (et chez d'autres) des choses qui vous déplaisent, il est préférable d'agir pour les corriger au lieu de soupirer inutilement.

La prochaine fois que vous vous trouverez en compagnie de quatre couples ou davantage, livrez-vous donc au petit exercice suivant : calculez le temps passé dans la conversation à se plaindre de soi, des autres, de la situation, du coût de la vie, du temps qu'il fait, etc. Et quand les invités se seront séparés, demandez-vous : « A quoi ont abouti toutes les récriminations qui ont été formulées au cours de la soirée ? », « Qui s'intéresse vraiment à toutes les lamentations qui ont été échangées ? »

Et quand vous serez sur le point de vous lamenter, remémorez-vous la vacuité de cette conversation.

Amour de soi et vanité

Peut-être pensez-vous que toutes ces histoires d'amour de soi impliquent une attitude déplaisante, proche de l'égocentrisme. Rien ne saurait être plus éloigné de la vérité. S'aimer soi-même n'a strictement rien à voir avec le fait de raconter à tout un chacun qu'on est quelqu'un de sensationnel. L'amour de soi n'a rien à voir avec cette volonté d'accaparer l'attention et de gagner l'approbation des autres en jouant les King-Kong. C'est là un comportement aussi névrosé que la pratique de l'autodénigrement. On roule des mécaniques pour essayer de séduire autrui. Autrement dit, on s'évalue soi-même en fonction de l'image que les autres se font de vous. Sinon, on n'éprouverait pas le besoin de les convaincre. S'aimer soi-même, ce n'est pas exiger d'être aimé par les autres. Il n'est nul besoin de les convaincre. Il suffit de s'accepter intérieurement et le point de vue d'autrui n'a rien à voir dans cette affaire.

Les raisons de ne pas s'aimer

Pourquoi quelqu'un choisit-il de ne pas s'aimer ? Quel avantage en tire-t-il ? Examinons les profils, fussent-ils malsains, d'une telle habitude. Ce qui est fondamental pour devenir efficace, c'est de comprendre pourquoi on adopte des conduites autodestructrices.

Tout comportement a ses causes et la route conduisant à la radiation d'un comportement autodestructeur, quel qu'il soit, est semée d'obstacles dus à l'incompréhension des motivations profondes qui animent l'individu. A partir du moment où l'on saisit la raison qui vous pousse à vous nuire et le mécanisme de sauvegarde qui vous fait persévérer dans un tel comportement, on peut commencer à lutter contre lui.

Si l'on ne se comprend pas soi-même, les vieilles attitudes reprendront force.

Pourquoi avez-vous choisi de faire votre procès, même sur des points qui vous paraissent de peu d'importance ? Peut-être, tout simplement, parce qu'il est plus facile de dire *amen* à ce que proclament les autres que de penser par soi-même. Mais cette attitude a aussi d'autres avantages. Si vous choisissez de ne pas vous aimer et de vous déprécier en plaçant autrui au-dessus de vous, que se passe-t-il ?

— Vous aurez une excuse toute prête pour expliquer que vous n'êtes pas aimé : vous ne méritez pas qu'on vous aime. Cette excuse est un dividende névrotique.

— Vous pourrez éviter tous les risques qui vont de pair avec l'établissement d'une relation d'amour, et, partant, toute possibilité d'être rejeté ou désapprouvé est éliminée.

— Vous trouvez plus facile de rester tel que vous êtes. Tant que vous êtes indigne, à quoi bon essayer de vous épanouir, de vous améliorer ou d'accéder à davantage de bonheur ? Le dividende reste le même.

— Les autres s'apitoieront sur vous, vous prêteront attention et peut-être même vous approuveront-ils. C'est un élégant substitut aux risques que comportent les rapports amoureux. La compassion et l'attention que l'on vous accordera seront vos récompenses négatives.

— Vous aurez de nombreux boucs émissaires bien commodes sur lesquels rejeter la responsabilité de votre misère. Vous pourrez vous lamenter en vous abstenant d'agir.

— Vous serez en mesure de meubler l'instant présent par de petites dépressions sans devoir adopter un comportement qui vous aiderait à être différent. L'apitoiement sur soi-même sera votre échappatoire.

— Vous serez à nouveau un bon petit garçon ou une bonne petite fille retrouvant les réactions de l'enfance qui cherche à plaire aux « grandes personnes », ces « grandes personnes » que vous avez appris à considérer comme supérieures. La régression est plus sûre que le risque.

— Vous pourrez consolider le comportement visant à vous appuyer sur les autres en considérant que ceux-ci ont plus d'importance que vous. C'est profitable, même si c'est parfois nocif.

– Vous serez incapable de vous prendre en charge et de vivre comme vous l'entendez, tout simplement parce que vous ne vous sentirez pas digne du bonheur auquel vous aspirez.

Voilà quels sont les éléments du mécanisme de sauvegarde de votre abaissement. Voilà les raisons pour lesquelles vous choisissez de vous cramponner à vos anciens modes de pensée, à vos anciens comportements. Tout bêtement, il est plus facile — autrement dit, moins risqué — de se rabaisser soi-même que de faire l'effort de s'élever. Mais rappelez-vous que le seul critère de la vie, c'est la croissance et que refuser de se développer pour devenir un être aimé de lui-même est un choix fatal.

Armé de ces aperçus révélateurs sur votre comportement, vous pouvez commencer à mettre en pratique un certain nombre d'exercices mentaux et physiques propres à fortifier l'amour de soi.

Quelques exercices d'entraînement à l'amour de soi faciles à effectuer

L'amour de soi commence au niveau de l'intellect. Il faut apprendre à contrôler ses pensées, ce qui exige une grande lucidité toutes les fois que l'on adopte un comportement de dénigrement de soi. Si vous vous surprenez en train de céder à cette tentation, il vous est possible de remonter jusqu'à la pensée qui détermine ce comportement pour le refouler.

Quand vous venez de dire quelque chose comme : « Non, je ne suis pas aussi fort. Si j'ai une bonne note, c'est que j'ai eu de la chance », un clignotant doit s'allumer dans votre tête : « Ça y est ! Me voilà encore en train de me déprécier. Mais, ce coup-là, je m'en suis rendu compte et, la prochaine fois, je m'abstiendrai d'employer ces formules que j'ai répétées toute ma vie. » La stratégie consiste à rectifier le tir en disant, par exemple : « Je viens de parler de chance mais la chance n'a rien à voir là-dedans. J'ai eu cette bonne note parce que je la méritais. »

C'est là un petit pas vers l'amour de soi : reconnaître que l'on a eu une attitude négative et décider d'en changer. Jusque-là, vous aviez une habitude. Maintenant, vous avez la volonté de vous conduire différemment et vous avez fait le choix que cela implique. C'est exactement comme l'apprentissage de la conduite automobile : on finit par acquérir de nouvelles habitudes qui ne nécessitent pas d'avoir constamment conscience des gestes que l'on fait. Et, avant longtemps, vous aurez tout naturellement une attitude d'amour envers vous-même dans beaucoup de domaines.

A présent que votre intelligence travaille pour vous au lieu de travailler contre vous, une foule de possibilités d'amour de soi se profilent à l'horizon. Voici une petite nomenclature des comportements que vous pourrez adopter au fur et à mesure que vous parviendrez à un respect de vous-même fondé sur le sentiment de votre propre valeur :

— Cherchez à avoir d'autres réactions quand autrui vous manifeste son amour ou tente de vous montrer qu'il vous accepte tel que vous êtes. Au lieu de répondre automatiquement par le scepticisme devant un geste d'affection, dites : « Merci » ou « Je suis content que vous pensiez cela. »

— S'il y a quelqu'un que vous aimez vraiment, dites-lui franchement : « Je vous aime » et, en guettant la réaction de l'intéressé, félicitez-vous d'avoir sauté le pas.

— Au restaurant, commandez un plat dont vous êtes gourmand, même si c'est cher. Choisissez systématiquement les choses que vous préférez sans vous préoccuper du reste. Faites-vous plaisir parce que vous le méritez. Proscrivez les sacrifices sauf lorsqu'ils sont absolument nécessaires — et c'est bien rare.

— Après une matinée fatigante et un repas copieux, faites une petite sieste ou allez vous promener, même si vous êtes débordé de travail. Cela vous aidera à vous sentir cent fois mieux.

— Adhérez à une association ou pratiquez une forme

d'activité qui vous tente. Vous ne l'avez pas fait jusqu'à maintenant parce que vous avez trop de responsabilités et que vous n'avez pas le temps. En choisissant de vous aimer, vous constaterez que ceux qui partagent vos opinions commenceront à prendre confiance en eux. Et vous constaterez aussi que vous n'avez aucune hostilité à leur égard. Ce sera par *choix* et non par obligation que vous leur rendrez service.

— Éliminez la jalousie en reconnaissant que c'est une façon de vous rabaisser vous-même. Se comparer à quelqu'un et s'imaginer qu'on vous aime moins que ce quelqu'un, c'est considérer que les autres sont plus importants que vous. Vous mesurez alors votre mérite en fonction d'autrui. Rappelez-vous qu'on peut toujours vous préférer quelqu'un sans que cela ait d'incidence sur vous, et que le fait d'être ou de ne pas être préféré n'a rien à voir avec votre valeur propre. Si vous êtes jaloux, vous vous condamnez à douter perpétuellement de vous parce qu'on ne peut jamais savoir comment une personne réagira à tel jour, à tel moment. Si cette personne vous préfère quelqu'un d'autre, c'est l'élu qui est en cause, pas vous. Si vous pratiquez l'amour de vous-même, toutes les circonstances qui avaient auparavant déterminé un sentiment de jalousie chez vous seront renversées. Vous aurez une telle foi en vous que vous n'aurez plus besoin de l'amour ni de l'appréciation des autres comme critère de votre propre valeur.

— S'aimer soi-même peut aussi se traduire par une nouvelle façon de traiter son corps. Par exemple, choisir des aliments sains et diététiques, éliminer son excès de poids (lequel peut être à la fois un risque pour votre santé et un symptôme de refus de soi), faire régulièrement de la marche à pied ou de la bicyclette, respirer l'air pur parce que c'est agréable et, plus généralement, se maintenir en forme et soigner son physique. Tout cela à condition de *vouloir* être en bonne santé. Pourquoi ? Parce que vous êtes important et que c'est en fonction de cette importance que vous allez vous traiter vous-même. Passer une journée enfermé entre quatre murs ou à se livrer passivement à une routine assommante, c'est se déclarer la guerre à soi-même. A moins que vous préfériez effectivement vous isoler, auquel cas c'est un choix que vous faites.

— C'est dans le domaine de la sexualité que l'on peut pratiquer le plus intensément l'amour de soi. Placez-vous tout nu devant un miroir et admirez votre beauté. Vous pouvez dialoguer avec votre corps, l'explorer sensuellement, vous faire frissonner de plaisir. Quand vous êtes deux, vous pouvez aussi choisir de parvenir à la plénitude sexuelle au lieu de considérer que le plaisir de votre partenaire est plus important que votre propre plaisir. Ce n'est qu'en optant pour l'assouvissement personnel que vous pouvez lui donner du plaisir. Si vous n'êtes pas heureux, votre partenaire est généralement déçu. En outre, si vous choisissez votre satisfaction personnelle, il est plus facile aux autres de choisir d'être heureux eux-mêmes. Vous pouvez ralentir le processus, enseigner à l'autre ce que vous désirez qu'il (elle) fasse par la parole et par le geste. Vous pouvez choisir de parvenir à l'orgasme. Vous pouvez atteindre à l'expérience physique ultime en étant convaincu que vous le méritez. Et vous pourrez alors, et ce sera grisant, vérifier par vous-même que c'est vrai. Pourquoi ? Parce que vous le méritez !

— Vous pouvez cesser d'établir un rapport direct entre vos performances dans tous les domaines et votre valeur personnelle. Il se peut que vous perdiez votre emploi ou que tel ou tel projet sur lequel vous travaillez se solde par un échec. Il se peut que vous n'aimiez pas la façon dont vous avez réalisé ceci ou cela. Mais cela ne veut pas dire que vous êtes nul. Vous devez vous convaincre que vous valez quelque chose, indépendamment de ce que vous avez accompli. Autrement, vous vouez à confondre immanquablement votre être et vos activités extérieures. Il est aussi absurde de faire dépendre sa propre valeur d'une réalisation externe que de lier cette réalisation à l'opinion d'un tiers. Une fois délivré de cette confusion, vous serez capable de vous lancer dans toutes sortes d'entreprises et le résultat final, quel que soit l'intérêt qu'il présente pour vous, ne sera aucunement déterminé par votre valeur en tant qu'individu.

Toutes ces attitudes, et beaucoup d'autres semblables,

sont celles des gens qui s'aiment eux-mêmes. Elles peuvent souvent être en contradiction avec les leçons que vous avez apprises en grandissant. Mais très jeune, vous étiez l'amour de soi incarné. Enfant, vous saviez instinctivement que vous aviez une valeur précieuse.

Revenons-en maintenant aux questions posées au début de ce livre :

— Pouvez-vous vous accepter sans arrière-pensée ?
— Pouvez-vous vous aimer tout le temps ?
— Pouvez-vous donner l'amour et le recevoir ?

Voilà des points sur lesquels vous êtes capable d'agir : vous fixer pour objectif d'être amoureux de l'être le plus beau, le plus passionnant, le plus précieux qui ait jamais existé — vous-même.

III

Vous n'avez pas besoin
de l'approbation des autres

Avoir besoin d'être approuvé revient à dire :
« L'opinion que vous avez de moi est plus importante
que ma propre opinion sur moi-même. »

Peut-être passez-vous beaucoup trop de temps à rechercher l'approbation d'autrui ou à douter de vous parce que l'on vous a désapprouvé. Si l'approbation d'autrui est devenue pour vous un *besoin*, il faut prendre des mesures. Pour commencer, tâchez de vous mettre dans la tête que solliciter l'approbation est un désir, pas une nécessité. Nous aimons tous les applaudissements, les compliments et les louanges. Cela aide quand on est démoralisé. Qui voudrait y renoncer ?

Il est inutile d'y renoncer. En soi, ce n'est pas malsain. En vérité, être encensé procure une joie délicieuse. La recherche de l'approbation n'est une zone erronée que lorsqu'elle devient un besoin au lieu d'être un désir.

Si vous souhaitez l'approbation d'autrui, vous êtes tout simplement heureux d'obtenir la sanction de vos semblables. Mais si c'est un besoin et que vous ne la recevez pas, gare à l'effondrement. Les forces autodestructrices entrent alors en jeu : quand la quête de l'approbation devient un besoin, vous abandonnez une part de vous-même aux tiers dont la caution vous est indispensable. S'ils vous désapprouvent, vous êtes bloqué, même si c'est de façon limitée. Vous vous en remettez aux autres pour vous apprécier et vous n'êtes à l'aise dans votre peau qu'à partir du moment où ils acceptent de vous décerner des éloges.

Avoir besoin de l'approbation d'autrui est déjà une mauvaise chose, mais cela devient vraiment grave quand vous avez besoin que tout le monde approuve tout ce que vous faites. Si tel est votre cas, vous serez malheureux et frustré pendant toute votre existence. De plus, vous vous ferez de vous-même l'image d'une personne faible, d'une chiffe molle et vous adopterez l'attitude de refus de soi dont il a été question au chapitre précédent.

Ce *besoin* d'être approuvé, vous devez vous en débarrasser ! Là, pas de point d'interrogation. Il faut l'extirper pour accéder à la plénitude. Ce besoin est une impasse psychologique qui ne peut vous apporter absolument aucun avantage.

Il n'est pas possible de vivre sans se heurter fréquemment à la désapprobation. Ainsi va l'humanité. C'est la rançon de la vie, on ne peut y échapper. J'ai connu un monsieur d'un certain âge qui illustrait parfaitement cette mentalité. Ozzie avait des idées sur tous les sujets prêtant à controverse, y compris l'avortement, la contraception, la guerre au Moyen-Orient, Watergate et bien d'autres choses encore. Chaque fois que l'on faisait fi de ses opinions, c'était la catastrophe. Il dépensait une somme d'énergie considérable pour faire sanctionner tout ce qu'il disait, tout ce qu'il faisait. Lors d'une conversation avec son beau-père au cours de laquelle il se déclara fermement partisan de l'euthanasie, il remarqua que son interlocuteur fronçait les sourcils et, instantanément, presque par réflexe, il rectifia le tir : « Je voulais dire que si une personne est consciente et qu'elle demande qu'on mette fin à ses jours, l'euthanasie est justifiée. » Le beau-père se déclara d'accord et Ozzie soupira d'aise. Lorsqu'il évoqua le même sujet avec son patron, ce dernier se proclama violemment en désaccord avec lui : « Comment pouvez-vous dire une chose pareille ? Vous ne vous rendez pas compte que ce serait se prendre pour Dieu ? » Ozzie, ne pouvant supporter un aussi brutal désaveu, s'empressa de changer de position : « Je voulais dire que c'est seulement dans les cas extrêmes, quand un malade est déclaré légalement mort, qu'on a le droit de débrancher l'appareil. » Le patron en convint et, cette fois encore, Ozzie retomba sur ses pieds.

Lorsque Ozzie aborda le problème de l'euthanasie avec son frère, celui-ci souscrivit pleinement à sa thèse. Cette fois, tout allait bien : Ozzie n'avait pas besoin de changer d'avis pour être approuvé.

C'est lui-même qui m'a donné ces exemples en me parlant de la façon dont il se conduisait avec les autres. Dans tous les milieux qu'il fréquentait, il renonçait à ses idées personnelles. Sa soif d'approbation était telle qu'il changeait sans cesse d'opinion pour qu'on l'aime. Ozzie n'existait pas. Les réactions ponctuelles des autres ne déterminaient pas seulement ses sentiments mais aussi bien ses pensées et ses propos. Il était ce que les autres voulaient qu'il soit.

Quand la recherche de l'approbation est un besoin, c'est une entrave à la vérité. Si la louange vous est nécessaire et si vous émettez les signaux appropriés, personne ne peut avoir de rapports francs avec vous, personne ne peut dire avec assurance ce que vous pensez et ce que vous sentez à tel ou tel moment précis. Votre moi est sacrifié aux opinions et aux préjugés des autres.

En général, on n'a pas confiance dans les politiciens. Le besoin qu'ils ont d'être approuvés est une chose prodigieuse. S'ils ne recueillent pas l'approbation, ils sont bons pour le chômage. C'est pourquoi ils donnent souvent l'impression de nager dans l'équivoque, de dire ceci pour séduire le groupe A et cela pour satisfaire le groupe B. La vérité ne peut que briller par son absence quand celui qui parle tergiverse et tourne adroitement autour du pot afin de faire plaisir à tout le monde. Un tel comportement se décèle aisément chez les hommes politiques, mais il est plus difficile de le détecter en nous-même. Vous mettez de l'eau dans votre vin pour conserver quelqu'un dans votre camp ou vous vous déclarez d'accord avec une personne afin de rester dans ses petits papiers. Sachant que vous seriez malheureux si vous étiez contré, vous modifiez votre comportement pour éviter de vous trouver dans cette situation.

Il est pénible d'affronter une rebuffade et plus simple d'adopter un comportement qui suscite l'adhésion. Or, celui qui choisit cette voie facile accorde plus d'importance à l'opinion des autres qu'à la sienne. C'est là un piège dangereux auquel il n'est pas commode d'échapper dans la société où nous vivons.

Pour s'en dégager, et éviter ainsi d'être l'esclave de l'opinion d'autrui, il convient d'examiner les facteurs qui sont à l'origine du besoin d'approbation. Nous allons brièvement explorer l'évolution qui aboutit au comportement caractérisé par cette quête et qui l'explique pour une grande part.

Antécédents historiques du besoin d'approbation

Le besoin d'approbation a pour fondement cette simple et unique maxime : « Méfie-toi de toi — écoute d'abord l'opinion d'autrui. » Notre culture vise à consolider ce comportement et à en faire un des critères de l'art de vivre. L'originalité de pensée n'est pas seulement anticonventionnelle, elle s'oppose aussi aux institutions mêmes qui sont les remparts de notre société. Enfant de cette société, vous avez, en grandissant, été gauchi par cet apophtegme : « Il ne faut jurer de rien » — c'est là l'essence même de notre culture. L'opinion d'autrui est plus importante que votre propre opinion. Alors, si les autres vous refusent leur approbation, vous avez toutes les raisons d'être démoralisé, de vous sentir humilié ou coupable, étant donné qu'ils comptent plus que vous.

L'approbation que l'on accorde peut être un outil efficace de manipulation. Ce sont les autres qui déterminent votre valeur et s'ils vous refusent l'aumône de leur approbation, vous perdez votre valeur, vous êtes démuni, si bien que, plus vous avez besoin d'être flatté, plus vous pouvez être manipulé par les autres. Chaque pas que l'on fait en direction de l'auto-approbation et de l'indépendance est un pas vers l'émancipation de la tutelle que les autres exercent sur vous. Par conséquent, ces tendances saines sont déclarées égoïstes, insoucieuses, irréfléchies, etc., cela en vue de renforcer votre état de dépendance. Pour comprendre le cercle vicieux de la manipulation, examinons la multitude des messages culturels visant à rechercher l'approbation dont on vous a bombardé dès votre petite enfance et que la société continue à vous infliger.

Il convient de souligner que, pendant leurs années de formation, les jeunes enfants ont vraiment besoin d'avoir l'assentiment des adultes qui leur sont proches (les parents). Mais l'approbation ne devrait pas être liée au fait que l'enfant se conduit comme il convient et il ne faudrait pas non plus que tout ce qu'il dit, pense, sent ou fait ait la sanction du père ou de la mère. La confiance en soi peut s'enseigner au berceau et, dans les lignes qui suivent, gardons-nous de confondre la recherche de l'approbation et la recherche de l'amour. Pour inciter l'enfant à s'affranchir du besoin d'être approuvé par l'adulte, il est utile, dès le début, de ne pas lésiner sur l'approbation. Néanmoins, en grandissant, s'il a le sentiment qu'il ne peut ni penser ni agir sans avoir d'abord demandé la permission à ses parents, la graine névrotique du doute va très vite s'implanter en lui. En parlant ici d'une recherche de l'approbation, nous pensons à un besoin négatif éprouvé par l'enfant conditionné à se tourner vers sa mère ou son père pour quémander leur assentiment et non au désir tout à fait sain d'être aimé et accepté par des parents attentifs.

Dans la plupart des cas, notre culture apprend à l'enfant à faire appel à autrui au lieu de se fier à son jugement personnel. Il faut toujours demander à maman ou à papa : « Qu'est-ce que je mange ? », « A quelle heure ? », « Est-ce que je peux jouer dans ma chambre ? » Et l'on répond : « C'est ta chambre mais tu ne dois rien déranger. Accroche tes vêtements au portemanteau, fais ton lit, range tes jouets dans le coffre », etc.

Voici un autre exemple de dialogue tendant à renforcer le sentiment de dépendance et la recherche d'approbation :

« Habille-toi comme tu veux. »

« Est-ce que ça va comme ça, maman ? »

« Mais non, ma chérie. Les rayures ne vont pas avec les pois. Change de blouse ou change de pantalon pour que ça aille ensemble. »

Une semaine plus tard...

« Comment est-ce que je dois m'habiller, maman ? »

« Comme tu voudras, je te l'ai déjà dit. Pourquoi me le demander tout le temps ? »

Pourquoi ? En effet !

A l'épicerie, la caissière demande à l'enfant : « Est-ce que tu veux un bonbon ? » La fillette regarde sa mère : « Est-ce que je veux un bonbon ? » Elle a appris à en référer toujours à ses parents, même pour savoir si elle veut ou non quelque chose. Qu'il s'agisse de jouer, de manger ou de dormir, de se faire des amis ou de réfléchir, bien rares sont les messages de **confiance** en soi que le jeune enfant reçoit au sein de la famille. Cet état de choses a sa source dans le credo fondamental de tous les papas et de toutes les mamans, à savoir que leurs enfants sont leur propriété. Au lieu de les aider à penser par eux-mêmes, à résoudre leurs propres problèmes et à apprendre à avoir confiance en eux, les parents ont tendance à les traiter comme leur propre bien.

Khalil Gibran évoque fort bien cette attitude dans son livre *Le Prophète* :

> Vos enfants ne sont pas vos enfants. Ils sont les fils et les filles de l'envie que la Vie a d'elle-même.
>
> Ils naissent par votre intermédiaire mais ils ne sont pas de vous.
>
> Et bien qu'ils soient avec vous, ils ne vous appartiennent pas*.

Les résultats de cette stratégie sautent aux yeux chez tous les enfants « dépendants ». Maman est un arbitre, elle met invariablement fin aux disputes, c'est quelqu'un qui crie quand le petit frère se conduit mal, quelqu'un qui, littéralement, doit, en tout et pour tout, penser, sentir et se comporter à la place de l'enfant. Ne compte pas sur toi pour résoudre tes difficultés, maman ou papa s'en chargera à ta place. Ne compte pas sur toi pour prendre les décisions que tu es capable de prendre : réfères-en d'abord à quelqu'un d'autre.

Les enfants résistent à ces pressions visant à les

---

*Khalil Gibran, *Le Prophète* (Ed. de Mortagne, Boucherville, Québec) p. 23.

transformer en quémandeurs d'approbation. Tous ceux qui ont été en contact avec les jeunes peuvent citer une foule d'exemples qui le prouvent. Innombrables sont les parents qui m'ont rapporté ce qui se passe quand ils apprennent à leurs enfants à être propres. L'enfant, disent-ils, paraît savoir ce qu'on attend de lui et il sait qu'il est capable de contrôler les muscles de son sphincter. Cependant, il refuse opiniâtrement et délibérément d'obéir. C'est là une première protestation réelle contre le besoin d'approbation parentale. Voici ce qu'elle veut dire : « Tu peux me dire ce que je dois manger, comment je dois m'habiller, avec qui je dois jouer, quand je dois aller me coucher, quand je peux rentrer, où il faut que je mette mes jouets ou même ce que je dois penser mais, ça, c'est moi qui le fais et je le ferai quand je serai prêt. » C'est la première victoire de l'enfant contre le besoin d'être toujours approuvé par papa-maman.

Quand vous étiez petit, vous vouliez penser par vous-même, ne pas vous en remettre à autrui. Si votre père vous aidait à mettre votre manteau, vous lui disiez : « Je peux le faire tout seul. » Mais, la plupart du temps, il vous répondait : « Non, nous n'avons pas le temps d'attendre » ou « Tu es trop petit. » Cette étincelle d'indépendance, ce désir d'être vous-même, si intense quand vous étiez tout jeune, vous l'étouffiez souvent en vous appuyant sur maman ou sur papa. Si tu ne fais pas cela, nous te désapprouverons et, alors, tu devras te désapprouver toi-même. Avec ces bonnes intentions, la cellule familiale entretient et nourrit le sentiment de dépendance et le besoin d'être approuvé. Les parents qui ne veulent pas que le moindre mal arrive à leurs enfants sont déterminés à les protéger du danger. Cependant, le résultat est contraire à ce qui était souhaité car si l'on ne sait pas, enfant, compter sur soi dans les moments difficiles (résoudre ses conflits, répondre aux insultes, se battre pour son honneur, se frayer sa propre voie), il sera impossible de développer plus tard un comportement indépendant.

Peut-être ne vous rappelez-vous pas tous les messages visant à rechercher l'approbation qui vous ont été « télégraphiés » dans votre enfance car beaucoup d'entre eux ont été émis lorsque vous étiez très jeune. Et si nombre de ces messages où il fallait « obéir à maman ou à papa » avaient leur importance du point de vue de votre sécurité ou de votre santé, d'autres avaient pour but de vous inculquer une notion clé : conduis-toi bien, adopte un comportement qui recueillera l'approbation. Cette approbation, qui aurait dû être un don gratuit, a fini par être assujettie au fait que votre conduite devait plaire à quelqu'un d'autre. Il convient de noter que l'approbation n'est pas sans importance mais qu'elle doit être accordée librement à l'enfant et non octroyée pour le récompenser de s'être conduit comme il faut. Il ne faudrait jamais le pousser à confondre l'estime qu'il a de lui avec l'approbation de qui que ce soit.

Les messages du milieu scolaire

Quand vous êtes allé pour la première fois à l'école, vous êtes entré dans une institution expressément conçue pour vous inculquer des modes de pensée et de comportement visant à obtenir l'approbation d'autrui. Demande toujours la permission. Ne t'en remets jamais à ton jugement personnel. Si tu veux aller aux toilettes, demande au professeur. Assieds-toi là et pas ailleurs. Si tu quittes ta place, tu auras un mauvais point. Tout était destiné à vous mettre sous la tutelle d'une autorité. Au lieu de vous apprendre à réfléchir, on vous enseignait à ne pas penser par vous-même. Plie ta feuille pour en faire seize carrés et n'écris pas sur les plis. Ce soir, tu apprendras les chapitres 1 et 2 ; comme exercice d'orthographe, tu épelleras les mots suivants ; dessine comme ceci, lis comme cela. On vous apprenait à être obéissant. Et si tu as un doute, adresse-toi au maître. Si vous vous attiriez la colère du maître ou, pis encore, celle du proviseur, vous étiez culpabilisé pendant des mois. Le carnet de correspondance était un message indiquant à vos parents le degré d'approbation que vous aviez atteint.

Si vous lisez le règlement de votre école vous trouverez très vraisemblablement une déclaration de principes rédigée à peu près en ces termes :

Cet établissement croit qu'il faut assurer le

développement personnel de chaque étudiant. Notre programme est conçu de façon à répondre aux besoins individuels de chacun de nos élèves. Nous nous efforçons de promouvoir l'épanouissement de nos élèves et de faire en sorte qu'ils se réalisent pleinement, etc.

Combien d'écoles, combien de professeurs ont-ils l'audace de mettre ces beaux principes en action ? L'élève qui commence à s'affirmer par lui-même et à montrer qu'il est son propre maître ne tarde pas à être remis à sa place. Ceux qui sont indépendants, qui sont remplis de l'amour d'eux-mêmes, qui ne se laissent pas culpabiliser et qui ne se mettent pas martel en tête sont systématiquement qualifiés de mauvais esprits.

Les écoles ne sont pas faites pour les enfants qui ont une pensée indépendante. Trop nombreuses sont celles où la quête de l'approbation est la clé de la réussite. Ce n'est pas sans raison que le vieux cliché du « chouchou du prof » est toujours employé. Il existe — et il fonctionne. Si vous vous faites applaudir par le corps enseignant, si vous vous conduisez conformément à ses préceptes, si vous bûchez le programme qui vous est imposé, vous êtes sûr de la réussite. Mais vous aurez un besoin intense d'être approuvé puisque votre confiance en vous a été étouffée pratiquement à chaque pas.

Quand il accède à l'enseignement secondaire, l'élève a généralement appris la leçon. Au conseiller d'orientation qui lui demande quelles sont les disciplines qu'il voudrait étudier, il répond : « Je ne sais pas. Dites-moi ce que je dois faire. » Il se sentira beaucoup plus à l'aise si l'on prend les décisions à sa place. En classe, il travaillera avec assiduité sans se soucier de ce qu'on lui enseignera. Il apprendra à rédiger correctement une composition et à expliquer *Horace*. Il apprendra à construire une dissertation en faisant abstraction de ses opinions et de ses jugements personnels et à s'appuyer sur des citations et des références justifiant tout ce qu'il dira. S'il n'apprend pas tout cela, il sera puni : il aura de mauvaises notes — et ne sera pas approuvé par le professeur. Et lorsqu'il sera prêt à passer son examen, il lui sera difficile de prendre une décision par lui-même parce que, douze années durant, on lui aura dit comment il fallait penser et ce qu'il fallait penser. Il s'est toujours référé au professeur et, désormais, il est incapable de penser tout seul. Aussi quémande-t-il l'approbation et apprend-il qu'obtenir la sanction des autres est l'équivalent de la réussite et du bonheur.

Le même type d'endoctrinement se poursuit dans l'enseignement supérieur. Rédigez deux dissertations par semestre, utilisez le format exigé, commencez à tant de centimètres du haut de la page et faites une marge de tant de centimètres, écrivez lisiblement, votre composition doit avoir une introduction, un développement et une conclusion, étudiez les chapitres suivants... C'est la chaîne de montage ! Soyez conformiste, faites plaisir à vos professeurs et c'est le succès assuré. Et quand, finalement, un étudiant s'inscrit dans un groupe d'études et que le professeur annonce : « Ce semestre, vous pourrez étudier ce que vous voudrez dans la discipline qui vous intéresse. Je vous aiderai à faire votre choix et à travailler mais il s'agit de votre formation et vous êtes libre de faire ce qui vous plaît. Je vous aiderai, c'est tout ce que je peux faire », alors, c'est la panique ! « Mais combien de préparations devons-nous faire ? », « Quand les travaux devront-ils être remis ? », « Faut-il que ce soit dactylographié ? », « Quels livres faut-il lire ? », « Combien y aura-t-il d'examens ? », « Quel genre de questions nous posera-t-on ? », « Quelle longueur les textes doivent-ils avoir ? », « Comment fait-on les marges ? », « Est-ce que je serai obligé de venir en classe tous les jours ? »

Ce sont là les questions qui viennent aux lèvres de ceux qui quémandent l'approbation et cela n'a rien d'étonnant compte tenu des méthodes pédagogiques que nous avons examinées. L'étudiant a été habitué à faire quelque chose pour quelqu'un d'autre, à plaire à son professeur et à se jauger en fonction des critères d'autrui. Ces interrogations sont le résultat final d'un système qui exige de rechercher l'approbation pour survivre. Penser par soi-même est terrifiant. Il est plus facile et plus sûr de faire ce que les autres attendent de nous.

Les symptômes de cette quête d'approbation proviennent également d'autres sources. L'Église exerce, assurément, une forte influence dans ce domaine. Il faut faire plaisir à Jéhovah, à Jésus ou au curé de la paroisse. Les notables ecclésiastiques ont pris le contre-pied de l'enseignement des grands chefs religieux en s'efforçant d'enseigner le conformisme et en agitant l'arme de la crainte du châtiment. Ainsi un homme n'a pas une conduite morale parce qu'il pense que c'est bon pour lui mais parce que Dieu veut qu'il ait une telle conduite. Si vous êtes dans le doute, rapportez-vous-en aux commandements et non à vous et à ce que vous croyez. Conduisez-vous bien parce que quelqu'un vous a dit de bien vous conduire et que vous serez puni si vous ne le faites pas, et non point parce que vous savez qu'il est bon pour vous de bien vous conduire. La religion institutionnalisée s'appuie sur votre besoin d'approbation. Cela peut aboutir à vous faire adopter le même comportement que celui que vous auriez choisi. Seulement, vous ne l'avez pas choisi librement.

Etre son propre guide et ne pas avoir besoin d'une approbation extérieure est l'expérience la plus religieuse que l'on puisse avoir. C'est une véritable religion du moi qui laisse l'individu déterminer son comportement en se fondant sur sa conscience et sur les lois de la société qui concourent à son épanouissement et non sur les commandements de quelqu'un qui lui dicte sa conduite. En se penchant attentivement sur le personnage de Jésus-Christ, on découvre un être pleinement réalisé qui prêchait la confiance en soi et ne craignait pas d'encourir la désapprobation. Hélas, nombre de ses disciples ont déformé son enseignement dont ils ont fait un catéchisme de la peur et de la haine de soi. (Le chapitre XII tracera le portrait exhaustif de l'individu réalisé.)

L'État est un autre exemple d'institution utilisant la recherche de l'approbation pour perpétuer le conformisme. « Ne vous fiez pas à vous-même. Vous n'avez ni l'aptitude ni les moyens de l'autonomie. Nous vous prendrons en charge. Nous vous réclamerons des tiers provisionnels parce que, sans eux, vous dépenseriez tout votre argent avant de recevoir votre feuille d'impôts. Nous vous obligerons à adhérer à la Sécurité sociale parce que vous seriez incapable de décider vous-même de le faire — ou d'économiser sans y être contraint. Vous n'avez pas à penser par vous-même, nous organisons votre vie. » Et l'on connaît de multiples exemples montrant que l'État outrepasse ses devoirs qui sont de fournir les services essentiels au public et d'administrer la société.

Il y a plus de règles dans les codes que de gens qui les enfreignent. Si l'on décidait de rendre effective l'application de toutes les lois qui existent, vous vous trouveriez en infraction cent fois par jour. Quelqu'un a décidé à quel moment vous pouvez faire vos courses, vous promener dans les jardins publics, boire un verre. Il y a des lois qui réglementent tout, y compris la manière de s'habiller avec tel vêtement, en telle circonstance, la façon dont on doit faire l'amour, ce que l'on doit dire ou ne pas dire, les endroits où il est interdit de fumer. Heureusement, la plupart de ces réglementations ne sont pas appliquées. Néanmoins, nos législateurs sont souvent des gens qui prétendent savoir mieux que nous ce qui est bon pour nous.

A longueur de journée, nous sommes bombardés de messages culturels sans nombre qui nous invitent à solliciter l'approbation d'autrui. C'est criant dans les rengaines que l'on entend tous les jours, particulièrement les chansons « populaires » à succès de ces trente dernières années. Ces tendres et anodins couplets peuvent être plus nocifs que vous ne le pensez. Voici une brève liste de titres dont le message est clair et invariable :

— J'ai toujours besoin de quelqu'un ou de quelque chose ; sans cela, je ne suis plus grand-chose.
— Je ne peux pas vivre sans toi.
— Je suis folle de toi.
— Que serais-je sans toi ?
— J'ai besoin de lui, j'ai besoin de toi, voilà ma vérité.
— Ne me quitte pas.
— Téléphone-moi.

— Si tu t'en vas.
— Je t'attendrai toute ma vie.
— Laisse-moi t'aimer.

La prochaine fois que vous entendrez une chanson dont le message est une incitation à la recherche de l'approbation d'autrui, amusez-vous au petit exercice suivant : repérez les couplets qui véhiculent ce que l'on vous a inculqué — vous n'arriverez à rien si quelqu'un vous désapprouve ou se détourne de vous — et récrivez-les dans l'esprit opposé, c'est-à-dire en fonction de la recherche de la maîtrise de soi et non de l'approbation d'autrui. Cela pourrait donner, par exemple :

— Je me sens bien parce que je le veux et cela n'a rien à voir avec toi.
— J'ai choisi de t'aimer. A l'époque, c'était comme ça mais, maintenant, j'ai changé d'avis.
— Personne n'est plus malheureux que les gens qui ont besoin des autres. Mais ceux qui veulent aimer autrui se rendent heureux.
— Je t'aime, mais je ne t'attendrai pas toute ma vie.
— Je peux cesser de t'aimer mais, pour le moment, je préfère continuer.

Ces chansons, c'est indiscutable, ne feraient pas un tabac. Mais en les chantant, vous pourrez commencer à corriger les messages inconscients qui parviennent à vos oreilles, reflets des croyances qui ont été inculquées à nos contemporains. « Sans toi, je ne suis rien » doit se traduire par : « Sans moi, je ne suis rien mais le fait que tu es là rend très agréable le moment présent. »

La publicité télévisée vise tout particulièrement ce besoin d'approbation qui est ancré dans notre mentalité. Beaucoup de ces « pubs » ont pour objectif de vous manipuler afin que vous achetiez l'article proposé par l'annonceur en insistant pour vous convaincre que le point de vue des autres est plus important que votre propre point de vue.

Deux amis viennent chez vous jouer au bridge. Prêtons l'oreille à ce petit dialogue :

Premier ami (il renifle) : Ils ont mangé de la friture, hier *(ton tout à fait désapprobateur).*

Second ami : Apparemment, George fume toujours le cigare *(ton tout aussi désapprobateur).*

Vous : Vous êtes accablé, désorienté, démoralisé parce que les autres désapprouvent les odeurs qui règnent chez vous.

Message psychologique : « Ce que les autres pensent de vous est beaucoup plus important que votre propre opinion sur vous-même. Aussi, si vous déplaisez à vos amis, vous avez bien mérité de vous sentir mal à l'aise. »

Les publicités sur les eaux de toilette, les pâtes dentifrices, les déodorants, y compris les déodorants intimes, sont truffées de messages psychologiques dont le sens est : vous devez être approuvé et, pour cela, le seul moyen est d'acheter le produit en question.

Pourquoi les annonceurs s'abaissent-ils à de pareilles tactiques ? Parce qu'elles marchent et que les produits se vendent. Partant du principe que les gens ont l'obsession de l'approbation, ils misent là-dessus en imaginant des légendes, des sketches qui véhiculent le message *ad hoc*.

Tout le problème est là : nous vivons dans une société qui valorise et encourage la recherche de l'approbation. Comment s'étonner que vous attachiez trop d'importance à ce que pensent les autres : on vous a conditionné à réagir ainsi toute votre vie et même si votre famille se rendait compte de la nécessité de vous aider à avoir confiance en vous, des facteurs culturels secondaires interviendraient pour contrecarrer cette tendance. Mais vous n'êtes pas condamné à vous cramponner à ce comportement. De même que vous pouvez lutter pour éliminer l'habitude de vous dénigrer vous-même, vous pouvez extirper cette autre habitude qu'est la sollicitation de l'approbation. Dans son *Puddinhead Wilson's Calendar*, Mark Twain montre de façon convaincante comment on peut rompre avec une démarche devenue routinière :

L'habitude est l'habitude. Il ne s'agit pas de flanquer quelqu'un par la fenêtre mais de l'inviter à descendre marche après marche.

Descendre marche après marche

Voyons un peu comment tourne le monde. Disons succinctement qu'on ne peut jamais plaire à tout un chacun. En fait, si vous plaisez à cinquante personnes, il y a vraiment de quoi vous féliciter. Cela n'a rien de mystérieux. Vous savez que la moitié, au moins, des gens que vous fréquentez seront en désaccord avec la moitié, au moins, des choses que vous direz. Si cette estimation est exacte (et il n'y a qu'à jeter un coup d'œil sur les résultats d'une élection pour voir que le pourcentage du vainqueur excède rarement 60 %), vous aurez toujours cinquante chances sur cent d'être critiqué chaque fois que vous exprimez une opinion.

Armé de cette certitude, vous pouvez commencer à envisager la désapprobation sous une autre optique. Si quelqu'un est en désaccord avec ce que vous dites, au lieu de vous hérisser ou de changer aussitôt d'avis pour que votre interlocuteur vous félicite, rappelez-vous que vous êtes tombé sur un représentant des 50 % qui vous désapprouvent. Savoir que tout ce que vous sentez, tout ce que vous pensez, tout ce que vous faites sera désapprouvé par quelques-uns est le moyen de sortir du gouffre où gît votre désespoir. Vous attendant à vous heurter à la réprobation, vous cesserez de vous faire du mauvais sang et, dans le même temps, vous cesserez d'assimiler le désaveu d'une idée ou d'un sentiment au désaveu de vous-même.

Quels que soient les efforts que l'on fasse, on ne peut jamais échapper à la désapprobation. Pour chacune des idées que vous émettez, il en existe une autre qui lui est diamétralement opposée. Francis B. Carpenter rapporte ce propos d'Abraham Lincoln lors d'une conversation à la Maison-Blanche :

... Si je devais lire toutes les critiques qui me sont adressées, et encore plus y répondre, il vaudrait mieux fermer boutique. Je fais de mon mieux, je fais le maximum selon mes possibilités et j'entends continuer ainsi jusqu'à la fin. S'il se révèle au bout du compte que j'ai eu raison, ce que l'on a dit contre moi n'aura pas eu la moindre importance. Et s'il apparaît que j'ai eu tort, dix anges auraient beau jurer que j'ai eu raison, cela ne ferait aucune différence*.

Quelques exemples de comportements caractéristiques d'une demande d'approbation

Comme le refus de soi-même, la quête de l'approbation recouvre un large éventail de comportements négatifs. Établissons une nomenclature des conduites les plus répandues :

— Changer d'avis ou modifier son point de vue parce que quelqu'un manifeste son désaccord.

— Édulcorer telle déclaration pour ne pas susciter une réaction hostile.

— Passer de la pommade pour se faire bien voir.

Être démoralisé ou inquiet si quelqu'un est en désaccord avec vous.

— Se sentir insulté ou rabaissé si quelqu'un exprime un sentiment contraire au vôtre.

— Accuser quelqu'un d'être snob ou « crâneur », ce qui est une autre façon de dire : « Prêtez-moi davantage d'attention. »

— Être d'une amabilité extrême et opiner du bonnet, même si l'on n'est pas d'accord avec tout ce que l'interlocuteur dit.

— S'astreindre à faire des corvées pour quelqu'un et se reprocher de ne pas être capable de dire non.

— Se laisser intimider par un représentant dynamique et lui acheter un article dont on n'a aucun besoin ou avoir peur de renvoyer l'objet parce que ça lui déplairait.

— Au restaurant, manger sans protester un steak qui n'est pas cuit comme vous l'avez demandé sous prétexte que le

---

* Francis B. Carpenter, *Six Months with Lincoln in the White House* (Watkins Glen, N.Y., Century House).

garçon ne serait pas content si vous renvoyiez votre plat en cuisine.

— Dire des choses que vous ne pensez pas uniquement pour ne pas susciter l'animosité.

— Colporter de mauvaises nouvelles (décès, divorces, agressions et autres) pour avoir la satisfaction de vous faire remarquer.

— Demander à une personne qui vous est chère la permission de parler, de faire un achat ou n'importe quoi dans la crainte de lui déplaire.

— Vous excuser à tout bout de champ — les « je suis désolé » excessifs ont pour but de vous faire pardonner et bénéficier tout le temps de l'approbation d'autrui.

— Avoir un comportement *non conformiste* afin d'attirer l'attention sur vous — ce qui est une attitude aussi névrotique que de se soumettre au conformisme pour être approuvé par les autres. Par exemple, porter des chaussures de tennis avec un smoking ou manger de la purée à pleines mains dans le but de se faire remarquer ; c'est encore quémander l'approbation.

— Être pathologiquement en retard en toutes occasions. Comme cela, on est obligé de vous remarquer. C'est là une technique de sollicitation de l'approbation qui vous permet d'attirer l'attention de tout le monde sur vous.

— Essayer d'impressionner les autres en feignant de connaître quelque chose dont vous ignorez tout.

— Chercher les compliments en adoptant une attitude propre à attirer l'approbation et être démoralisé si l'on ne vous en fait pas.

— Être malheureux si quelqu'un que vous respectez exprime une opinion contraire à la vôtre.

On pourrait évidemment continuer à l'infini. La recherche de l'approbation est un phénomène culturel que l'on observe aux quatre coins du monde. Ce n'est détestable que lorsque cela devient un besoin. Car, dans ce cas, cela revient à remettre la responsabilité de nos sentiments dans les mains de ceux dont on quémande l'approbation. C'est renoncer à être soi-même.

Les dividendes de la recherche d'approbation

S'interroger sur le pourquoi de ce comportement négatif est utile pour mettre au point des stratégies en vue d'éliminer le besoin d'approbation. Nous avons établi la liste des raisons les plus courantes — névrotiques, pour la plupart — qui font que l'on s'accroche à cette conduite. Parmi les avantages que comporte la recherche de l'approbation, citons :

— Rendre les autres *responsables* de nos sentiments. Si vous vous sentez mal dans votre peau, abattu, déprimé, etc., c'est parce que quelqu'un vous a refusé son approbation. Ce sont donc *les autres*, et non pas vous, qui sont responsables de ce que vous éprouvez.

— Comme leur responsabilité est engagée parce qu'ils refusent de vous approuver, il vous est impossible de *changer* quoi que ce soit en vous : en effet, si vous êtes dans l'état où vous vous trouvez, c'est de leur faute. Donc, ce sont aussi eux qui vous empêchent d'être différent de ce que vous êtes. Par conséquent, rechercher l'approbation vous aide à éviter de changer.

— Tant que les autres sont responsables et que vous ne pouvez pas changer, vous n'avez aucun risque à prendre. Partant, continuer à faire de la recherche de l'approbation une règle de vie est fort commode pour éviter de se lancer dans des activités comportant un risque.

— S'acharner à se dévaloriser et, par là, s'enliser davantage dans l'apitoiement sur soi et la passivité. Si vous n'avez pas besoin de l'approbation d'autrui, vous ne vous apitoyez pas sur vous lorsqu'on ne vous approuve pas.

— Se conforter dans l'idée que les autres doivent prendre soin de vous. Ainsi, vous pouvez redevenir l'enfant qui est en vous, qu'on choie, qu'on protège — et qu'on manipule.

— S'en prendre aux autres quand on est mal dans sa peau de façon à avoir toujours un bouc émissaire quand on éprouve des désagréments.

— Se donner l'illusion d'être aimé de ceux dont on a décrété qu'ils ont plus d'importance que soi et, par conséquent, se sentir apparemment bien dans sa peau même si l'on est intérieurement déchiré. Aussi longtemps que les autres ont davantage d'importance, ce sont les apparences extérieures qui priment.

— Se consoler d'être remarqué par une personne, ce qui vous fait prendre de haut ceux de vos amis qui, eux aussi, quémandent l'approbation d'autrui.

— Suivre les préceptes culturels qui glorifient ce comportement, ce qui vous rend populaire auprès de beaucoup.

Ces profits névrotiques sont étonnamment semblables aux avantages qu'apporte le dénigrement de soi. En vérité, ce thème -- fuir les responsabilités, le changement et le risque — est au cœur de tous les modes de pensées et des comportements autodestructeurs analysés dans le présent ouvrage. Sans tomber dans le travers d'un jargon pseudo-scientifique, disons qu'il est plus simple, plus commun et moins aventureux de se cramponner aux comportements névrotiques. La quête de l'approbation en tant que besoin n'est manifestement pas une exception.

Petite digression à propos d'un paradoxe

Rêvons un peu. Supposons que vous souhaitiez recueillir l'approbation de tout le monde et que ce soit possible. Supposons, en outre, que ce désir soit sain. Cela étant posé, quel sera le meilleur et le plus efficace moyen d'atteindre la fin que vous vous proposez ? Avant de répondre, songez à la personne qui, parmi vos relations, est le plus approuvée. A quoi ressemble-t-elle ? Quel est son comportement ? Qu'a-t-elle donc qui séduise ainsi les gens ? Vous avez probablement en tête une personne franche, sans détours, directe, indifférente à l'opinion d'autrui, épanouie. Elle consacre vraisemblablement peu de temps — voire pas du tout — à solliciter une approbation. Il ne fait pas de doute qu'elle dit ce qu'elle pense sans se soucier des conséquences. Peut-être estime-t-elle le tact et la diplomatie moins importants que la sincérité. Elle n'est pas offensante : c'est simplement quelqu'un qui ne voit aucun intérêt à se fatiguer au petit jeu consistant à tourner sept fois sa langue dans sa bouche pour éviter de hérisser ses interlocuteurs quand elle émet une opinion.

Quelle ironie, n'est-il pas vrai ? Les gens qui rencontrent le plus vaste consensus semblent être ceux qui ne quémandent jamais l'approbation, qui ne s'en soucient pas et qui ne cherchent pas à l'obtenir.

Je vous propose cette petite fable qui est tout à fait en situation puisque le bonheur est l'absence du besoin d'approbation :

> Un gros matou voyant un petit chat courir après sa queue lui demanda :
> — Pourquoi cours-tu comme ça après ta queue ?
> Le petit chat lui répondit :
> — J'ai appris que ce qu'il y a de mieux pour un chat, c'est le bonheur et que le bonheur, c'est ma queue. Alors, je cours après elle. Quand je l'aurai attrapée, je serai heureux.
> — Moi aussi, mon fils, répondit le vieux chat, je me suis intéressé aux problèmes de l'univers. Moi aussi, j'ai pensé que le bonheur était dans ma queue. Mais j'ai constaté que chaque fois que je courais après elle, elle m'échappait et que, quand je vaquais à mes affaires, elle me suivait partout où j'allais*.

Ainsi, si vous recherchez l'approbation générale, et tout le paradoxe est là, la manière la plus efficace pour parvenir à vos fins est de ne pas la solliciter, de ne pas la pourchasser et de ne pas exiger la sanction de chacun. En étant en accord avec soi-même et en se référant à une image positive de soi, on recueille davantage l'approbation.

Assurément, le monde entier n'approuvera jamais tout ce que vous ferez. Mais si vous vous considérez comme un individu ayant sa propre valeur, la désapprobation ne vous laissera pas accablé. Vous y verrez la conséquence naturelle

---

* C.L. James, « On Happiness », dans *To See a World in a Grain of Sand*, par Caesar Johnson (Norwalk Conn, The G.R. Gibson Co., 1972).

du fait que vous vivez sur une planète dont les habitants ont une sensibilité subjective.

Quelques stratégies spécifiques d'élimination du besoin d'approbation

Pour battre en brèche le comportement visant à rechercher l'approbation, il vous faudra avoir présents à l'esprit les avantages que vous obtiendrez. Quand on se heurte à la désapprobation, la tactique la plus efficace est de modifier son mode de pensée de façon à renforcer son moi. Pour le moment, voici quelques recettes que vous pouvez utiliser pour sortir de l'ornière :

— En face de la désapprobation, mettez-vous à réagir autrement et répondez avec des phrases commençant par *tu* ou *vous*. Par exemple, si vous remarquez que votre père n'est pas d'accord avec vous et va jusqu'à se mettre en colère, au lieu de faire marche arrière ou d'adopter une attitude défensive, répondez-lui simplement : « Tu t'énerves et tu estimes que je ne devrais pas penser une telle chose. » De cette manière, la désapprobation sera son fait et non le vôtre. La stratégie du vocatif peut s'employer constamment et, si vous parvenez à maîtriser cette technique, vous serez étonné des résultats. Il vous faudra lutter contre la tentation de commencer vos phrases par « je », ce qui vous place en situation d'infériorité ou vous oblige à modifier vos déclarations afin d'obtenir la sanction d'autrui.

— Si vous pensez que quelqu'un cherche à vous manipuler en vous refusant son approbation, eh bien, dites-le. Au lieu de courber l'échine, dites à haute et intelligible voix : « Généralement, je changerais de position pour vous faire plaisir mais je pense vraiment ce que j'ai dit. Et si ça ne vous plaît pas, tant pis pour vous. » Ou bien : « J'ai le sentiment que vous aimeriez que je revienne sur ce que je viens de dire. » Le fait de formuler la chose vous aidera à garder la maîtrise de votre pensée et de votre conduite.

— Remerciez quelqu'un qui vous fait une remarque utile à votre épanouissement, même si cela vous est désagréable. Le remerciement coupe court à la recherche de l'approbation. Votre mari vous dit-il que vous êtes timide et ombrageuse et qu'il n'aime pas ça ? Au lieu d'essayer de le satisfaire, remerciez-le simplement de vous l'avoir fait remarquer. Vous cesserez du même coup de quêter son approbation.

— Vous pouvez aussi rechercher délibérément à être désapprouvé et à faire en sorte que cela ne vous gêne pas. Choisissez quelqu'un dont vous êtes sûr qu'il vous désapprouvera et, sans vous émouvoir pour autant, maintenez calmement votre position. Si vous ne vous laissez pas démonter et si vous n'avez pas à modifier le point de vue que vous défendez, vous vous sentirez mieux. Vous vous direz que vous vous attendiez à être contredit, que votre interlocuteur a le droit de penser comme il pense et que cela n'a rien à voir avec vous. En recherchant la désapprobation au lieu de l'éviter, vous renforcerez votre aptitude à faire face à une telle situation de désaveu.

— Vous pouvez aussi vous efforcer d'être indifférent à la désapprobation et de ne pas prêter attention à ceux qui essaient de vous manipuler en vous critiquant. Un jour, un de mes confrères faisait une conférence à Berlin devant un large public et certains de ses propos faisaient visiblement bouillir l'un des auditeurs. Finalement, n'y tenant plus, ce dernier se mit à lancer à propos d'un point mineur des remarques injurieuses sous forme de questions. Il voulait en harcelant ainsi l'orateur l'obliger à entamer un dialogue quelque peu névrotique. Une fois la tirade de l'interrupteur achevée, mon confrère se borna à dire : « Parfait », et il reprit le fil de son discours. En traitant cette tentative de provocation par le mépris, il démontrait qu'il n'était pas homme à se juger en fonction des sentiments d'autrui. Bien entendu, l'auditeur, dès lors, se tint coi. S'il n'avait pas été à l'aise dans sa peau, mon ami aurait peut-être pensé que la désapprobation d'un tiers comptait plus que la bonne opinion qu'il avait de lui-même et il en aurait été perturbé.

— Il vous est loisible de rompre la chaîne reliant ce que les autres pensent, disent et font à votre valeur propre. En face de la désapprobation, dites-vous : « Cette attitude était prévisible. Cela n'a rien à voir avec ce que je suis. » De cette façon, vous éliminerez la souffrance que vous vous infligez à vous-même quand vous rattachez le sentiment d'autrui à ce que vous pensez.

— En face de la désapprobation, posez-vous cette question — elle est importante : « S'ils étaient d'accord avec moi, est-ce que cela m'apporterait quelque chose ? » La réponse est évidemment non. Ce que les autres pensent ne saurait vous affecter en rien si vous refusez que cela vous affecte. De plus, il y a toutes les chances pour que vous vous aperceviez que les gens auxquels vous accordez de l'importance — votre patron, celui ou celle que vous aimez — vous considèrent d'un œil plus favorable si vous vous montrez capable de les désapprouver sans que cela vous tourmente.

— Acceptez le fait élémentaire que beaucoup de gens ne vous comprendront jamais, et que c'est très bien comme ça. Inversement, vous ne comprendrez jamais bien des gens qui vous sont proches. Ce n'est pas indispensable. Il est tout à fait légitime qu'ils soient différents de vous. Ce qui est fondamental c'est de comprendre que vous ne pouvez pas tout comprendre. Gustav Ischheiser le souligne clairement dans *Appearances and Realities* :

> ... Si les gens qui ne se comprennent pas comprennent au moins qu'ils ne se comprennent pas, ils se comprennent alors mieux que lorsque, ne se comprenant pas, ils ne comprennent même pas qu'ils ne se comprennent pas.

— Vous pouvez refuser de discuter ou d'essayer de convaincre quelqu'un du bien-fondé de votre position — et croire tout simplement que vous avez raison.

— Quand vous achetez des vêtements ou des objets personnels, faites-vous confiance et abstenez-vous de commencer par demander son avis à quelqu'un dont vous estimez que l'opinion est plus valable que la vôtre.

— Cessez de faire confirmer vos dires par votre conjoint ou toute autre personne à coups de : « Ce n'est pas vrai, chérie ? » ou « N'est-ce pas, Ralph ? » ou « Demandez donc à Marie, elle vous le dira. »

— Réprimandez-vous à haute voix chaque fois que vous

avez quémandé l'approbation d'autrui. Ainsi, vous prendrez conscience de ce comportement et vous pourrez en adopter un autre.

— Efforcez-vous de ne pas vous excuser tout le temps alors que vous ne regrettez pas vraiment ce que vous venez de dire. S'excuser de la sorte, c'est implorer le pardon, c'est rechercher l'approbation, cela sous-entend : « Je sais que vous ne seriez pas content si je voulais vraiment dire ce que j'ai dit. Alors, je vous en prie, assurez-moi que vous ne m'en voulez pas. » S'excuser est une perte de temps. Si, pour être en accord avec vous-même, vous avez besoin de vous excuser auprès de quelqu'un, vous vous mettez sous sa coupe. Vous pouvez décider de ne pas recommencer à vous conduire de telle ou telle façon, vous pouvez vous rendre compte que vous avez eu tort d'adopter tel ou tel comportement, mais une conduite d'excuse est une maladie qui vous fait assumer vos sentiments par autrui.

— Quand vous vous entretenez avec quelqu'un, chronométrez votre temps de parole et comparez-le avec celui de votre interlocuteur. Vous pouvez vous entraîner à ne plus être celui qui desserre à peine les lèvres et qui attend pour s'exprimer qu'on lui demande de participer à la conversation.

— Lors de votre prochaine soirée, calculez le nombre de fois où on vous interrompra et où vous vous interromprez quand vous ouvrirez la bouche en même temps qu'une autre personne. La recherche de l'approbation peut prendre la forme de la timidité. A vous d'élaborer des stratégies vous permettant de parler sans qu'on vous coupe la parole. Il suffit pour cela de prendre conscience que l'on adopte ce comportement négatif.

— Comparez le nombre d'affirmations et le nombre d'interrogations que vous formulez dans la conversation. Posez-vous des questions. Par exemple, demandez-vous la permission de dire quelque chose ? Sollicitez-vous l'approbation au lieu d'exprimer une opinion catégorique ? Ainsi, quand vous dites : « Il fait beau aujourd'hui, n'est-ce pas ? », vous mettez votre interlocuteur dans la peau de la personne qui doit résoudre ce problème, et vous dans celle qui sollicite l'approbation. Un simple « il fait beau, aujourd'hui » est une déclaration, non une tentative visant à susciter une réponse. Si vous posez toujours des questions, vous quémandez l'approbation, même dans les domaines qui peuvent paraître futiles, mais cela traduit votre manque de confiance en vous et votre incapacité à vous prendre vous-même en charge.

Telles sont les premières mesures à prendre pour extirper le besoin d'approbation. Il ne s'agit pas de se mobiliser pour refuser globalement l'approbation, mais de s'efforcer de ne pas se bloquer sur des points mineurs sous le prétexte futile que l'on n'obtient pas les flatteries auxquelles on aspire. La louange est agréable et l'approbation pleine de charme. Votre objectif, c'est de ne pas souffrir quand on ne vous applaudit pas. De même que celui qui cesse de fumer ne prend pas la mesure de sa détermination après avoir renoncé à la première cigarette, vous ne saurez pas vraiment où vous en êtes tant que vous ne vous serez pas heurté à la désapprobation. Vous pouvez jurer vos grands dieux que vous êtes capable de conserver votre sérénité devant la critique et que vous ne demanderez à personne de vous acclamer. Votre juge de paix, ce sera la confrontation avec le désaveu. Si vous parvenez à liquider cette zone erronée gênante, le reste vous paraîtra facile parce que vous avez été conditionné à quêter l'approbation depuis l'instant où vous avez poussé votre premier vagissement. Cela exigera beaucoup d'efforts mais ce sont des efforts qui en valent la peine. Ne pas se laisser abattre par la désapprobation que l'on rencontre, c'est la promesse d'une liberté délicieuse, d'une liberté de tous les instants, et pour toute la vie.

IV

Rompre avec le passé

Il n'y a que les fantômes qui rôdent dans leur passé.
Ils se définissent en fonction de leur vie antérieure.
Vous êtes ce que vous choisissez d'être aujourd'hui,
non ce que vous avez choisi d'être hier.

Qui êtes-vous ? Comment vous définissez-vous ?

Pour répondre à ces deux questions, vous vous référez probablement à votre propre histoire, à votre passé — à un passé forclos mais qui vous tient à cœur et auquel il vous est difficile d'échapper. Quelles sont vos images de marque ? Seraient-ce les petites étiquettes dont on vous a affublé tout au long de votre existence ? Avez-vous un tiroir plein de définitions dans lequel vous n'avez qu'à puiser ? Par exemple : je suis nerveux, je suis timide, je suis paresseux, je ne suis pas musicien, je suis maladroit, je suis négligent et ainsi de suite ? Vous pouvez aussi avoir une collection d'étiquettes positives : je suis affectueux, je me défends bien au bridge, je suis aimable, etc. Nous ne nous en occuperons pas puisque le but de cet ouvrage est de vous aider à accéder à la plénitude de vous-même, et non pas de vous congratuler dans les domaines où vous êtes efficace.

En soi, ces labels peuvent être valables mais ils peuvent aussi être dangereux. Se cataloguer risque de faire obstacle à votre épanouissement. C'est tellement facile de se servir d'une étiquette pour ne pas changer ! « Quand vous m'étiquetez, vous me niez », a écrit Sören Kierkegaard. Quand l'individu doit se conformer à son étiquette, le moi cesse d'exister.

Il en va de même des étiquettes que l'on se décerne soi-même. En s'identifiant à son image de marque, on se nie au lieu de favoriser sa propre croissance.

Les étiquettes que l'on s'adjuge sont dictées par l'histoire personnelle mais, comme dit Carl Sandburg dans *Prairie*, le passé « est un seau rempli de cendres ».

Vous devez prendre conscience de la solidité des liens qui vous enchaînent à votre passé. Toutes les étiquettes négatives avec lesquelles vous vous définissez ont pour origine quatre formules névrotiques :

1) « C'est moi. »
2) « J'ai toujours été comme ça. »
3) « Je ne peux rien y faire. »
4) « C'est ma nature. »

Voilà résumés les obstacles qui vous empêchent de vous épanouir, de vous transformer, de faire de l'instant présent — et, la vie, c'est l'instant présent — quelque chose de neuf et de passionnant.

Je connais une bonne grand-mère qui, tous les dimanches, quand elle reçoit ses enfants et ses petits-enfants à déjeuner, distribue à chacun de ses convives la portion qui lui convient — selon elle. Deux tranches de viande, une cuillerée de petits pois, une louche de pommes de terre, et ainsi de suite. Si on lui demande pourquoi elle agit de la sorte, elle répond : « J'ai toujours fait comme ça. » Vous insistez : « Pourquoi ? » — « Je suis comme ça. »

Cette brave femme explique son comportement en disant qu'elle s'est toujours conduite de la même façon. C'est l'étiquette qu'elle s'est attribuée.

Certaines personnes, sommées d'expliquer leur comportement, ont recours à ces quatre phrases qu'elles utilisent en bloc. Vous demandez à un monsieur pourquoi il est mal à l'aise chaque fois qu'on aborde avec lui le sujet des accidents et il vous répond : « Oh ! C'est tout à fait moi. J'ai toujours été comme ça, je ne peux rien y faire, c'est ma nature. »

Et voilà ! Il ne fait pas le détail et chacune de ces formules lui sert à expliquer pourquoi il ne changera jamais et n'aura jamais l'idée de changer.

Toutes les étiquettes négatives dont vous vous servez sont liées à des expériences antérieures qu'il est possible de déterminer et chaque fois que vous employez une de ces formules, vous sous-entendez : « Et j'ai bien l'intention de continuer à me conduire comme je me suis toujours conduit. »

Le moment est venu d'essayer de rompre ce lien qui vous rattache à votre passé, d'éliminer ces phrases vaines dont le seul but est de vous conforter dans votre détermination de vous en tenir au comportement qui a toujours été le vôtre.

Quelques étiquettes caractéristiques entrant peut-être dans votre autoportrait.

Je suis timide
Je suis paresseux
Je suis froussard
Je suis gauche
Je suis angoissé
Je suis négligent
Je ne suis pas bricoleur
Je suis mauvais en maths
Je suis un solitaire
Je suis frigide
Je fais mal la cuisine
Je fais des fautes d'orthographe
Je me fatigue facilement
J'ai une mauvaise santé
Je suis maladroit
Je suis prédisposé aux accidents
Je suis soupe au lait
Je suis agressif
Je manque d'humour
Je suis apathique
je suis un couche-tôt
Je suis gros
Je n'ai pas d'oreille

Je ne suis pas sportif
Je suis mou
Je suis entêté
Je manque de maturité
Je suis tatillon
Je suis nonchalant
Je suis rancunier
Je n'ai pas le sens des responsabilités
Je suis irascible

Il est probable que certains de ces traits vous caractérisent et peut-être avez-vous déjà composé votre propre liste. Le problème, ce n'est pas les étiquettes que vous avez choisies mais le fait que vous ayez choisi de vous en décerner. Si vous êtes vraiment satisfait de vos labels, bravo, n'en parlons plus. Si, en revanche, vous considérez que certains d'entre eux peuvent parfois constituer un obstacle, il est temps de modifier votre attitude. Mais commençons par nous demander quelle est l'origine de ces étiquettes.

Les gens cherchent à vous cataloguer, à vous épingler et à vous ranger dans des petits casiers tout préparés. C'est plus commode. D.H. Lawrence a bien montré l'absurdité de ce procédé dans un poème intitulé *What Is He* :

— Qui est-il ?

— Un homme, évidemment.

— Oui, mais que fait-il ?

— Il vit et il est un homme.

— Bien sûr, mais il doit travailler. Il faut bien qu'il ait un emploi quelconque.

— Pourquoi ?

— Parce qu'il ne fait manifestement pas partie de ces personnes oisives.

— Je ne sais pas. Il dispose de beaucoup de loisirs et il fabrique des chaises vraiment très belles.

— Eh bien, nous y voilà ! Il est ébéniste.

— Nullement.

— En tout cas, c'est un menuisier.

— Absolument pas.

— Pourtant, vous venez de le dire.

— Qu'ai-je dit ?

— Qu'il fabriquait des chaises et qu'il était menuisier.

— J'ai dit qu'il fabriquait des chaises mais pas qu'il était menuisier.

— Soit. C'est seulement un amateur ?

— Peut-être. Direz-vous qu'une grive est flûtiste professionnel ou flûtiste amateur ?

— Je dirais que c'est tout simplement un oiseau.

— Eh bien, moi je dis que c'est tout simplement un homme.

— Vous passez votre temps à ergoter*.

D'où proviennent ces étiquettes ?

Tous ces « je suis ceci, je suis cela » sont issus de deux sources. Il y a d'abord les étiquettes que les autres vous accolent. On vous les a épinglées quand vous étiez enfant et vous les conservez. Quant aux autres, elles résultent d'un choix que vous avez fait — celui de refuser les tâches désagréables ou difficiles.

Les plus nombreuses sont celles de la première catégorie. La petite Mélanie fréquente l'École des beaux-arts. Elle adore peindre. Son professeur prétend qu'elle n'est pas aussi douée qu'elle le croit et Mélanie, qui n'aime pas la désapprobation, adopte une attitude de capitulation et c'est ainsi que, bientôt, une étiquette prend forme. L'idée qu'elle n'est pas douée se consolide dans sa tête et, devenue adulte, quand on lui demande pourquoi elle ne dessine pas, elle répond : « Je n'ai aucun talent. J'ai toujours été comme ça. » La plupart des « je suis ci, je suis ça » sont les résidus de l'époque où l'on vous serinait : « Il est un peu maladroit. Son frère est bon en gymnastique mais, lui, c'est l'intellectuel de la famille. » Ou : « Vous êtes tout à fait comme moi : j'ai toujours été nul en orthographe. » Ou : « Billy a toujours été timide. » Ou :

---

* The Complete Ploems of D.H. Lawrence, vol. I, Ed. Vivian de Sola Pinto et Warren Roberts. Copyright 1929 par Frieda Lawrence Ravagli. Reproduction autorisée par The Viking Press, inc.

« C'est le portrait craché de son père : il n'a jamais été capable de chanter juste. » Ce sont là des étiquettes quasi congénitales que l'on n'a jamais remises en question, que l'on a acceptées et admises comme tout à fait évidentes.

Demandez donc aux personnes que vous estimez à l'origine de nombreux aspects de votre image de marque (vos parents, les vieux amis de la famille, vos anciens professeurs, vos grands-parents, etc.) comment il se fait que vous soyez tel que vous êtes et si vous avez toujours été comme ça. Annoncez-leur que vous avez résolu de changer et priez-les de vous dire s'ils vous en croient capable. Vous serez surpris de ce qu'ils vous répondront, et vous vous rendrez compte qu'ils sont persuadés que vous ne pouvez pas être différent de ce que vous êtes puisque vous avez toujours « été comme ça ».

Les étiquettes de la seconde catégorie ont une autre source : vous-même. C'est vous qui les avez forgées pour éviter de faire ce qui semble vous déplaire. J'ai, dans ma clientèle, un monsieur de quarante-six ans, qui souhaite ardemment faire les études qu'il n'a pas pu effectuer à cause de la guerre. Seulement, Horace redoute de se trouver en concurrence avec des jeunes gens bardés de diplômes flambant neufs. Il a peur d'un échec, il doute de ses capacités intellectuelles. Il feuillette régulièrement les annuaires des universités. Il a demandé conseil, il s'est présenté à un examen d'entrée et a pris rendez-vous avec le directeur d'un établissement proche de son domicile. Mais il se retranche derrière ses « je suis ci, je suis ça » pour ne pas sauter le pas. « Je suis trop vieux, dit-il pour se justifier. Je ne suis pas assez intelligent et cela ne me passionne pas assez. »

Horace s'abrite derrière ses étiquettes pour ne pas faire ce qu'il souhaiterait sincèrement faire.

Un de mes confrères utilise la même technique pour échapper aux corvées qui l'ennuient. Quand il faut réparer la sonnette ou la radio ou s'astreindre à bricoler, ce qu'il déteste, il rappelle simplement à sa femme qu'il n'est pas doué pour la mécanique.

De telles étiquettes sont des comportements adaptatifs, mais elles sont néanmoins des excuses que l'on se donne à soi-même. Au lieu de dire : « Ce genre d'activité m'assomme ou ne m'intéresse pas et je préfère m'en abstenir » (ce qui est tout à fait logique et parfaitement sain), il est plus simple de brandir sa petite étiquette : « Je ne suis pas ceci, je ne suis pas cela. » Ce qui sous-entend : « Dans ce domaine, je suis l'aboutissement d'un processus et il en sera toujours ainsi. » Accepter d'être l'aboutissement d'un processus, c'est devenir un produit achevé, réglé comme du papier à musique. Mais si vous cessez de vous développer en vous contentant d'être défini par certains critères, vous serez surpris de constater que d'autres vous handicapent et vous détruisent.

Nous allons dresser l'inventaire d'un certain nombre d'étiquettes qui sont des vestiges du passé. Si quelques-unes sont appropriées à votre cas, peut-être l'envie vous viendra-t-elle de les modifier. Se définir exactement tel que l'on est dans quelque domaine que ce soit, c'est prendre une de ces décisions critiques dont il a été question au premier chapitre. Mais attention : il ne s'agit pas de débattre ici des matières que vous considérez comme rebutantes mais d'examiner le comportement qui vous empêche d'avoir des activités dont vous pourriez tirer beaucoup de plaisir et de satisfaction.

10 catégories d'étiquettes suivies des primes névrotiques qu'elles rapportent.

1. Je suis mauvais en calcul, en orthographe, en langues étrangères, etc.

Autrement dit, vous ne voulez pas vous astreindre à faire les efforts nécessaires pour changer. Ces étiquettes académiques ont pour objet de vous empêcher de vous affronter à la tâche difficile consistant à maîtriser telle ou telle matière que vous jugez compliquée ou ennuyeuse. Vous aurez une bonne raison de ne pas attaquer le problème de fond aussi longtemps que vous vous considérerez comme incompétent.

2. Je n'ai aucun don pour la cuisine, le sport, le crochet, le dessin, l'art dramatique, etc.

Ainsi, vous êtes sûr d'éviter ces activités et cela excuse les échecs que vous avez rencontrés dans le passé. « J'ai toujours été comme cela, c'est ma nature. » Cette attitude renforce votre inertie et, ce qui est encore plus important, elle contribue à vous enfermer dans cette idée absurde que vous ne devez rien faire si ce n'est pas complètement dans vos cordes. Puisque vous n'êtes pas champion du monde dans la catégorie, mieux vaut vous abstenir.

3. *Je suis timide, réservé, instable, froussard, etc.*

Là, nous avons affaire à des étiquettes idiosyncrasiques. Au lieu de remettre en question ces définitions et la pensée autodestructrice qui les sous-tend, vous vous inclinez devant elles en considérant qu'elles sont la confirmation de ce que vous avez toujours été. En outre, vous pouvez rejeter le blâme sur vos parents et prétendre que ce sont eux les responsables de votre état actuel. Vous décrétez qu'ils sont la cause de votre condition et, comme cela, vous n'avez pas à lutter pour changer. Vous choisissez ce comportement pour ne pas être obligé de prendre une position catégorique dans des situations qui vous ont toujours fait problème. C'est un résidu d'une image de vous qui remonte à l'enfance, à l'époque où des tiers s'efforçaient délibérément de vous convaincre que vous étiez incapable de penser par vous-même. Il s'agit là des étiquettes de personnalité. Ces descriptions de vous-même vous aident à vous détourner de la rude tâche consistant à vous conduire autrement que vous l'avez toujours fait. Vous vous décrivez tout simplement en ayant recours à un label commode, ce qui vous permet de trouver une excuse à tous vos échecs : vous n'y êtes pour rien. Vous niez que vous puissiez choisir votre personnalité, préférant mettre en avant une regrettable tare congénitale pour justifier telle ou telle caractéristique personnelle que vous aimeriez désavouer.

4. *Je suis empoté, je manque de coordination, etc.*

Grâce à ces étiquettes qui vous ont été inculquées dans l'enfance, vous évitez le ridicule que votre manque d'adresse pourrait vous faire encourir. Naturellement, cette maladresse a son origine dans votre foi en de vieux critères et, plutôt que

100

d'aller à l'échec, vous préférez esquiver ainsi les activités physiques. C'est en pratiquant une discipline qu'on fait des progrès, et non pas en s'en détournant. Vous restez sur la touche à regarder mélancoliquement les joueurs mais vous prétendez que cet exercice ne vous plaît absolument pas.

4. *Je suis moche, je suis laide, je suis trop osseuse, je suis quelconque, je suis trop grande, etc.*

Voilà des étiquettes physiologiques bien utiles pour vous dissuader de prendre des risques envers le sexe opposé, pour vous conforter dans votre stéréotype négatif, et pour légitimer votre manque d'amour envers vous-même. Tant que vous vous définirez de cette façon, vous aurez une excuse toute prête pour vous refuser à prendre le départ de la course amoureuse. Par-dessus le marché, cette justification vous autorisera à ne pas chercher à vous rendre plus séduisante. Vous vous servez de votre miroir comme d'un garant afin de ne pas vous lancer à l'eau. Le seul problème, c'est qu'on voit que ce l'on veut bien voir — même dans une glace.

6. *Je manque d'organisation, je suis tatillon, je suis négligé, etc.*

Ces étiquettes de comportement sont pratiques pour manipuler les autres et pour expliquer une fois pour toutes pourquoi on doit faire les choses de telle ou telle façon : « C'est évident, voyons, j'ai toujours fait comme ça. » Comme si la tradition était une raison majeure ! En se retranchant derrière cette excuse, on évite ne fût-ce que l'idée de se conduire autrement et on se convainc en même temps que tout un chacun en ferait autant. C'est là une image de marque qui remplace la réflexion.

7. *Je suis nonchalant, étourdi, irresponsable, apathique, etc.*

Il est bien commode de brandir ces étiquettes pour se donner bonne conscience quand on ne va pas au bout de ce que l'on fait. Elles vous excusent de ne pas lutter contre votre insouciance ou votre négligence. Vous vous contentez de dire tout bêtement : « Je suis comme ça, et voilà tout. » Tant que vous ne remettrez pas ces étiquettes en question, vous ne ferez jamais l'effort indispensable pour · vous conduire autrement. Vous continuerez, par exemple, à avoir une mauvaise mémoire en vous persuadant que vous n'y pouvez rien.

8. *Je suis italien, allemand, juif, irlandais, noir, chinois, etc.*

Ces étiquettes ethniques sont on ne peut plus commodes lorsqu'on n'a pas d'autres raisons pour expliquer certains comportements regrettables mais que l'on renonce à combattre parce que c'est trop compliqué. Chaque fois que l'on s'aperçoit que, en vertu des clichés en usage, notre comportement est associé à notre subculture, on se réfugie derrière son identité ethnique pour justifier une conduite négative. Un jour, j'ai demandé à un maître d'hôtel pourquoi il était tellement irascible, pourquoi il explosait pour un oui ou pour un non. « Que voulez-vous ? me répondit-il. Je suis italien, je ne peux pas faire autrement. »

9. *Je suis autoritaire, tyrannique, intransigeant, etc.*

En vous abritant derrière ces étiquettes, vous êtes en mesure de continuer à extérioriser votre hostilité au lieu de vous battre pour acquérir une discipline personnelle. « Je n'y peux rien, j'ai toujours été ainsi » : voilà ce que vous dites pour justifier votre comportement.

10. *Je suis vieux, je n'ai plus vingt ans, je suis fatigué, etc.*

Vous utilisez votre âge comme alibi pour ne pas participer à des activités susceptibles de comporter un risque. Qu'il s'agisse d'une épreuve sportive, de faire la cour à une femme après avoir divorcé ou après la mort de votre épouse, de partir en voyage ou quoi que ce soit du même genre, vous dites tout simplement : « Je suis trop vieux » et, du même coup, vous éliminez les risques qu'implique toute tentative d'initiatives capables de contribuer à votre épanouissement. Vous réfugier derrière l'alibi de l'âge, c'est laisser entendre que vous n'avez plus rien à espérer et comme vous continuez inévitablement à vieillir, vous vous coupez de toute expérience nouvelle.

Le cercle vicieux des étiquettes

Le bénéfice que l'on retire en se retranchant derrière son passé et en s'accrochant à ses images de marque se résume en un seul mot : l'évasion. Qu'il s'agisse d'éviter telle ou telle activité ou de trouver un sophisme pour interpréter telle ou telle insuffisance personnelle, on peut toujours invoquer une étiquette. En vérité, au bout d'un certain temps, on commence à s'identifier à ces images de marque et on en arrive à être un produit achevé, condamné à ne plus jamais changer. Les étiquettes vous permettent de ne pas faire l'effort et de ne pas prendre le risque de changer. Elles perpétuent les comportements qui les ont engendrées. Voici, par exemple, un garçon qui se rend à une soirée. Il est convaincu qu'il est timide. Il se comportera comme s'il l'était et son attitude ne fera que renforcer cette image de lui-même. C'est un cercle vicieux.

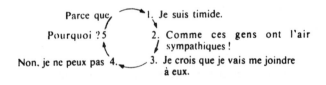

Parce que — 1. Je suis timide.

Pourquoi ? 5 — 2. Comme ces gens ont l'air sympathiques !

Non, je ne peux pas 4. — 3. Je crois que je vais me joindre à eux.

Et voilà ! Au lieu d'intervenir entre le point 3 et le point 4, notre jeune homme se disculpe en s'abritant derrière une étiquette (« je suis timide ») et, ainsi, il évite adroitement le risque qu'il y aurait à sortir du piège. Il peut y avoir beaucoup de raisons pour expliquer cette humilité, dont certaines peuvent remonter jusqu'à l'enfance. Mais, quelles que soient ces raisons, il a pris la décision de ne pas s'attaquer à son comportement quand il est en agréable compagnie, préférant l'expliquer à l'aide de son image de marque. Il a tellement peur de ne pas réussir que cela le paralyse et qu'il n'essaie pas. S'il savait que comptent, seuls, le moment présent et le choix qu'il peut faire, au lieu de dire : « Je suis timide », il dirait : « Jusqu'à maintenant, je me suis comporté en timide. »

Il n'y a pas que la timidité. Toutes les étiquettes par lesquelles on se dénigre plus ou moins aboutissent au même cercle vicieux. Imaginons un élève faible en mathématiques qui s'attaque à un problème d'algèbre :

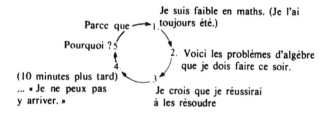

Au lieu de s'arrêter entre le point 3 et le point 4 et d'utiliser ce répit pour demander conseil à quelqu'un, voire pour prendre son problème à bras le corps, il jette l'éponge. Lui demande-t-on pourquoi il a eu une mauvaise note ? il répond : « J'ai toujours été nul en maths. »

C'est derrière ces diaboliques images de marque que l'on s'abrite pour se justifier vis-à-vis de soi-même et expliquer aux autres pourquoi on s'entête à avoir un comportement négatif.

Penchez-vous donc sur le cercle vicieux de la logique névrotique qui est la vôtre et tâchez de remettre en cause le choix que vous avez fait d'être un produit achevé dans tel ou tel domaine. Pourquoi vous accrochez-vous à votre passé ? Pourquoi vous appuyez-vous sur votre image de marque ? Pour éviter de changer. Chaque fois que vous avez recours à une de vos étiquettes pour expliquer un comportement que vous réprouvez, pensez que vous êtes comme un objet enfermé dans une petite boîte enveloppée dans du papier cadeau.

Il est indiscutablement plus facile de se décrire que de se modifier. Peut-être attribuez-vous l'existence de vos étiquettes à vos parents ou à des grandes personnes qui ont eu de l'importance quand vous étiez petit — vos maîtres, vos voisins, vos grands-parents et autres. En les rendant responsables de ce que vous êtes au moment présent, vous leur accordez dans une certaine mesure le contrôle de votre vie d'aujourd'hui, vous les placez au-dessus de vous et créez ainsi ingénieusement un alibi justifiant votre inefficacité. Cette attitude est très bénéfique ; entre autres, elle vous absout de ne pas prendre de risques, puisque la faute en revient à la « culture ». Si vous êtes comme ça, vous n'y pouvez rien. Il est plus facile de regretter que de se transformer.

Quelques stratégies pour se libérer
du passé et éliminer des étiquettes gênantes.

S'affranchir de son passé implique des risques. Vous vous êtes habitué à vos images de marque. En bien des cas, vous vous appuyez sur elles dans votre vie quotidienne. Voici quelques techniques visant à les éliminer :

Supprimer les « je suis comme ci, je suis comme ça » chaque fois que c'est possible. A la place dites, par exemple : « Jusqu'à aujourd'hui, j'avais choisi d'être comme ça » ou « je prétendais que j'étais ceci... »

Faites savoir à vos proches que vous avez l'intention d'essayer de supprimer certaines de vos étiquettes. Choisissez celles qu'il importe de liquider en priorité et priez-les de vous faire remarquer, le cas échéant, que vous continuez à les utiliser.

Prenez la décision d'agir autrement que vous avez toujours agi. Par exemple, si vous considérez que vous êtes timide, présentez-vous à telle ou telle personne que vous auriez eu normalement tendance à éviter.

— Ouvrez-vous de votre décision à quelqu'un en qui vous avez confiance et qui vous aidera à lutter contre la tyrannie du passé. Demandez-lui de vous prévenir discrètement toutes les fois où il s'apercevra que vous vous réfugiez à nouveau derrière votre image de marque.

— Couchez par écrit vos étiquettes autodestructrices, notez ce que vous faites et l'opinion que vous avez de vous-même quand vous vous comportez de cette manière. Inscrivez pendant une semaine sur un carnet la date, l'heure et l'occasion où vous avez eu une conduite négative de ce type et efforcez-vous de tomber de moins en moins souvent dans ce travers. Aidez-vous pour tenir ce journal de la liste que nous avons dressée ci-dessus.

— Il y a quatre phrases névrotiques qu'il convient de guetter avec vigilance et chaque fois qu'il vous arrivera de les prononcer, corrigez-vous *à haute voix* de la façon suivante :

Au lieu de dire : « Je suis comme ça », dites : « J'étais comme ça. »

Au lieu de dire : « Je n'y peux rien », dites : « Je peux changer si je fais l'effort voulu. »

Au lieu de dire : « J'ai toujours été ainsi », dites : « Je vais être autrement. »

Au lieu de dire : « C'est dans ma nature », dites : « C'est ce que je croyais être dans ma nature. »

Fixez-vous pour tâche de supprimer chaque jour une étiquette. Si vous estimez que vous êtes insouciant, consacrez le lundi à pourchasser exclusivement cette tendance et voyez si vous pouvez surmonter à une ou deux reprises votre insouciance. De même, si vous êtes obstiné, accordez-vous une journée de tolérance envers les opinions contraires aux vôtres. Essayez de vous débarrasser de vos étiquettes au jour le jour.

— Vous pouvez briser votre « cercle vicieux » entre le point 3 et le point 4 et prendre la décision de jeter par-dessus bord les vieilles excuses que vous vous donniez pour pratiquer l'évasion.

— Consacrez un après-midi à une activité à laquelle vous ne vous êtes jamais adonné et dont, jusqu'à présent, vous vous êtes toujours systématiquement détourné. A la fin de la journée, demandez-vous si l'étiquette que vous vous attribuiez le matin même vous est encore applicable. Toutes vos images de marque sont des comportements d'évasion actifs et vous pouvez apprendre à être à peu de chose près ce que vous voulez être si vous faites ce choix.

Quelques réflexions en guise de conclusion

La nature humaine, cela n'existe pas. Le but de ce concept est de classer les gens et de leur donner des excuses. Vous êtes la somme de vos choix et l'on pourrait aussi bien reformuler ainsi vos étiquettes bien-aimées : « J'ai choisi d'être ainsi. »

Revenons-en aux deux questions qui ouvrent ce chapitre : Qui êtes-vous ? Comment vous définissez-vous ? Imaginez d'autres labels agréables sans aucun rapport avec les choix que d'autres ont faits pour vous ou avec ceux que vous avez vous-même faits jusqu'à présent. Ces vieilles étiquettes éculées vous empêchent peut-être de vivre aussi pleinement que vous le pourriez.

Rappelez-vous ce que Merlin disait de l'apprentissage :

... apprendre quelque chose... est la seule chose qui réussit à tous les coups, répondit Merlin... Vous pouvez vieillir et avoir la tremblote, vous pouvez passer la nuit sans fermer l'œil à l'écoute du battement de votre pouls, vous pouvez rater l'unique amour de votre vie, vous pouvez voir des fous furieux dévaster le monde ou savoir que des êtres vils mettent votre honneur en pièces. Il n'y a qu'un seul avantage à cela : apprendre. Apprendre pourquoi l'univers tangue et ce qui le fait tanguer. C'est la seule chose que l'esprit ne peut jamais épuiser, jamais aliéner, qui ne peut jamais le torturer, qu'il ne peut jamais redouter, dont il ne peut jamais se défier et qu'il ne peut jamais regretter. Apprendre : c'est ce qu'il vous faut faire. Songez à toutes les choses qu'il y a à apprendre — la science pure, c'est la seule pureté qui soit. On peut consacrer une vie à apprendre l'astronomie, trois à apprendre l'histoire naturelle, six à apprendre la littérature. Et quand vous aurez consacré un million de vies à la biologie, à la médecine, à la théologie, à la géographie, à l'histoire et à l'économie, eh bien vous pourrez vous mettre à fabriquer une roue de charrette avec le bois qui convient ou passer cinquante ans à apprendre comment battre votre adversaire à l'escrime. Après quoi, il ne vous restera plus qu'à recommencer avec les mathématiques jusqu'au moment où il sera temps d'apprendre à labourer*.

Toutes les étiquettes qui font obstacle à votre épanouissement sont des démons qu'il vous faut exorciser. Si vous avez vraiment besoin d'une, essayez donc celle-là : « Je suis un exorciste — et j'aime ça. »

---

* Terence H. White, *The Once and Future King* (New York. C.P. Putnam's Sons, 1958).

V

Les émotions inutiles :
se sentir coupable et se tracasser

Si vous croyez qu'il suffit de se tourmenter
assez longtemps pour changer un événement passé
ou un événement à venir,
c'est que vous habitez
une autre planète où la réalité est différente.

Les deux émotions les plus vaines qui peuvent exister dans la vie, c'est regretter ce qui a eu lieu et se faire de la bile pour ce qui pourrait avoir lieu. Si l'on se penche sur ces deux zones erronées, on se rend compte qu'elles sont intimement liées. En fait, on peut les considérer comme les deux points extrêmes de la même zone.

X		Présent		X
Culpabilité	*(Passé)*		*(Futur)*	Tracas

Culpabilité signifie que vous êtes bloqué dans le présent à cause de votre comportement *passé* et *tracas* est l'artifice qui sert à vous bloquer actuellement à cause de quelque chose relevant du *futur* — une chose sur laquelle vous êtes le plus souvent sans pouvoir.

C'est très clair si l'on essaye de se sentir coupable d'un événement qui ne s'est pas encore produit ou de se tracasser pour quelque chose qui a eu lieu. Dans un cas, il s'agit de l'avenir et, dans l'autre, du passé mais, néanmoins, le résultat est le même : vous êtes bloqué dans le présent immédiat. Robert Jones Burdette dit dans *Golden Day* :

Ce n'est pas l'expérience du présent qui rend les hommes fous mais le remords lié à quelque chose qui appartient à la veille et la crainte de ce qui risque de se révéler demain.

Pratiquement, tous les gens que vous côtoyez sont culpabilisés et se mettent martel en tête. Combien de personnes s'en veulent-elles d'avoir fait ce qu'elles n'auraient pas dû faire et s'inquiètent-elles d'événements qui, peut-être, arriveront ou, peut-être, n'arriveront pas. Vous ne faites probablement pas exception à la règle. S'il y a en vous des aires de tourment et de culpabilité, il faut procéder à leur éradication, les liquider et les détruire une fois pour toutes.

Ce sont sans doute là les deux façons d'être malheureux les plus fréquentes dans notre civilisation. Le sentiment de culpabilité vous polarise sur un événement appartenant au passé, une chose que vous avez faite ou que vous avez dite, qui vous accable ou vous met en colère, et cela investit le moment présent. Et quand vous vous tracassez, vous dilapidez l'instant présent, ce bien si précieux, pour vous inquiéter d'un événement situé dans le futur.

Que vous regardiez en arrière ou en avant, le résultat est le même : vous gâchez le moment présent. Robert Burdette, toujours dans le même ouvrage, résume ainsi cette double aberration :

> Il y a deux jours de la semaine dont je ne me soucie jamais, deux jours où la peur et l'appréhension sont interdites de séjour : l'un de ces jours s'appelle hier... Et l'autre... demain.

Autopsie de la culpabilité

Nombreux sont ceux d'entre nous à avoir été victimes d'une conspiration, d'un complot visant à nous transformer en véritables machines à culpabilisation. Voici comment opère le mécanisme. Quelqu'un vous envoie un message destiné à vous rappeler que vous êtes un moins que rien à cause de quelque chose que vous avez dit ou que vous n'avez pas dit, que vous avez ressenti ou n'avez pas ressenti, que vous avez fait ou n'avez pas fait. Votre réaction est de vous sentir mal dans votre peau. Vous êtes une machine à culpabilisation, un engin ambulant, parlant et respirant, qui réagit par la culpabilité quand le signal approprié lui parvient. Et si vous êtes parfaitement intégré à notre civilisation culpabilisante, vous êtes une machine qui tourne parfaitement rond.

Pourquoi avez-vous accusé réception de ces messages de culpabilité qui vous ont été adressés depuis toujours ? Dans une grande mesure parce que l'on considère qu'il est « mal » de ne pas se sentir coupable et qu'il est « inhumain » de ne pas se faire du tracas. Tout cela tient au fait que l'on se soucie de quelqu'un ou de quelque chose. Ce souci se manifeste de deux façons : ou bien on se sent coupable des choses épouvantables que l'on a faites ou bien on s'efforce de donner à autrui la preuve visible que l'on s'inquiète de son avenir. C'est presque comme si l'on devait montrer qu'on est névrosé pour se faire considérer comme quelqu'un qui s'intéresse aux autres.

De tous les comportements erronés, la culpabilité est le plus inutile. Elle aboutit à un gaspillage d'énergie sans égal. Pourquoi ? Parce que, par définition, on est bloqué dans le présent à cause de quelque chose qui s'est déjà produit — or, jamais le sentiment de culpabilité n'a changé le cours de l'histoire.

Distinguer le sentiment de culpabilité des leçons du passé

Se sentir coupable, ce n'est pas seulement se soucier du passé, c'est se bloquer dans le présent en raison d'un événement antérieur. Et ce blocage peut aller d'un léger désagrément à la dépression. Si vous tirez simplement des leçons du passé dans le but de ne pas retomber dans tel ou tel comportement déterminé, il n'y a pas culpabilisation. La culpabilisation n'existe que lorsque l'on évite de prendre une initiative aujourd'hui parce que l'on a eu tel ou tel comportement auparavant. Tirer la leçon des erreurs que l'on a commises est sain, c'est une indispensable condition de notre épanouissement. Le sentiment de culpabilité, en revanche, est malsain parce que l'on gaspille son énergie dans le moment présent à cause d'un événement passé qui vous ronge et vous démoralise. Et ce n'est pas seulement malsain : c'est inutile. Se sentir peu ou prou coupable ne défera jamais ce qui été fait.

Les origines de la culpabilité

Fondamentalement, le sentiment de culpabilité a deux façons de se manifester chez l'individu. D'une part, il peut lui être inculqué dès la prime enfance et perdurer chez l'adulte comme une réaction infantile résiduelle. D'autre part, l'adulte peut se culpabiliser lui-même parce qu'il enfreint un code auquel il prétend souscrire.

1. *La culpabilité résiduelle.* Il s'agit là d'une réaction affective issue des souvenirs de l'enfance. Les facteurs de culpabilité sont multiples et, s'ils sont efficaces chez les enfants, les grandes personnes continuent d'avoir dans leurs bagages des exhortations comme celles-ci :

« Si tu recommences, papa ne sera pas content. »

« Tu devrais avoir honte de toi. » (Comme si cela pouvait servir à quelque chose !)

« D'accord, je ne suis que ta mère ! »

Toutes les implications dissimulées derrière ces formules sont toujours capables d'être préjudiciables à un adulte quand son patron ou des personnes qui se substituent à l'image parentale le réprimandent. L'adulte s'acharne à gagner leur approbation et, quand ses efforts n'aboutissent pas, il éprouve un sentiment de culpabilité.

La culpabilisation résiduelle est également présente dans les rapports sexuels et le mariage. Les innombrables reproches que l'on se fait à soi-même et les excuses que l'on se donne parce que l'on a eu un certain comportement en sont bien la preuve. Ces réactions culpabilisantes proviennent de ce que l'on s'est fait manipuler quand on était enfant mais elles peuvent encore être présentes et agissantes chez l'adulte.

2. *L'autoculpabilité.* C'est un domaine beaucoup plus délicat. Là, l'individu se trouve bloqué par des événements récents qui ne sont pas forcément liés à son enfance. L'adulte se sent coupable quand il enfreint une règle ou un code

moral. Il peut en pâtir longtemps, même si se torturer ne change rien à ce qui a été fait. Il y a beaucoup de raisons pour se déclarer coupable : on s'en veut d'avoir été brutal avec quelqu'un, on se reproche d'avoir volé quelque chose dans un magasin, de n'être pas allé à la messe, d'avoir dit quelque chose de faux.

Ainsi, le sentiment de culpabilité peut être une réaction à des critères extérieurs résiduels auxquels on essaye encore de se soumettre pour satisfaire un symbole d'autorité qui n'est plus là. Il peut provenir également d'une soumission à des critères auxquels on ne croit pas vraiment mais auxquels on acquiesce du bout des lèvres. Dans les deux cas, c'est un comportement stupide et inutile, ce qui est encore plus grave. Vous pouvez vous lamenter jusqu'à votre dernier soupir et vous sentir coupable parce que vous avez fait quelque chose de regrettable : cela ne corrigera en rien votre conduite passée. Ce qui est fait est fait.

Vous pouvez adopter une autre attitude à l'égard des actes que vous avez commis autrefois et que vous vous reprochez. Il y a dans notre culture tout une rhétorique puritaine qui nous envoie des messages tels que : « Si vous éprouvez du plaisir, vous devez vous sentir coupable. » Beaucoup de vos réactions culpabilisantes ont leur source dans ce mode de pensée. Peut-être vous a-t-on appris qu'il ne faut pas se faire plaisir, qu'une plaisanterie salace ne doit pas vous amuser ou qu'il faut se garder de certains comportements sexuels. Ces messages inhibiteurs sont omniprésents dans notre culture. Mais si vous vous reprochez de vous être fait plaisir, c'est de l'autoculpabilisation.

On peut apprendre à jouir sans avoir le sentiment de commettre un péché, apprendre à se considérer comme quelqu'un capable de faire tout ce qu'il a envie de faire dans le cadre de son système de valeurs sans nuire aux autres — et sans être culpabilisé pour autant. Si vous faites quelque chose que vous regrettez ou si vous vous en voulez, ensuite, d'avoir agi ainsi, il vous est loisible de vous promettre de vous conduire autrement dans l'avenir. Mais l'autoculpabilisation est un croc-en-jambe névrotique dont il est possible de faire l'économie. Se sentir coupable ne vous aide en rien. Non seulement cela vous bloque mais, en outre, cela multiplie les risques de retomber dans le comportement indésirable. Le sentiment de culpabilité porte en soi sa propre récompense et il est une incitation à revenir à une conduite que l'on réprouve. Tant que l'on s'accroche aux avantages potentiels de l'absolution par la culpabilisation, on se condamne à être malheureux dans l'instant présent.

Catégories et réactions typiques de culpabilisation
La culpabilisation d'origine parentale

Il s'agit de manipuler l'enfant, quel que soit son âge, pour l'obliger à accomplir une tâche.

La mère : — Donny, va chercher les chaises au sous-sol. On va bientôt dîner.

L'enfant : — Dans une minute, maman. Je regarde le match, j'irai à la mi-temps.

Signal de culpabilisation parentale : — Eh bien, ne bouge pas, j'irai moi-même. Malgré mes douleurs. Amuse-toi bien pendant ce temps-là.

Donny imagine sa mère en train de tomber dans l'escalier avec un échafaudage de six chaises — et il se sent responsable.

Le « tous les sacrifices que j'ai acceptés pour toi » est un facteur de culpabilisation extrêmement efficace. Le père ou la mère vous rappelle toutes les occasions où il, ou elle a renoncé à son bonheur pour pouvoir vous apporter quelque chose. Naturellement, à l'énoncé de vos dettes, vous vous demandez comment vous avez pu être d'un tel égoisme. Les références aux douleurs de l'accouchement sont un exemple de cette attitude « culpabilogène » : « J'ai souffert dix-huit heures rien que pour te mettre au monde. » « Si je n'ai pas divorcé d'avec ton père, c'est à cause de toi » est une autre formule non moins efficace destinée à vous culpabiliser en vous rendant responsable du fait que maman a fait un mauvais mariage.

Culpabiliser l'enfant est très utile pour le manipuler : « Très bien, nous resterons seuls. Amuse-toi. Tu l'as toujours fait. Ne t'inquiète pas pour nous. » Cela vous oblige à téléphoner à vos parents ou à leur rendre régulièrement visite. On peut pousser un peu plus loin : « Alors ? Tu t'es donc cassé un doigt pour ne pas pouvoir manœuvrer le cadran du téléphone ? »

Les parents mettent en marche la machine à culpabiliser et vous capitulez, même si c'est à contrecœur.

Une autre tactique commode est celle du « tu nous as fait honte ». « Que vont penser les voisins ? » en est une variante. On mobilise des forces extérieures pour vous faire regretter ce que vous avez fait et vous empêcher de penser par vous-même. Si l'on vous serine « si tu rates ceci ou cela, tu nous déshonoreras », il vous sera presque impossible de vous regarder dans la glace après un échec.

La maladie est un superculpabilisant. « A cause de toi, ma tension a grimpé. » Les « tu finiras par me tuer » ou « tu vas me donner une crise cardiaque » servent aussi bien à vous culpabiliser qu'à vous mettre sur le dos à peu près tous les désagréments physiques de la vieillesse. Il faut avoir les épaules solides pour porter le fardeau de cette culpabilité car on peut le traîner toute sa vie et, si l'on est particulièrement vulnérable, on peut même se sentir coupable de la mort de ses parents.

La culpabilité sexuelle imposée par les parents est chose tout à fait courante. Toute pensée, toute conduite sexuelle est un terreau fertile pour la graine de la culpabilité. « C'est très mal de se masturber. » En vous culpabilisant, on peut vous manipuler pour vous obliger à adopter l'attitude sexuelle de rigueur. « Tu devrais avoir honte de lire des revues pareilles », « Tu ne devrais pas avoir des idées pareilles. »

· La culpabilisation sert aussi à inculquer à l'enfant les préceptes de la civilité puérile et honnête. « Je ne savais plus où me mettre en te voyant te curer le nez devant grand-mère », « Tu n'as pas dit merci. Quelle honte ! As-tu envie que nos amis croient que je t'ai mal élevé ? »

On peut apprendre à l'enfant à se tenir de façon acceptable en société sans le culpabiliser pour autant. Il est beaucoup plus efficace de lui expliquer pourquoi telle ou telle façon de se conduire est mal venue et de le lui rappeler ensuite discrètement. Ainsi, si l'on dit à Donny qu'il est impossible d'avoir une conversation cohérente quand il vous interrompt constamment, il commencera à comprendre sans se sentir culpabilisé, ce qui, en revanche, serait le cas si l'on s'écriait : « Tu nous coupes sans arrêt, tu devrais avoir honte, il est impossible de parler quand tu es là. »

Parvenir à l'âge adulte est loin de suffire à mettre un terme à la manipulation parentale par la culpabilisation. J'ai un ami de cinquante-deux ans. Pédiatre d'origine juive, il a épousé une femme qui n'est pas israélite. Il conserve une garçonnière entièrement meublée et équipée dans le seul but de recevoir tous les dimanches sa mère, âgée de quatre-vingt-cinq ans. Elle ne sait pas qu'il est marié et qu'il a un autre appartement où il vit six jours par semaine. S'il joue cette comédie, c'est parce qu'il se sent coupable d'avoir une « shiksa » pour femme. Il a beau être un homme mûr et pouvoir s'enorgueillir d'une carrière qui est une grande réussite, il est toujours sous le joug de sa mère. Il lui téléphone tous les jours de son cabinet en feignant d'être célibataire.

La culpabilisation parentale et familiale est la tactique la plus communément utilisée pour maintenir en tutelle quelqu'un qui a tendance à se révolter. Les exemples ci-dessus ne sont qu'un petit échantillon de la multitude de maximes et de techniques ayant pour objet d'inciter un fils ou une fille à choisir de se sentir coupable (c'est-à-dire de se bloquer en raison d'un événement passé) comme rançon de sa généalogie.

La culpabilisation au niveau du couple

La formule culpabilisante « si tu m'aimais » est une façon de manipuler l'autre. C'est là une tactique particulièrement commode quand on veut punir son ou sa partenaire parce qu'il ou elle se conduit d'une manière que l'on désapprouve. Comme si l'amour dépendait de la bonne conduite ! Si une personne n'agit pas conformément à votre attente, on la culpabilise pour la faire rentrer dans le rang : il faut qu'elle se sente coupable de ne pas vous avoir aimé.

Les bouderies, les silences prolongés, les coups d'œil

hargneux sont d'utiles ingrédients de la culpabilisation. « Je ne t'adresse plus la parole, ça t'apprendra » — « Ne t'approche pas de moi. Comment peux-tu espérer que je me montre affectueux avec toi après ce que tu as fait ? » : c'est là une tactique couramment employée quand l'autre s'écarte du droit chemin.

Il arrive souvent qu'on rappelle au partenaire quelque chose qu'il a fait des années auparavant pour le culpabiliser : « N'oublie pas ce que tu as fait en 1951. » Ou : « Comment pourrais-je avoir à nouveau confiance en toi après que tu m'aies traité comme tu l'as fait ? » On manipule ainsi le présent en faisant référence au passé. Si l'amant ou la maîtresse, le mari ou la femme a fini par oublier l'incident, l'autre le ramène périodiquement sur le tapis afin d'entretenir la culpabilité.

C'est pratique pour obliger votre partenaire à se plier à vos exigences et à vos règles de conduite. « Si tu avais le sens des responsabilités, tu m'aurais appelé. » Ou bien : « C'est la troisième fois que je vide la poubelle. J'ai l'impression que tu refuses systématiquement de faire ta part de travail. »

L'objectif ? Contraindre l'autre à faire ce que vous voulez qu'il fasse. La méthode ? Lui donner le sentiment d'être coupable.

Les enfants, agents de culpabilisation

Dans les rapports parents-enfants, la culpabilisation peut agir dans les deux sens. Les enfants sont tout aussi doués que leurs parents pour la manipulation par la culpabilisation.

L'enfant qui se rend compte que son père et sa mère ne supportent pas qu'il soit malheureux et se reprochent alors d'être de mauvais parents cherche souvent à les culpabiliser pour qu'ils fassent ses quatre volontés. Une grosse colère au supermarché peut lui faire obtenir le paquet de bonbons dont il a envie. « Le papa de Sally lui permet. » Donc, le papa de Sally est un bon père alors que vous êtes un mauvais père. « Tu ne m'aimes pas. Si tu m'aimais, tu ne me traiterais pas comme ça. » Et il y a l'apothéose : « Je suis sûrement un enfant adopté. Mes vrais parents ne me traiteraient pas ainsi. »

Toutes ces déclarations sont porteuses du même message : Vous, les parents, vous devriez vous sentir coupables de me traiter comme vous le faites, moi, votre enfant.

Evidemment, c'est en voyant les adultes utiliser les techniques de culpabilisation pour parvenir à leurs fins que les enfants s'initient à cette méthode de culpabilisation. Se sentir coupable n'est pas un comportement naturel. C'est une réaction affective acquise qui ne peut être employée que si la victime montre à son bourreau qu'elle est vulnérable. Si vous avez la fibre sensible, les enfants le devinent. S'ils vous rappellent constamment les choses que vous avez faites ou que vous n'avez pas faites afin d'obtenir ce qu'ils veulent, c'est qu'ils ont appris le truc. S'ils ont recours à cette tactique, c'est que quelqu'un la leur a enseignée. Vous, très probablement.

L'école et la culpabilisation

Les professeurs sont d'extraordinaires culpabilisateurs et les enfants, parce qu'ils sont très influençables, sont d'excellents sujets de manipulation. Voici quelques exemples de messages culpabilisateurs provoquant au repentir :

« Ta maman va être terriblement déçue. »

« Un garçon intelligent comme toi devrait avoir honte d'une note aussi lamentable. »

« Comment peux-tu causer tant de chagrin à tes parents après tout ce qu'ils ont fait pour toi ? Tu sais pourtant à quel point ils tiennent à ce que tu entres à l'université ! »

On emploie fréquemment la culpabilisation en milieu scolaire pour que les enfants apprennent certaines choses ou se comportent d'une certaine manière. Et n'oublions pas que les adultes que nous sommes sont des produits de l'école.

L'Eglise et la culpabilisation

La religion est souvent utilisée pour engendrer des sentiments de culpabilité et, par conséquent, pour manipuler les gens. En l'occurrence, c'est généralement à Dieu que vous avez manqué. Dans certains cas, on vous laisse entendre que vous n'irez pas au Paradis parce que vous avez mal agi.

« Si vous aimiez Dieu, vous ne vous conduiriez pas comme vous vous conduisez. »

« Vous n'irez pas au Ciel si vous ne vous repentez pas de vos péchés. »

« Vous devez avoir des remords parce que vous n'allez pas à l'église tous les dimanches et si vous en avez suffisamment, peut-être serez-vous pardonné. »

« Vous avez enfreint un commandement divin et vous devriez avoir honte. »

De quelques autres institutions génératrices de culpabilité

La plupart des prisons fonctionnent sur le principe de la culpabilisation : si une personne passe assez longtemps à se repentir de ses fautes, cela l'améliorera. Les peines d'emprisonnement pour des délits non accompagnés de violences comme la fraude fiscale, les infractions au code de la route, des actes de délinquance mineurs et autres illustrent cet état d'esprit. Le fait qu'un pourcentage énorme d'anciens détenus retombent dans les mêmes errements n'a jamais ébranlé cette croyance.

La politique consistant à enfermer quelqu'un dans une cellule pour qu'il se repente de ce qu'il a fait est tellement onéreuse et tellement inutile qu'elle défie la logique. Mais il y a, bien sûr, une explication illogique, à savoir que le sens du péché est à tel point intégré à notre culture qu'il est l'armature de notre système judiciaire. Au lieu de faire en sorte que les transgresseurs de la loi rendent service à la société ou remboursent leurs dettes, on les réforme par une incarcération culpabilisatrice qui ne bénéficie à personne, et surtout pas aux coupables.

Le fait de se sentir coupable ne changera jamais rien une fois que l'acte a été commis. De plus, ce n'est pas dans les prisons que l'on apprend aux gens à faire de nouveaux choix de comportement. Bien au contraire, l'univers carcéral qui aigrit le détenu l'encourage à recommencer. (Incarcérer les criminels dangereux pour protéger la société est un autre problème dont nous ne discuterons pas ici.)

Dans la société où nous vivons, le pourboire en est venu à

être non pas une marque de satisfaction récompensant un service dont on n'a qu'à se louer, mais le signe de la culpabilité du client. Garçons de restaurant, serveuses, chauffeurs de taxi, chasseurs et autres employés de service ont appris que la plupart des gens ne peuvent pas supporter l'idée culpabilisante de ne pas faire ce qu'il convient et qu'ils donnent le pourboire requis quelle que soit la qualité du service. Ainsi, la main ouvertement tendue, les commentaires aigres-doux et les regards venimeux sont mis à contribution pour culpabiliser le client qui réagit en se montrant généreux.

Mettre du désordre, fumer et autres conduites inacceptables peuvent être des facteurs de culpabilisation. Si, dans un lieu public, vous laissez tomber une cigarette ou un gobelet en carton, il suffit qu'un inconnu vous décoche un coup d'œil réprobateur sévère pour que vous vous torturiez en vous reprochant de vous être conduit aussi grossièrement. Au lieu de vous reprocher quelque chose qui est déjà fait, pourquoi ne pas prendre simplement la résolution de ne plus enfreindre les bons usages à l'avenir ?

Quand on suit un régime, gare à la culpabilisation ! Il suffit de grignoter un biscuit pour se reprocher toute la journée cet instant de faiblesse. Si vous cherchez à maigrir et si vous avez tendance à vous laisser aller à de tels manquements, vous pouvez en tirer la leçon et vous efforcer d'avoir un comportement plus efficace. Mais se culpabiliser et se faire des reproches, c'est perdre son temps car, si cet état d'esprit se maintient longtemps, il y a de fortes chances pour que vous réitériez ces abus alimentaires : ils sont le moyen névrotique d'échapper au dilemme qui est le vôtre.

Expression sexuelle et culpabilité

Dans notre société, c'est peut-être dans le domaine de la sexualité que la culpabilisation fleurit le mieux. Nous avons déjà vu comment certains parents culpabilisent leurs enfants au niveau des actes ou des pensées sexuels. Les adultes ne sont pas moins culpabilisés que les enfants en ce qui concerne le sexe. On se cache pour aller voir un film pornographique afin que les autres ignorent vos turpitudes. Il y a des gens qui sont incapables d'avouer qu'ils prennent plaisir au coït oral et qui, souvent, se sentent même coupables quand l'idée les en effleure.

Les fantasmes sexuels sont également d'efficaces promoteurs de culpabilisation. Nombreux sont ceux qui se les reprochent et nient en avoir, même en privé ou devant leur médecin. En vérité, si je devais localiser un centre de culpabilisation dans le corps, je le situerais au niveau du bas-ventre.

Ce n'est là qu'un inventaire succinct des influences culturelles qui concourent à nous faire choisir la culpabilisation. Nous allons maintenant passer en revue les profits psychologiques qu'elle apporte, mais n'oublions pas que, quels que soient ses dividendes, la culpabilisation est fatalement négative et, la prochaine fois, rappelez-vous que si vous choisissez de vous sentir coupable, c'est au détriment de votre liberté.

Les bénéfices psychologiques de la culpabilisation

Les principales raisons pour lesquelles vous gâchez l'instant présent en vous reprochant des choses que vous avez faites ou que vous n'avez pas faites dans le passé sont les suivantes :

— En vous rongeant de remords à cause de quelque chose qui a déjà eu lieu, vous évitez d'utiliser le moment présent de façon efficace, épanouissante. Comme beaucoup d'autres conduites négatives, le sentiment de culpabilité est une technique d'évasion qui vous permet de ne pas faire d'efforts pour vous améliorer dans le présent. C'est ce que vous étiez ou n'étiez pas autrefois qui est responsable de ce que vous êtes ou n'êtes pas maintenant.

— Ce faisant, vous évitez non seulement l'effort de changer mais aussi les risques liés au changement. Il est plus facile de se bloquer en se culpabilisant à cause de quelque chose de passé que de s'engager sur la voie périlleuse de la conquête de soi.

— On a tendance à croire que si l'on se sent suffisamment coupable, les mauvaises actions que l'on a commises seront finalement absoutes. Le dividende du pardon est à la base du principe carcéral que nous avons évoqué plus haut et qui veut que le détenu rachète ses péchés en se repentant très longtemps. Plus le délit a été grave, plus la période de remords nécessaire pour obtenir le pardon sera longue.

Se sentir coupable peut être un moyen de retrouver la sécurité de l'enfance quand c'étaient les autres qui prenaient les décisions à votre place et s'occupaient de vous. Au lieu de vous prendre en main aujourd'hui, vous vous tournez vers les valeurs qui étaient autrefois celles de votre entourage. Là encore, le bénéfice est de vous empêcher de prendre en charge votre propre vie.

La culpabilisation est une méthode utile pour rendre autrui responsable de votre comportement. Il est facile de s'indigner d'être manipulé et, si vous vous sentez coupable, d'en accuser les autres, ces autres diaboliques, tellement puissants qu'ils peuvent vous faire éprouver tout ce qu'ils veulent, y compris des remords.

On peut souvent se faire approuver par les autres, même quand ils réprouvent votre comportement, en se sentant coupable de l'avoir. Peut-être a-t-on fait quelque chose de répréhensible. Mais en s'en repentant, on montre que l'on sait comment il convient de se conduire et que l'on cherche à se conformer à la règle.

Se sentir coupable est un moyen merveilleux pour se faire plaindre. Et tant pis si le désir d'inspirer pitié indique clairement que l'on se tient soi-même en faible estime. En l'occurrence, on aime mieux voir les autres compatir qu'être en accord avec soi même et se respecter.

Tels sont les avantages les plus notables que l'on retire de la culpabilisation. Comme toutes les autres émotions minorisantes, la culpabilisation est un choix, une chose que l'on contrôle. Si cette attitude vous déplaît et si vous souhaitez la faire disparaître, voici quelques tactiques de déculpabilisation que vous pouvez dès maintenant commencer à employer.

Quelques tactiques de déculpabilisation

Dites-vous que l'on ne peut jamais modifier le passé, si

122

désagréable qu'il soit. Ce qui est fait est fait. Vous aurez beau vous sentir aussi coupable que vous le voulez, vous n'y changerez rien. Gravez-vous cette maxime dans la tête : « Ce n'est pas en me sentant coupable que je changerai le passé et que je deviendrai quelqu'un de mieux. » Cela vous aidera à faire la distinction entre le remords et la leçon du passé.

— Demandez-vous ce que vous cherchez à fuir dans le présent en vous faisant des reproches sur le passé. En étudiant votre motivation, vous éliminerez le besoin de vous sentir coupable.

Le cas d'un de mes clients qui avait une maîtresse depuis un certain temps est un bon exemple de cette technique de déculpabilisation. Il se sentait coupable, prétendait-il, mais ça ne l'empêchait pas de rejoindre clandestinement sa belle toutes les semaines. Je lui fis remarquer que ce sentiment de culpabilité qu'il avait sans cesse à la bouche était une émotion parfaitement vaine. Cela n'améliorait en rien sa vie conjugale et l'empêchait même de tirer pleinement satisfaction de son aventure galante. Il avait le choix entre deux solutions. Ou bien il admettait qu'il cultivait le remords parce que c'était plus simple que de remettre en question sa vie matrimoniale — et lui-même ; ou bien il acceptait franchement son comportement. Il pouvait, dans ce cas, se rendre à l'évidence, excuser les coups de canif qu'il donnait dans le contrat et réaliser que son système de valeurs avait pour conséquence des conduites condamnées par beaucoup de personnes. Dans les deux hypothèses, il choisissait de se déculpabiliser et il ne lui restait que deux solutions : changer son comportement ou s'accepter tel qu'il était.

— Commencez à accepter certaines attitudes que vous avez choisi de pratiquer mais que d'autres peuvent désapprouver. De la sorte, si vos parents, votre chef de service, vos voisins, voire votre épouse, vous reprochent tel ou tel comportement, cela vous paraîtra tout à fait naturel. Rappelez-vous ce que nous avons dit plus haut au sujet de la recherche de l'approbation. Il est indispensable que vous vous approuviez vous-même. Etre approuvé par les autres, c'est agréable, mais la question n'est pas là. A partir du moment où vous n'aurez plus besoin de solliciter l'approbation d'autrui, vous cesserez automatiquement de vous sentir coupable si les autres réprouvent votre comportement.

-- Prenez un cahier et notez avec précision quand vous vous sentez culpabilisé, pourquoi, vis-à-vis de qui et ce que vous cherchez à éviter dans le présent en vous tourmentant pour un événement passé. Un tel journal vous permettra de mieux cerner votre zone de culpabilité.

-- Repensez votre système de valeurs. Quelles sont celles auxquelles vous croyez vraiment et celles auxquelles vous n'acquiescez que du bout des lèvres ? Etablissez la liste de toutes ces valeurs factices et prenez la résolution d'adopter la morale que vous choisirez vous-même et non le code qui vous est imposé par les autres.

-- Faites l'inventaire de toutes les mauvaises actions que vous avez commises. Notez-les de un à dix. Faites le total et demandez-vous si, que vous trouviez cent ou un million, cela change quelque chose dans le moment présent. Non, le moment présent sera toujours le même et se sentir coupable, c'est perdre son temps.

-- Evaluez les conséquences réelles de votre comportement. Au lieu de vous mettre en quête d'on ne sait quel sentiment mythique qui vous dira ce qu'il y a de positif et de négatif dans votre vie, demandez-vous si les conséquences de vos actes sont agréables et vous enrichissent.

-- Faites savoir aux personnes de votre entourage qui cherchent à vous culpabiliser que vous êtes tout à fait capable de survivre à leur désapprobation. Par exemple, si votre mère vous reproche de ne pas avoir fait ceci ou cela, si elle vous dit : « Je vais aller chercher les chaises, ne bouge surtout pas », efforcez-vous d'apprendre à réagir autrement, de répondre par exemple : « Eh bien, vas-y, maman. Si ça te plaît de risquer de te rompre le cou pour les monter sous prétexte que tu ne veux pas attendre quelques minutes, je ne vois pas comment je pourrais t'en dissuader. » Cela prendra du temps, mais le comportement des autres finira par changer lorsqu'ils se rendront compte qu'ils ne peuvent pas vous obliger à vous sentir coupable. Une fois la culpabilisation désamorcée, il sera impossible d'exercer sur vous un contrôle émotionnel et de vous manipuler.

— Faites une chose dont vous savez qu'elle engendrera chez vous un sentiment de culpabilité. A l'hôtel, si l'on met à votre disposition un chasseur chargé de vous conduire à une chambre que vous êtes tout à fait capable de trouver tout seul et si vous n'avez qu'une petite valise à la main, dites que vous n'avez besoin de personne. Si votre indésirable cornac insiste, expliquez-lui qu'il perd son temps et son énergie parce que vous ne rémunérerez pas un service dont vous ne voulez pas. Vous pouvez aussi prendre une semaine de vacances en solitaire comme vous avez toujours souhaité le faire, en dépit des protestations culpabilisantes de tous les membres de votre famille. En agissant de la sorte, vous arriverez petit à petit à surmonter le sentiment de culpabilité que, dans bien des domaines, votre environnement vous incite à choisir.

— Le dialogue suivant est extrait d'une séance de thérapie de groupe que j'ai eu l'occasion d'organiser. Une jeune femme de vingt-trois ans était en conflit avec sa mère (dont le rôle était tenu par un autre membre du groupe) parce qu'elle voulait quitter la maison. La mère avait recours à toutes les techniques de culpabilisation imaginables pour l'empêcher de voler de ses propres ailes. Pendant une heure, on apprit à la jeune fille comment détourner les arguments culpabilisateurs utilisés par la mère. Voici ce que cela donne :

La fille — Maman, je vais quitter la maison.

La mère — Eh bien, j'aurai une crise cardiaque. Tu sais combien mon cœur est fragile. Et tu sais que j'ai besoin de toi pour mes remèdes et tout le reste.

La fille — Tu t'inquiètes de ta santé et tu te figures que tu serais incapable de t'en tirer sans moi.

La mère — Evidemment que j'en serais incapable ! Voyons ! J'ai toujours fait l'impossible pour toi et, maintenant, tu veux t'en aller. Tu m'abandonnes, et tant pis si je meurs. Si c'est là tout l'amour que tu as pour ta mère, eh bien, va-t'en.

La fille — Tu crois que, parce que tu t'es occupée de moi

quand j'étais petite, je dois te rembourser en restant à la maison et en sacrifiant mon indépendance.

La mère (elle porte la main à sa poitrine) — Et voilà ! Maintenant, j'ai une crise de tachycardie. Je vais mourir, j'en suis sûre. Tu m'assassines, voilà tout.

La fille — As-tu quelque chose à me dire avant de mourir ?

La fille refuse de se laisser piéger par les arguments culpabilisants de sa mère. Elle a toujours été littéralement une esclave et chaque fois qu'elle a essayé d'avoir une vie personnelle, on l'a contrée en la culpabilisant. La mère est prête à faire n'importe quoi pour la garder sous sa coupe. La fille n'a que deux solutions : ou apprendre à réagir autrement, ou se résigner à être l'esclave de sa mère et de son sentiment de culpabilité jusqu'à la fin de ses jours. Remarquez bien les réponses : à tous les coups, par sa formulation, elle fait assumer à sa mère la responsabilité des sentiments qu'elle éprouve. En disant « Tu crois » au lieu de « je crois », elle évite avec tact de trop la culpabiliser.

Voilà ce qu'est le sentiment de culpabilité dans notre culture : un instrument de manipulation bien pratique et une inutile perte de temps. Se tracasser, l'autre côté de la médaille, revient au même que se sentir coupable et le diagnostic est identique. La seule différence, c'est que, dans ce cas, on s'obnubile sur l'avenir et sur les catastrophes épouvantables qui *risquent* de se produire.

Autopsie de l'inquiétude

Se tracasser ne sert à rien ! Absolument à rien. Vous pouvez décider aujourd'hui de passer le reste de votre vie à vous faire de la bile pour demain, ça ne changera rien à rien. N'oubliez pas la définition de l'inquiétude de l'avenir : c'est se bloquer dans le présent à propos de choses qui se produiront ou qui ne se produiront pas dans le futur. Mais attention : il ne faut pas confondre le fait de se faire du souci pour l'avenir et le fait de faire des projets d'avenir. Faire des projets, c'est préparer un avenir plus efficace, ce n'est pas s'inquiéter du lendemain.

De même qu'elle engendre la culpabilité, notre société favorise l'inquiétude. C'est toujours la même chose : au départ, on assimile l'inquiétude à l'intérêt que l'on porte à autrui. Si vous vous souciez de quelqu'un, le message passe et vous vous tracassez fatalement pour la personne en question. Alors, on entend des phrases dans ce genre : « Bien sûr que je m'inquiète. Il est bien normal de se tourmenter pour quelqu'un. » Ou : « Je ne peux pas m'empêcher de me faire du souci parce que je t'aime. » C'est ainsi que l'on manifeste son amour : en se tracassant comme il faut au moment où il faut.

C'est là une maladie endémique caractéristique de notre culture. La plupart des gens consacrent un temps fou à s'inquiéter de l'avenir. Et tout ça pour rien. Se torturer n'améliore pas les choses. En fait, cela tend à affaiblir votre efficacité dans le présent. Par-dessus le marché, cela n'a rien à voir avec l'amour qui présuppose un rapport dans lequel chaque personne a le droit d'être ce qu'elle choisit d'être sans être obligée de souscrire aux conditions imposées par autrui.

Supposons que nous soyons en 1860 au début de la guerre de Sécession. La nation se mobilise. La population des Etats-Unis s'élève à environ trente-deux millions de personnes. Chacune a une multitude de sujets d'inquiétude et consacre une large part de son temps à se faire du mauvais sang pour l'avenir. Elles songent à la guerre, à la hausse des prix, à la sécheresse, à la situation économique — à tout ce qui nous inquiète aujourd'hui. En 1975, cent quinze ans plus tard, tous ces gens qui s'inquiétaient sont morts et toute la bile qu'ils se sont faite n'a rien changé à ce qui est, maintenant, de l'histoire.

C'est exactement la même chose quand vous vous faites de la bile. Lorsque la terre sera habitée par nos descendants, à quoi vous aura-t-il servi de vous en faire ? A rien. Et aujourd'hui, se faire du mauvais sang change-t-il quelque chose à quoi que ce soit ? En aucune façon.

Eh bien, il faut épousseter tout cela puisque vous gâchez ainsi des instants précieux en adoptant un comportement qui ne vous apporte rien de positif.

La plupart du temps, on s'inquiète pour des choses sur

lesquelles on est sans pouvoir. Vous pouvez vous tourmenter tout à loisir en pensant à la guerre, à la situation économique ou à d'éventuelles maladies : cela n'apportera ni la paix, ni la prospérité, ni la santé. Dans ces domaines, l'individu ne peut pas grand-chose. En outre, il est fréquent que le désastre que l'on redoute, s'il intervient, se révèle moins épouvantable qu'on l'imaginait.

Un de mes patients, Harold, un homme de quarante-sept ans, avait peur de perdre sa situation et de ne plus pouvoir nourrir sa famille. C'était un inquiet de naissance. Il maigrissait, il avait des insomnies et était souvent malade. Lors de nos séances, nous parlions de l'inutilité qu'il y a à se tourmenter et de la façon dont il pouvait décider d'être heureux de son sort. Mais Harold avait l'inquiétude dans la peau : il lui était indispensable de se tracasser tous les jours en pensant à la catastrophe imminente. Finalement, au bout de plusieurs mois, il fut licencié et se retrouva au chômage pour la première fois de sa vie. Trois jours plus tard, il avait décroché un autre emploi mieux payé et qui lui plaisait davantage. Sa tendance au pessimisme l'avait éperonné. Il s'était acharné et avait rapidement trouvé une nouvelle situation. Tout le souci qu'il s'était fait avait été inutile. Les siens n'étaient pas morts de faim et il n'avait pas sombré. En définitive, ce qu'il redoutait avait eu un résultat favorable et il apprit ainsi qu'il est vain de se ronger. Depuis, il a changé d'attitude et il ne se tourmente plus.

Vous appartenez peut-être à la catégorie des inquiets professionnels qui s'inventent des angoisses inutiles parce qu'ils ont choisi de se tracasser dans tous les domaines imaginables. La liste qui suit rassemble les réponses les plus courantes à la question : « Quels sont mes sujets d'inquiétude ? » .

Quelques comportements d'inquiétude
caractéristiques de notre culture

La liste ci-dessous a été établie après un sondage effectué auprès d'environ deux cents adultes devant lesquels j'avais fait une conférence. Vous pouvez, à partir d'elle, vous attribuer des « points d'inquiétude » analogues aux « points de culpabilité » dont nous avons parlé plus haut. Les phrases entre guillemets ont pour but de préciser le genre de déclarations par lesquelles on justifie ses inquiétudes.

Quels sont mes sujets d'inquiétude

1. *Mes enfants :* « Tout le monde se tourmente pour ses enfants. Je ne serais pas un très bon père (ou une très bonne mère) si je ne me faisais pas de soucis pour eux. »

2. *Ma santé :* « Si l'on ne se préoccupe pas de sa santé, on risque de mourir à tout moment ! »

3. *La mort :* « Personne n'a envie de mourir. Tout le monde redoute la mort. »

4. *Mon travail :* « Si l'on ne se soucie pas de son travail, on risque de perdre son emploi. »

5. *La situation économique :* « Il faut bien que quelqu'un s'en préoccupe. Le président n'a pas l'air de s'en soucier. »

6. *Avoir une crise cardiaque :* « Tout le monde a peur de ça, n'est-ce pas ? » « Le cœur peut lâcher à tout instant. »

7. *La sécurité :* « Si l'on ne se préoccupe pas de sa sécurité, on finit par se retrouver à l'asile. »

8. *Le bonheur de ma femme - ou de mon mari :* « Dieu sait que je passe assez de temps à m'inquiéter de son bonheur et personne ne s'en rend compte. »

9. *Ai-je raison de faire ce que je fais ? :* « Je m'inquiète toujours de savoir si je fais ce qu'il faut. Comme ça, je sais que je ne me trompe pas. »

10. *Que l'enfant que j'attends soit bien portant :* « C'est le souci de toutes les futures mamans. »

11. *Le coût de la vie :* « Il faut bien qu'on se préoccupe des prix avant qu'ils ne se mettent à flamber. »

12. *Les accidents :* « J'ai toujours peur que ma femme ou mes enfants aient un accident. C'est bien naturel, n'est-il pas vrai ? »

13. *Ce que penseront les autres :* « J'appréhende toujours de déplaire à mes amis. »

14. *Mon poids :* « Personne n'a envie de grossir Aussi, il est normal que j'aie le souci de ne pas rattraper les kilos que j'ai perdus. »

15. *L'argent :* « Il me semble que nous n'en ayons jamais suffisamment et j'ai peur que nous soyons un jour ruinés et réduits à la charité publique. »

16. *La panne de voiture :* « C'est un vieux tacot et comme je fais de l'autoroute, ça m'inquiète et j'ai peur de ce qui arrivera si la voiture m'abandonne. »

17. *Les factures :* « Tout le monde se fait du souci à cause de ses dettes. On ne serait pas des humains si l'on ne s'en faisait pas. »

18. *Que mes parents meurent :* « Je ne sais pas ce que je ferais si mes parents mouraient. J'en suis malade. J'ai peur de me retrouver seul. Je ne crois pas que je pourrais le supporter. »

19. *Aller au paradis ou se demander si Dieu n'existe pas :* « L'idée du néant m'est intolérable. »

20. *Le temps :* « Je prévois un pique-nique, par exemple, mais peut-être qu'il pleuvra. Quand je dois aller aux sports d'hiver, je crains qu'il n'y ait pas de neige. »

21. *Vieillir :* « Personne ne désire devenir vieux et ne me racontez pas de blagues : ça fait peur à tout le monde. » « Je ne sais pas ce que je ferai quand je serai à la retraite et ça me tracasse beaucoup. »

22. *Prendre l'avion :* « On entend tout le temps parler d'accidents d'avion. »

23. *La virginité de ma fille :* « Tous les pères qui aiment leur fille craignent qu'elle n'ait des ennuis. »

24. *Prendre la parole en public :* « Devant une foule, je suis paralysé et quand je dois parler, ça me rend fou rien que d'y penser. »

25. *Quand ma femme (ou mon mari) ne téléphone pas :* « Il me semble normal que l'on s'inquiète lorsqu'on ignore où se trouve la personne que l'on aime et si elle a des ennuis. »

26. *Aller en ville :* « Qui sait ce qui peut arriver dans une jungle pareille ! Chaque fois que je dois aller en ville, j'ai peur. » « Je m'inquiète toujours de savoir si je trouverai un endroit où me garer. »

Enfin, et c'est peut-être la réponse la plus névrotique de toutes :

27. *N'avoir aucun sujet d'inquiétude :* « Je suis incapable de rester assis à me tourner les pouces quand tout semble aller bien. J'appréhende ce qui arrivera plus tard. »

Tels sont les sujets d'inquiétude les plus couramment répandus dans notre culture. Vous pouvez noter tous ceux qui vous paraissent s'appliquer à votre cas et faire le total : Le chiffre que vous obtiendrez n'a aucune importance − il sera toujours égal à zéro.

Si l'on veut éliminer l'inquiétude, il est nécessaire de comprendre ce qu'elle dissimule. Si elle occupe une part importante de votre vie, vous pouvez être sûr qu'elle a beaucoup d'antécédents historiques. Mais quels avantages en tire-t-on ? Les mêmes que les dividendes névrotiques qu'apporte le sentiment de culpabilité puisque, dans un cas comme dans l'autre, on a affaire à des comportements négatifs qui ne se distinguent que du point de vue temporel. La culpabilité est axée sur le passé, l'inquiétude sur l'avenir.

Les avantages psychologiques de l'inquiétude

− Se faire du mauvais sang est une activité qui se situe dans le moment présent. Par conséquent, en se bloquant sur un moment situé dans l'avenir, on peut échapper à l'immédiat et à ce qui vous menace dans l'immédiat. Voici un exemple. En 1974, j'ai passé l'été à Karamursel, en Turquie, à donner des cours et à écrire un livre de psychologie pratique. Ma fille, âgée de sept ans, était rentrée aux Etats-Unis avec sa mère. J'aime écrire, mais c'est aussi une tâche difficile qui exige beaucoup de discipline de soi et l'on se sent très seul. Je m'asseyais devant ma machine, je mettais le papier en place, je réglais les marges et, brusquement, mes pensées s'envolaient vers la petite Tracy Lynn. Si elle sort à bicyclette dans la rue et qu'elle ne fait pas attention... pourvu qu'on la surveille à la piscine parce qu'elle est tellement étourdie... Avant que je m'en sois rendu compte, une heure s'était écoulée − une heure que j'avais passée à me mettre martel en tête. Cela ne servait à rien, bien sûr. Mais était-ce bien vrai ? Pendant tout le temps où je me faisais de la bile, j'échappais à la pénible corvée consistant à écrire mon livre. C'était tout bénéfice !

En se servant de son inquiétude comme alibi pour pratiquer l'immobilisme, on peut éviter de prendre des risques. En effet, comment pourrait-on agir en ayant l'esprit accaparé par des soucis ? « Je ne peux rien faire, je me tourmente trop... » C'est là une complainte banale. Et c'est rentable : de la sorte, on demeure passif et l'on se détourne des risques de l'action.

Parce que vous vous inquiétez, vous pouvez proclamer que vous pensez aux autres. C'est la preuve que vous êtes un bon père ou une bonne mère, un bon époux ou une bonne épouse, un bon n'importe quoi. C'est tout profit bien que cela ressortisse à une mentalité illogique et malsaine.

Dire que l'on est un inquiet excuse certains comportements négatifs. Si vous faites de l'obésité, vous mangez certainement davantage quand vous vous faites du souci : quelle merveilleuse raison de persister dans ce comportement ! De même, vous vous apercevez que vous fumez plus quand vous avez des problèmes et vous excipez de cela pour remettre à plus tard la décision de renoncer au tabac. Le même système de récompenses névrotiques s'applique à bien d'autres domaines — le mariage, l'argent, la santé, etc. Vous torturer vous aide à ne pas changer. Si l'on a une douleur dans la poitrine, il est plus aisé de se faire du mauvais sang que de chercher à connaître la vérité et de se trouver alors obligé de s'occuper immédiatement de soi.

S'inquiéter empêche de vivre. L'inquiet passe son temps à ruminer dans son coin alors que l'homme d'action prend les choses à bras-le-corps. Se tourmenter est un bon truc pour demeurer passif et il est évidemment plus facile — mais moins payant — de se tourmenter que d'agir et de se lancer à l'eau.

— Se tracasser peut causer des ulcères, de la tension, des crampes, des migraines, des douleurs dorsales et *tutti quanti*. Ce ne sont peut-être pas là des récompenses, mais les autres s'intéressent à vous, s'apitoient et il y a des gens qui préfèrent la compassion à la plénitude de soi.

Maintenant que vous comprenez la base psychologique de votre tendance à vous tourmenter, vous voilà en mesure de mettre en œuvre des tactiques pour exterminer l'inquiétude, cette petite bête qui prolifère dans cette zone de brouillage particulière.

Quelques tactiques d'élimination de l'inquiétude

— Il faut, pour commencer, considérer que l'instant présent est fait pour être vécu et non pour s'obnubiler sur l'avenir. Quand vous vous surprenez à vous tourmenter, demandez-vous : « Qu'est-ce que je cherche à éviter en me tracassant maintenant ? » et attaquez-vous de front à la chose que vous voulez éviter. Le meilleur antidote à l'inquiétude est l'action. Un de mes clients, qui avait naguère tendance à se faire de la bile, me raconta un jour comment il avait triomphé de ce penchant. Il était en vacances et il fit connaissance au sauna d'un monsieur qui se tourmentait sans répit. Il parla longtemps à mon client de tout ce qui aurait dû tracasser celui-ci. Il évoqua le marché des valeurs mais ajouta que ses fluctuations à court terme le laissaient indifférent : dans six mois, ce serait pratiquement la débâcle et c'était de cela qu'il convenait vraiment de s'inquiéter. Après cette conversation, mon client fit une partie de tennis, joua au foot avec des enfants, participa avec sa femme à un double au ping-pong qui leur fit le plus grand plaisir et, trois heures plus tard, retourna au sauna prendre une douche. Son nouvel ami était encore là, toujours en train de se torturer et il se mit en devoir de dresser un nouvel inventaire de ses sujets de tourment. Mon client avait passé une excellente journée, vécu intensément l'instant présent alors que le monsieur du sauna marinait dans ses soucis. Et ni ce qu'avait fait l'un ni ce qu'avait fait l'autre n'avait eu la moindre influence sur la Bourse.

— Prenez conscience que se tracasser n'a aucun sens. Demandez-vous inlassablement : « Est-ce que me casser la tête sur ceci ou cela modifiera la tournure que prendront les événements ? »

— Assignez-vous des périodes de « cassage de tête » de plus en plus brèves. Accordez-vous dix minutes le matin et dix minutes l'après-midi pour vous faire de la bile et ressassez alors toutes les catastrophes en puissance que vous serez capable de passer en revue pendant ce laps de temps. Et ensuite, faisant appel à votre faculté de contrôler vos pensées, cessez de vous tourmenter jusqu'à la période de « cassage de tête » suivante. Vous ne tarderez pas à vous rendre compte de l'absurdité qu'il y a à gaspiller son temps aussi vainement et vous finirez par gommer complètement cette tendance à vous tracasser.

— Dressez la liste complète des choses pour lesquelles vous vous êtes tracassé hier, la semaine dernière et même l'année passée. Et demandez-vous si un seul de ces « cassages de tête » s'est avéré productif. Demandez-vous aussi combien de fois vos craintes se sont matérialisées. Vous verrez rapidement que se tourmenter est une activité doublement inutile. Cela ne change rien à l'avenir et, souvent, la catastrophe que l'on prévoit se révèle n'être qu'un désagrément mineur au moment où elle se produit — quand ce n'est pas un bienfait.

— *Allez-y Tourmentez-vous !* Quand ça vous démange de vous tracasser, essayez de voir si vous pouvez extérioriser votre état d'esprit. Pour cela, retournez-vous vers quelqu'un et dites : « Regardez-moi... Je vais me faire de la bile. » Votre interlocuteur sera ahuri car vous ne saurez probablement même pas comment manifester concrètement le comportement qui est si fréquemment le vôtre.

— Il existe une question de nature à éliminer définitivement votre besoin de vous tracasser : « Quelle est la chose la plus terrible qui pourrait m'arriver (à moi ou à autrui) et quelle probabilité a-t-elle de se produire ? » Vous découvrirez en vous la posant à quel point il est absurde de se tourmenter.

— Agissez délibérément d'une manière opposée à votre tendance à vous faire du mauvais sang. Si vous économisez fébrilement en songeant à l'avenir, si vous craignez perpétuellement de vous trouver sans un sou le lendemain, dépensez votre argent aujourd'hui. Faites comme cet oncle à héritage qui écrivit dans son testament : « Etant sain de corps et d'esprit, j'ai dépensé toute ma fortune pendant que j'étais vivant. »

— Affrontez vos craintes avec un état d'esprit et un comportement positifs. Il y a quelque temps, un de mes amis a passé une semaine sur une île au large du Connecticut. Sa femme, qui aime faire de longues promenades à pied, s'aperçut bientôt que l'île en question pullulait de chiens errants. Elle prit la décision de lutter contre la peur qu'elle avait de se faire mordre, voire lacérer – l'ultime calamité. Se munissant d'une pierre par mesure de sécurité, elle résolut de ne montrer aucun signe de frayeur à la vue des chiens. Elle ne ralentissait même pas l'allure quand les molosses se précipitaient vers elle en grondant. Et devant cette personne qui refusait de battre en retraite, les chiens renonçaient à charger et s'éloignaient. Je ne préconise pas d'adopter un comportement dangereux, mais je crois fermement que défier ce qui vous fait peur ou ce qui vous tourmente est le moyen le plus efficace de se débarrasser de ses craintes.

Ces quelques techniques sont utiles pour en finir avec le « cassage de tête ». Mais l'arme souveraine est la détermination de bannir une fois pour toutes ce comportement névrotique.

Pour conclure sur l'inquiétude et la culpabilité

Le moment présent est la clé qui vous permet de comprendre vos activités motivées par la culpabilité et l'inquiétude. Apprenez à vivre dans l'immédiat et à ne pas dilapider le moment présent en vous cristallisant sur le passé ou sur l'avenir. Le moment présent est le seul qui existe. Se sentir coupable et se tourmenter, cela ne sert à rien et accapare le fugace présent.

Lewis Carroll nous enseigne dans la *Traversée du miroir* à vivre au présent :

« La règle est la suivante : confiture demain et confiture hier mais jamais confiture aujourd'hui. »

— Confiture aujourd'hui doit bien arriver quelquefois », objecta Alice.

Et vous ? Confiture aujourd'hui ? Puisque cela doit arriver quelquefois, pourquoi pas dès maintenant ?

VI

Explorer l'inconnu

Seul celui qui ne se sent pas en sécurité
cherche la sécurité.

Vous êtes peut-être un technicien de la sécurité, quelqu'un qui fuit l'inconnu, qui aime mieux savoir toujours où il va et ce qu'il trouvera quand il arrivera. La façon dont on éduque l'enfant dans notre société tend à encourager la prudence aux dépens de la curiosité, la sécurité aux dépens de l'aventure. Détourne-toi de ce qui incertain, ne t'écarte pas des chemins rebattus, méfie-toi de l'inconnu. Ces messages qui nous sont transmis dans la prime enfance deviennent une barrière psychologique qui vous empêche de mille manières de vous accomplir pleinement et de vivre heureux dans le moment présent.

Einstein, qui consacra sa vie à l'exploration de l'inconnu, écrivait dans un article intitulé « Ce que je crois », paru dans *Forum* en octobre 1930 :

> Le mystère est la chose la plus merveilleuse que l'on puisse expérimenter. Il est la source véritable de tout art et de toute science.

Il aurait pu ajouter que le mystère est aussi la source de tout épanouissement et de tout enthousiasme.

Mais trop de gens identifient l'inconnu au danger Pour eux, vivre c'est s'en tenir aux certitudes, savoir toujours où l'on va. Seuls les imprudents se risquent à explorer les zones de pénombre de la vie et ils ont des surprises, il reçoivent des coups — et, ce qui est plus grave, ils n'y sont pas préparés. Quand vous étiez boy-scout, votre devise était *Toujours prêt*. Mais comment être prêt pour l'inconnu ? C'est manifestement impossible. Donc, dérobons-nous devant lui comme ça, on est sûr qu'il n'y aura pas de retour de manivelle. Reste à l'abri, ne prends pas de risques, suis les cartes routières — même si c'est monotone.

Peut-être commencez-vous à être fatigué de toutes ces certitudes, fatigué de savoir ce que sera chaque journée avant même qu'elle n'ait commencé. On ne peut s'épanouir quand on connaît la réponse à toutes les questions avant qu'elles ne soient posées. Les moments que vous vous rappelez sans doute le mieux sont ceux où tout était spontané, où vous faisiez ce que vous vouliez et éprouviez le frisson délicieux du mystère à venir.

Les messages de la certitude nous relancent tout au long de l'existence. D'abord, c'est la famille. Puis les éducateurs prennent le relais. L'enfant apprend à se détourner de l'expérimentation, on l'encourage à fuir ce qu'il ne connaît pas. Il ne faut pas que tu te perdes. Veille à connaître les réponses. Reste avec tes semblables.

Si vous êtes toujours fidèle à ces peureuses invites, il est temps de vous en libérer. Débarrassez-vous de l'idée que vous êtes incapable d'adopter un comportement nouveau qui fasse bon marché des certitudes. Si vous voulez le faire, vous le pouvez. Mais il faut, pour cela, comprendre le mécanisme du réflexe conditionné qui vous fait repousser les expériences.

Etre disponible à l'expérience

Si vous croyez profondément en vous, tout vous est possible. La totalité de l'expérience humaine est à votre disposition dès l'instant où vous décidez de vous aventurer en territoire vierge sans demander de garanties d'aucune sorte. Songez à tous ceux que l'on tient pour des génies et dont la vie a été une spectaculaire réussite. C'étaient des gens qui n'étaient pas seulement capables d'exceller dans un domaine unique. C'étaient des gens qui n'avaient pas peur d'affronter l'inconnu. Benjamin Franklin, Ludwig von Beethoven, Léonard de Vinci, Jésus-Christ, Albert Einstein, Galilée, Bertrand Russell, George Bernard Shaw, Winston Churchill, tous ceux-là et beaucoup d'autres qui leur ressemblaient ont été des pionniers, des explorateurs. Ils ont quitté les sentiers battus. C'étaient des gens comme vous et moi, à cette différence près qu'ils ont traversé des terres inconnues où les autres n'osaient pas se risquer. Albert Schweitzer, qui était, lui aussi, un homme de la Renaissance, a dit un jour, reprenant le mot de Térence : « Rien de ce qui est humain ne m'est étranger. » Vous pouvez vous considérer avec un œil neuf et tenter des choses dont vous ne vous imaginiez même pas capable — vous pouvez aussi vous obstiner à faire toujours les mêmes choses de la même façon jusqu'à votre dernier soupir. Les grands hommes, c'est un fait, donnent l'impression d'être uniques en leur genre et leur grandeur éclate généralement dans la qualité de leurs explorations et dans l'audace avec laquelle ils se sont lancés dans l'inconnu.

Etre disponible pour de nouvelles expériences implique de renoncer à l'idée qu'il vaut mieux se résigner à quelque chose qui vous est familier plutôt que de s'efforcer de le changer parce que le changement est lourd d'incertitudes. Peut-être en êtes vous arrivé à estimer que votre moi est fragile et qu'il risque aisément de se briser si vous vous aventurez en terre inconnue ? C'est une légende. Vous êtes un roc. Non, vous ne vous briserez pas, vous ne volerez pas en éclats si vous êtes confronté à la nouveauté. Mieux encore : Vous aurez beaucoup plus de chances d'échapper à l'effondrement psychologique si vous élaguez quelque peu la routine et la monotonie qui sont le tissu de votre vie. L'ennui est débilitant et psychologiquement malsain. C'est quand la vie cesse de vous intéresser que vous devenez vulnérable. Si vous ajoutez le piment de l'incertitude à votre existence, vous ne choisirez pas la mythique dépression nerveuse.

« Si c'est insolite, je dois l'éviter. » Peut-être avez-vous aussi adopté cette mentalité qui vous interdit d'être disponible pour des expériences nouvelles. Ainsi, quand des sourds dialoguent par gestes, vous les regardez faire avec curiosité mais sans jamais essayer d'entrer dans la conversation. De même, quand vous rencontrez des gens qui parlent une langue étrangère, au lieu de faire l'effort voulu pour essayer d'établir plus ou moins un contact avec eux, il est fort probable que vous poursuiviez votre chemin et fuyez ce continent inconnu : communiquer dans une autre langue que la vôtre. Innombrables sont les activités et les gens qui sont frappés d'un tabou pour la simple raison qu'ils sont inconnus. Les homosexuels, les travestis, les handicapés, les débiles, les nudistes et bien d'autres encore appartiennent à cette catégorie. Avec eux, vous ne savez pas très bien quelle attitude avoir, aussi les évitez-vous purement et simplement.

Il est possible, également, que vous estimiez impératif d'avoir un motif pour faire quelque chose. Sinon à quoi bon le faire ? Balivernes ! Vous pouvez faire tout ce que vous voulez uniquement parce que vous le voulez sans avoir besoin d'autre motif. Chercher une raison pour faire quelque chose vous maintient à l'écart d'expériences inédites et passionnantes. Quand vous étiez enfant, vous pouviez jouer pendant une heure avec une sauterelle parce que vous aimiez cela, tout bêtement. Vous faisiez de l'escalade, vous exploriez la forêt. Pourquoi ? Parce que vous en aviez envie. Mais l'adulte que vous êtes devenu doit avoir une bonne raison pour faire quelque chose. Cette passion de la motivation étouffe votre disponibilité et bloque votre épanouissement. Quelle liberté de savoir que l'on n'a aucun besoin de justifier quoi que ce soit aux yeux de qui que ce soit, y compris à ses propres yeux !

Emerson note dans son *Journal* à la date du 11 avril 1834 :

> Quatre serpents glissaient et se lovaient dans un trou sans que je puisse discerner pour quel motif. Ce n'était pas pour manger, ce n'était pas pour s'aimer... mais simplement pour glisser.

Vous pouvez faire n'importe quoi parce que vous voulez le faire et sans aucune autre raison. Ce principe vous ouvrira des horizons neufs et vous aidera à chasser cette peur de l'inconnu dont vous avez peut-être fait votre principe de vie.

Rigidité contre spontanéité

Etes-vous capable d'être disponible devant la nouveauté ou vous cramponnez-vous obstinément à votre comportement habituel ? Etre spontané, c'est pouvoir essayer n'importe quoi suivant l'inspiration du moment uniquement pour le plaisir. Peut-être vous apercevrez-vous à l'usage que cela ne vous plaît pas, mais vous aurez eu le plaisir de faire cette tentative . On vous accusera vraisemblablement de légèreté ou d'insouciance, mais qu'importe le jugement d'autrui à côté de cette découverte fascinante : se lancer dans l'inconnu ?

Beaucoup de personnes haut placées ont bien de la difficulté à être spontanées. Elles mènent une existence figée, sans se rendre compte des absurdités qu'elles endossent aveuglément. Démocrates et républicains cautionnent inconditionnellement les déclarations des leaders du parti et votent selon la ligne. Les ministres qui s'expriment spontanément et sincèrement sont le plus souvent d'ex-ministres. On décourage l'indépendance d'esprit, on impose des normes de pensée et d'expression officielles. Les béni-oui-oui ne sont pas spontanés. Ils ont follement peur de l'inconnu. Ils sont conformistes. Ils font ce qu'on leur dit. Ne remettant jamais rien en question, ils s'appliquent rigidement à avoir l'attitude que l'on attend d'eux.

Faites votre examen de conscience et demandez-vous si vous appartenez à cette catégorie. Savez-vous être vous-même ? Etes-vous capable de vous engager spontanément sur des voies dont vous ne savez pas exactement où elles mènent ?

Les gens rigides ne s'accomplissent pas. Ils ont tendance à agir comme ils l'ont toujours fait. Un de mes confrères qui enseigne dans une école d'instituteurs demande souvent aux collègues qui font leurs cours depuis trente ans et plus : « Avez-vous vraiment enseigné pendant trente ans ou avez-vous enseigné trente fois une seule année ? » Et vous, ami lecteur, avez-vous vraiment vécu dix mille jours ou dix mille fois un jour ? Voilà une bonne question pour celui qui cherche à mettre un peu plus de spontanéité dans son existence.

Préjugés et rigidité

La rigidité est à la racine des préjugés. Le préjugé a moins pour base l'antipathie, voire la haine que l'on éprouve pour certaines personnes, certaines idées ou certaines activités que le fait qu'il est plus facile et moins risqué de s'en tenir à ce que l'on connaît— autrement dit, ce qui vous est semblable. Vos préjugés vous paraissent avantageux. Ils vous maintiennent à l'écart des gens, des choses et des pensées que vous ne connaissez pas et qui pourraient vous embarrasser. Mais, en réalité, ils travaillent contre vous car ils vous empêchent d'explorer l'inconnu. Etre spontané, c'est chasser nos idées toutes faites et accepter d'être confrontés à des gens et des idées inconnus. En soi, les jugements préconçus sont une soupape de sécurité : ils nous permettent de ne pas nous aventurer dans les ténèbres, mais nous empêchent de nous développer. Si vous n'avez confiance en personne, vous ne serez pas de ceux qu'on manipule. En fait, cela signifie que vous n'avez pas confiance en vous quand vous n'êtes pas sur un terrain familier.

Le piège : avoir toujours un plan

La spontanéité planifiée, cela n'existe pas. C'est une contradiction dans les termes. Nous connaissons tous des gens qui traversent l'existence avec une carte routière et une liste, qui sont incapables de changer d'un iota leur plan originel. Avoir un plan n'est pas obligatoirement malsain, mais tomber amoureux d'un plan, voilà la vraie névrose. Peut-être avez-vous programmé votre vie, peut-être savez-vous ce que vous ferez à 25 ans, à 30, à 40, à 50, à 70 et la suite. Vous vous contentez de jeter un coup d'œil sur votre profil de carrière pour voir où vous en êtes au lieu de prendre chaque jour une décision nouvelle avec une foi en vous suffisante pour modifier votre programme. Ne vous laissez pas manger par les plans.

Un de mes clients, Henry, âgé de 25 ans, souffrait d'une grave névrose « planificatrice » qui avait pour résultat de lui faire manquer un grand nombre d'occasions intéressantes. Quand il avait 22 ans, on lui avait proposé une situation dans un autre Etat. Mais l'idée d'aller ailleurs le pétrifiait littéralement. Que ferait-il en Georgie ? Où s'installerait-il ? Et ses parents ? Et ses amis ? La peur de l'inconnu le paralysait et il refusa une éventuelle promotion, un travail neuf et intéressant, un changement de décor, préférant rester où il était. C'est à la suite de cela qu'il vint me consulter. Il sentait qu'en se soumettant rigidement comme il le faisait à un plan, il ne s'accomplissait pas et, pourtant, il avait peur de rompre avec cette vieille pratique. La séance exploratoire révéla que Henry était un véritable fanatique de la planification. Il mangeait toujours la même chose au petit déjeuner, prévoyait plusieurs jours à l'avance ses visites chez le tailleur, rangeait méthodiquement ses affaires dans le tiroir en fonction de leur taille et de leur couleur. Mieux encore : il imposait sa planification à sa famille. Les enfants devaient ranger leurs jouets à leur place et il obligeait sa femme à se conformer à des règles rigoureuses. Bref, bien qu'il fût admirablement organisé, Henry était très malheureux. Il manquait de créativité, d'esprit d'invention et de chaleur humaine. En vérité, il était lui-même un programme fait chair. Son seul but dans l'existence était que chaque chose soit à sa place.

A la suite de nos entretiens, il essaya de vivre avec un peu plus de spontanéité. Il se rendit compte que ses plans étaient le résultat des manipulations dont il était l'objet et qu'ils étaient un alibi commode pour ne pas s'aventurer dans l'inconnu. Peu à peu, il se fit moins tyrannique et laissa sa femme et ses enfants agir autrement que prévu. Au bout de quelques mois, il sollicita un emploi qui l'obligerait à voyager souvent : il avait fini par désirer ce qui, avant, le terrorisait. Si Henry n'est certes pas devenu un être totalement spontané, il est parvenu à triompher de certains modes de pensée névrotiques qui sous-tendaient, auparavant, une existence programmée. Il continue de lutter jour après jour et d'apprendre à jouir de la vie au lieu d'en faire un rite.

Sécurité intérieure et sécurité extérieure

Quand vous étiez à l'école, on vous a appris à faire une rédaction. On vous a dit qu'il fallait une bonne introduction, un développement bien structuré et une conclusion. Hélas, vous avez peut-être appliqué la même logique à votre existence et fini par assimiler le fait de vivre à la composition d'une dissertation. L'introduction, c'était l'enfance pendant laquelle vous vous prépariez à devenir une grande personne , le développement, votre vie adulte organisée et planifiée en vue de la conclusion, à savoir la retraite et une fin heureuse. Cet esprit de système vous empêche de vivre le moment présent. Vivre selon ce plan implique la certitude que tout ira toujours bien. La sécurité, le plan ultime, c'est bon pour les cadavres. La sécurité, cela veut dire : pas d'enthousiasme, pas de risques, pas de défis. La sécurité, cela veut dire : ne pas se développer — et ne pas se développer, c'est mourir. De plus, la sécurité est un mythe. Tant que l'on sera sur terre et tant que le système demeurera ce qu'il est, on ne connaîtra jamais la sécurité. Et même si elle n'était pas un mythe, quelle vie horrible ce serait ! La certitude exclut la joie — et l'épanouissement.

Le mot « sécurité » dans le sens où nous l'entendons ici se réfère à des garanties extérieures, à des possessions comme l'argent, une maison, une voiture, à des remparts tels que sa situation ou la position que l'on occupe dans la société. Mais il existe une autre sorte de sécurité qui mérite qu'on la recherche : la sécurité interne, c'est-à-dire le fait de se croire capable d'affronter tout ce qui risque de survenir. C'est la seule sécurité durable, la seule sécurité réelle. Les choses peuvent se briser entre vos doigts, les crises économiques vous ruiner, on peut vous reprendre votre maison, mais vous pouvez, vous, être un rocher de confiance en soi. Vous pouvez avoir une foi si profonde en vous et en votre force

144

intérieure que tout le reste, choses et gens, ne seront à vos yeux que de simples accessoires, agréables, certes, mais superflus.

Imaginez ceci : brusquement, alors que vous êtes en train de lire ce livre, quelqu'un vous enlève, vous dépouille de vos vêtements et vous embarque, tout nu, dans un hélicoptère. Sans préavis, sans vous laisser le temps de prendre d'argent. Supposez que votre ravisseur vous dépose en plein champ au beau milieu de la Chine. Vous vous heurterez à l'obstacle d'une langue inconnue, de mœurs étrangères et d'un climat nouveau. En face de cela, vous ne disposerez de rien. Sauf de vous-même. Survivrez-vous ou serez-vous détruit ? Pourrez-vous vous faire des amis, vous nourrir, trouver un toit, etc. ? Ou resterez-vous prostré à vous lamenter sur votre sort infortuné ? Si la sécurité extérieure vous est indispensable vous êtes sûr de périr car vous ne possédez plus rien. Mais si vous avez la sécurité intérieure et si vous n'avez pas peur de l'inconnu, vous vous en tirerez. On peut donc donner une autre définition de la sécurité : savoir que l'on est capable de faire face à n'importe quoi, même à l'absence de sécurité extérieure. Ne vous laissez pas prendre au piège de la sécurité extérieure qui vous ampute de votre capacité de vivre, de vous épanouir et de vous accomplir. Regardez les gens qui n'ont pas cette sécurité extérieure, qui n'ont pas de cartes toutes prêtes. Peut-être vous ont-ils largement distancés. A tout le moins, ils peuvent tenter des expériences nouvelles et éviter de tomber dans le traquenard de la sécurité permanente et définitive. Prêtez l'oreille à ce petit poème de James Kavanaugh intitulé *Some Day* :

Un jour, je partirai et je serai libre
J'abandonnerai les stériles et leur stérile sécurité.
Je partirai sans laisser d'adresse
Je traverserai des déserts désolés pour laisser tomber le monde
Et j'errerai libre de tout souci comme un Atlas au chômage*.

---

* Los Angeles, Nash Publishing Corp., 1971.

La performance, signe de sécurité

Mais « partir », « être libre », comme dit Kavanaugh, ce n'est pas facile si l'on traîne avec soi la conviction qu'il faut battre des records. La crainte de l'échec, qui nous est inculquée dès l'enfance et qui persiste souvent toute la vie, est une dominante de notre société.

Peut-être serez-vous étonné mais l'échec, cela n'existe pas. C'est simplement l'idée que quelqu'un se fait de la manière dont il aurait fallu accomplir telle ou telle action. A partir du moment où l'on se met dans la tête qu'il n'y a aucune raison de se soumettre au diktats des autres lorsque l'on fait quelque chose, l'échec est impossible.

Cependant, il vous arrive à l'occasion de ne pas être à la hauteur des normes que vous vous êtes fixées. L'important, c'est de ne pas assimiler l'action que vous entreprenez à votre valeur propre. Echouer dans une entreprise, ce n'est pas faillir en tant qu'individu. C'est tout simplement ne pas réussir une tâche particulière à un moment particulier.

Essayons d'appliquer la notion d'échec au comportement de l'animal. Voilà un chien qui aboie pendant un quart d'heure. Quelqu'un dit : « C'est un excellent aboyeur, ce chien, je lui donne dix. » Ridicule ! Une bête ne peut pas échouer car il n'existe pas de critère d'évaluation d'un comportement naturel. Une toile d'araignée n'est ni réussie ni manquée. Les chats chassent les souris. S'il y en a une qui leur échappe, ils s'attaquent tout simplement à la suivante. Ils ne se lamentent pas parce qu'ils n'ont pas capturé la première, ils ne font pas une dépression nerveuse parce qu'ils ont échoué. Voilà ce qu'est un comportement naturel. Aussi, pourquoi ne pas appliquer le même raisonnement au vôtre pour vous débarrasser de la peur de l'échec ?

La recherche de la performance nous est dictée par l'impératif le plus destructeur de notre culture. Quatre petits mots que vous avez entendus et que vous avez prononcés des milliers de fois : « Fais de ton mieux ! » C'est là la pierre angulaire de la névrose de l'exploit. Quoi que tu entreprennes, fais de ton mieux, donne ton maximum. Quel mal y a-t-il, si l'on se promène à bicyclette à faire une moyenne médiocre ? Pourquoi ne pas faire une chose simplement parce qu'on en a envie sans chercher à repousser ses limites ? Cette névrose, l'obsession de se dépasser soi-même, risque de vous empêcher de vous lancer dans des activités nouvelles et de tirer plaisir des anciennes.

J'ai connu à titre professionnel une jeune étudiante de dix-huit ans, Louann, qui était atteinte de cette maladie. Depuis qu'elle était entrée à l'école, elle avait toujours été à la tête de sa classe. Elle consacrait tellement de temps à son travail scolaire qu'il ne lui en restait plus pour vivre. C'était un véritable ordinateur de connaissances livresques. A côté de cela, elle était affreusement timide avec les garçons. Jamais elle n'avait accordé de rendez-vous à un camarade. Quand nous évoquions cet aspect de sa personnalité, un tic nerveux lui tirait l'œil. Une seule chose comptait pour Louann : réussir dans ses études − et, cela, au détriment de son épanouissement. Je lui demandai ce qui était le plus important pour elle : ce qu'elle savait ou ce qu'elle ressentait. La paix intérieure lui faisait défaut et elle était extrêmement malheureuse. Au bout du compte, elle commença à prêter davantage d'intérêt à ses sentiments et, zélée comme elle était, elle essaya d'adopter un comportement social différent en mettant dans cette recherche autant de rigueur que dans son travail scolaire. Un an plus tard, sa mère me téléphona pour me dire qu'elle était ennuyée : pour la première fois depuis qu'elle était entrée à l'université, Louann avait eu un « C » en littérature. Je conseillai à la maman d'offrir le restaurant à sa fille pour fêter ça.

Le perfectionnisme

A quoi bon « faire bien » dans tous les domaines ? Qui marque vos points ? Une citation célèbre de Winston Churchill à propos du perfectionnisme montre bien que la recherche permanente de l'exploit est inhibitrice : « La maxime *rien ne vaut hors la perfection* peut se traduire par paralysie. »

Fais-de-ton-mieux, cette aberration perfectionniste, peut vous paralyser. Il y a peut-être, dans la vie, certains domaines où vous désirez vraiment vous donner au maximum. Mais dans l'écrasante majorité des cas, faire de son mieux ou même, simplement, faire bien, constitue un obstacle à l'action. Ne laissez pas le perfectionnisme vous aliéner, vous détourner d'activités susceptibles de vous apporter du plaisir. Essayez de changer « fais-de-ton-mieux » en « fais », tout bonnement.

La perfection, c'est l'immobilité. Si vous exigez d'être parfait, vous ne ferez jamais d'expériences et vous ne réaliserez pas grand-chose car la perfection n'est pas une notion applicable au comportement humain. Dieu peut être parfait mais vous, être humain, vous n'avez pas à faire vôtre cette norme ridicule en ce qui vous concerne.

Si vous avez des enfants, gardez-vous de les paralyser et de les dresser contre vous en leur imposant de faire toujours de leur mieux. Bavardez plutôt avec eux des choses qui semblent les attirer le plus et, pourquoi pas ? encouragez-les à travailler dur dans ces disciplines. Mais, pour les autres activités, il est infiniment plus important de faire que de réussir. Poussez-les à jouer au volley au lieu de se contenter d'assister en spectateurs à la partie sous prétexte que c'est un sport où ils se défendent mal, poussez-les à faire du ski, à chanter, à dessiner, à danser, etc. parce que ça les tente, au lieu de s'en abstenir sous prétexte qu'ils ne feront peut-être pas des merveilles. Il ne faudrait inculquer l'esprit de compétition à personne ni même inciter les autres à « bien faire ». L'enfant est aisément vulnérable à l'idée pernicieuse selon laquelle ce sont les échecs qui sont l'étalon de la valeur personnelle. Ce genre de message est une invitation à se détourner des activités ou l'on n'excelle pas. Chose plus dangereuse encore, il peut alors développer des habitudes malfaisantes : se sous-estimer, solliciter l'approbation, se culpabiliser, bref, adopter les comportements négatifs indissolublement liés au complexe d'infériorité.

Mesurer sa valeur à l'aune de l'échec et du succès, c'est se condamner fatalement à se considérer comme peu de chose. Si Thomas Edison s'en était tenu à ce critère, il aurait cessé d'avoir confiance en lui après son premier échec, il n'aurait pas persévéré et le monde n'aurait pas connu la lumière electrique. L'échec peut être instructif. Ce peut être un stimulant qui vous fouette et vous pousse à faire œuvre de pionnier. On peut même le considérer comme une réussite lorsqu'il ouvre la voie à des découvertes. « Rien n'est plus stérile que le succès, note Kenneth Boulding, parce qu'il ne peut rien nous apprendre. La seule chose qui nous apporte un enseignement, c'est l'échec. Le succès ne fait que confirmer nos superstitions. »

Réfléchissez. Sans l'échec, nous ne pouvons rien apprendre et, pourtant, nous avons appris que le seul critère valable était la réussite. Nous avons tendance à fuir toutes les expériences susceptibles de faire fiasco. La crainte de l'échec est dans une large mesure une composante de la peur de l'inconnu. On évite tout ce qui n'offre pas l'assurance du succès. Et craindre l'échec, c'est à la fois avoir peur de l'inconnu et avoir peur de la désapprobation qui pénalise ceux qui ne font pas de leur mieux.

Quelques comportements caractéristiques liés à la peur de l'inconnu

Nous avons déjà parlé plus haut d'un certain nombre d'attitudes typiques engendrées par la peur de l'inconnu : le refus des expériences nouvelles, la rigidité, les préjugés, la soumission servile à des plans préétablis, le besoin de sécurité extérieure, la peur de l'échec et le perfectionnisme sont autant de têtes de chapitre de cette vaste zone de blocage. Voici maintenant les exemples les plus courants d'attitudes qui entrent sous cette rubrique. Cette liste peut vous servir à juger votre propre comportement.

— Manger les mêmes choses toute sa vie. Eviter les plats exotiques, les mets qui ne vous sont pas familiers pour vous en tenir au traditionnel en disant : « Moi, je n'aime que le steak-frites. » Ou : « Au restaurant, je commande toujours du poulet. » Certes, chacun a ses préférences et ses goûts particuliers, mais refuser de goûter des nourritures inhabituelles, c'est de la rigidité. Il y a des gens qui n'ont jamais mangé une pizza, qui n'ont jamais été dans un restaurant grec ou indien uniquement parce qu'ils ne veulent pas sortir des sentiers battus. Et, justement, sortir des sentiers battus dans ce domaine peut vous ouvrir des horizons nouveaux et vous faire découvrir tout un univers gastronomique passionnant.

— S'habiller toujours de la même manière. Ne jamais essayer de changer de style, de porter quelque chose de différent. Se définir vestimentairement comme quelqu'un de « classique » ou de « décontracté » sans jamais changer de genre.

— Lire les mêmes journaux et les mêmes revues qui répètent sempiternellement le même point de vue et ne pas accepter une opinion contraire. A l'occasion d'une récente expérience, on demanda à quelqu'un dont les convictions politiques étaient solides de lire un article qui commençait par soutenir une thèse identique. Mais, à un certain moment, le point de vue se modifiait. Une caméra dissimulée révéla que les yeux du lecteur sautaient cette partie. Sa rigidité était telle qu'il était même incapable de s'intéresser à une opinion qui différait de la sienne.

— Voir toute la vie les même films — avec des titres différents —, refuser de prêter attention à tout ce qui pourrait étayer des options philosophiques ou politiques différentes des vôtres parce que l'inconnu déconcerte et qu'il faut l'exclure.

— Vivre dans le même quartier, la même ville, la même région uniquement parce que vos parents ou vos grands-parents s'y sont installés. Avoir peur de se rendre dans un pays inconnu sous prétexte que les gens, le climat, le régime politique, la langue, les mœurs et que sais-je encore ? sont différents de ceux auxquels on est habitué. — Refuser de prêter l'oreille à des opinions que l'on ne partage pas. Au lieu d'examiner le point de vue de l'interlocuteur — « Tiens ! Je n'avais jamais pensé à ça ! » —, rétorquer instantanément qu'il est fou ou mal informé. Refuser de communiquer est le moyen d'éviter l'inconnu ou l'autre.

— Avoir peur de se lancer dans une activité nouvelle parce qu'on est un peu maladroit. « Je ne crois pas pouvoir m'en tirer très bien. Je me contenterai de regarder. »

— A l'école ou dans la vie professionnelle, s'obnubiler sur la performance. Estimer que rien n'est plus important que les diplômes. Trouver que l'appréciation que l'on porte sur votre attitude compte plus que le plaisir du travail bien fait. S'accrocher aux récompenses qu'apporte l'exploit au lieu de se lancer dans l'inconnu. Se confiner dans les domaines sûrs (« Là, je sais que je peux avoir un 10 ») au lieu de risquer d'avoir une mauvaise note en s'engageant dans une discipline inconnue. Choisir le travail tranquille, l'emploi où l'on est assuré de s'en tirer à son honneur, au lieu de se lancer dans l'inconnu avec les possibilités d'échec que cela comporte.

— Se détourner des gens que l'on qualifie de déviants, y compris les « pédés », les « cocos », les « gauchos », les « ratons », les « ritals », les « fachos », les « hippies », les « youpins », les « polacks » et de tous ceux sur lesquels on colle une étiquette péjorative par souci de se protéger de ce qui n'est pas familier. Au lieu de chercher à comprendre ces gens, on leur accole une épithète infamante et on parle d'eux au lieu de parler avec eux.

— S'obstiner à garder le même emploi, même si on ne l'aime pas, non pas parce qu'il n'y a pas moyen de faire autrement mais parce que l'on appréhende l'inconnu.

— S'entêter à rester avec son conjoint alors que, manifestement, le ménage a fait faillite parce qu'on a peur de l'inconnu, peur de se retrouver seul. On ne se souvient pas de ce qu'était l'existence de célibataire et l'on n'ose pas couper les ponts. Mieux vaut poursuivre un mode d'existence familier, même avec ses désagréments, que de s'aventurer en terrain inconnu.

— Prendre ses vacances tous les ans à la même époque pour aller au même endroit et dans le même hôtel. Ainsi, on sait à quoi s'attendre et l'on n'a pas le risque de se retrouver dans un environnement étranger susceptible d'apporter des expériences qui seraient peut-être plaisantes mais qui pourraient, aussi, ne pas l'être.

— Préférer l'exploit au plaisir d'entreprendre. De la sorte, on se limite aux disciplines que l'on pratique bien et l'on se détourne de celles où l'on risquerait d'échouer ou de faire une contre-performance.

— Prendre l'argent pour critère. Si cela coûte davantage, c'est plus valable, et mesurer sa réussite personnelle à cette aune. Ce que l'on connaît s'évalue en espèces sonnantes et trébuchantes alors que l'inconnu échappe à toute évaluation d'ordre financier.

— Rechercher les titres grandiloquents, acheter des voitures extraordinaires, des vêtements portant une griffe prestigieuse, collectionner tous les symboles de rang social, même si l'on abhorre ces objets et le mode de vie qu'il représentent.

— Etre incapable de changer de plan si une alternative intéressante se présente. Si l'on prend des libertés avec la carte que l'on a dressée dans sa tête, on s'égare et on perd sa place dans l'existence.

— S'obnubiler sur le temps qui passe et laisser les pendules régir l'existence. Vivre selon un horaire qui vous interdit d'expérimenter l'inconnu et l'inédit. Ne jamais quitter sa montre (même pour dormir) et en être l'esclave. Se coucher, manger et faire l'amour à l'heure dite sans tenir compte du fait que l'on est ou que l'on n'est pas fatigué, que l'on a ou que l'on n'a pas faim, que l'on a ou que l'on n'a pas envie de faire l'amour.

— S'interdire une fois pour toutes les activités dont on n'a jamais tâté. Par exemple, des choses aussi « insolites » que la méditation, le yoga, l'astrologie, le jacquet, la pétanque, le ma-jong, bref tout ce qui nous est inconnu.

— Faire l'amour sans imagination, toujours de la même façon et dans la même position. Ne jamais essayer de postures nouvelles et inusitées. Parce que ce serait différent et, par conséquent, peut-être inacceptable.

— S'en tenir à la même bande d'amis sans jamais chercher à fréquenter d'autres gens représentant un univers inconnu. Se réunir régulièrement avec les mêmes personnes pendant toute la vie.

— Assister à une réception avec sa femme ou sa maîtresse et ne pas la quitter d'une semelle jusqu'au moment de prendre congé, non pas parce qu'on en a envie, mais parce que cela vous sécurise.

— Demeurer sur sa réserve parce que l'on appréhende ce

qui pourrait se produire si l'on parlait de sujets inédits avec des gens que l'on ne connaît pas. Se persuader que les autres sont plus intelligents, plus doués, plus talentueux et plus diserts que vous et se servir de cet alibi pour s'épargner de nouvelles expériences.

— S'en vouloir à mort si toutes les entreprises dans lesquelles on se lance ne se soldent pas par autant de succès.

Ce ne sont là que quelques exemples de comportements morbides engendrés par la peur de l'inconnu. Vous pouvez, sans doute, faire votre propre liste mais, au lieu de dresser des inventaires, pourquoi ne pas vous demander pour quelle raison vous désirez que chacune de vos journées soit semblable à la précédente, même si cela vous interdit de vous épanouir ?

Les justifications psychologiques de ces comportements

Voici maintenant quelques-uns des avantages psychologiques qui vous dissuadent de vous aventurer dans l'inconnu et d'en connaître les délices :

— En étant toujours celui ou celle que vous êtes, vous n'avez pas à vous demander où vous mettez les pieds. Si vous avez un bon plan, au lieu de faire appel à votre intelligence, il vous suffit de consulter votre scénario.

— Se détourner de l'inconnu contient sa propre récompense. Puissante est la peur de l'inconnu et tant que l'on reste dans un domaine familier, on la tient en échec, même si c'est au détriment de son accomplissement personnel.

Il est plus sûr de se tenir à l'écart des zones blanches de la carte. Pensez à Christophe Colomb : tout le monde l'avait prévenu qu'il tomberait dans le vide lorsqu'il atteindrait les limites de la terre. Il est plus facile de faire partie du troupeau qui piétine dans les mêmes ornières que d'être un pionnier qui risque le tout pour le tout. L'inconnu est un défi et les défis sont lourds de dangers.

— On peut prétendre que l'on reporte à plus tard son plaisir — c'est, on vous l'a dit, le comportement de la maturité – et, de la sorte, avoir une justification pour ne pas s'écarter des sentiers battus. Remettre à plus tard est un signe de « maturité », c'est se conduire en « adulte ». Mais, en réalité, si vous refusez de changer et si vous évitez les terres inconnues, c'est par peur et par méfiance.

Réussir quelque chose vous donne un sentiment d'importance. Vous vous êtes conduit convenablement. Aussi longtemps que vous penserez en termes d'échec ou de succès, le critère de votre valeur personnelle sera votre réussite et cela vous mettra du baume au cœur. Mais, en réalité, il s'agit là de l'opinion que les autres ont de vous.

Quelques techniques pour affronter le mystère et l'inconnu

Si vous avez une propension à vous vous en tenir mordicus à ce qui vous est familier, essayez délibérément de vous lancer dans des activités nouvelles. Par exemple, au restaurant, commandez un mets que vous n'avez jamais goûté. Pourquoi ? Parce que ce sera différent et que cela vous fera peut-être plaisir.

Invitez des gens aux opinions très diverses. Cherchez la nouveauté au lieu de vous limiter à vos fréquentations traditionnelles d'où l'imprévisible est exclu.

— Renoncez à justifier tout ce que vous entreprenez. Si quelqu'un vous demande pourquoi vous faites ceci, répondez que vous n'avez pas d'explications raisonnables qui lui donneraient satifaction. Vous pouvez faire ce dont vous avez envie uniquement parce que vous en avez envie.

— Affrontez des risques pour sortir de votre routine. Par exemple, prenez des vacances non prévues, sans réservations, sans cartes, en vous disant que, quoi qu'il arrive, vous êtes capable de faire face à toutes les situations. Présentez-vous pour un nouvel emploi ou entretenez-vous avec quelqu'un que vous évitiez jusqu'à présent par crainte de ce qui pourrait se produire. Adoptez un autre itinéraire pour vous rendre à votre travail ou dinez à minuit. Pourquoi ? Parce que ce sera différent et parce que vous en avez envie.

— Laissez-vous aller à rêver. Dites-vous que vous pouvez avoir tout ce que vous voulez. Sans tabous ni interdits. Que vous avez tout l'argent nécessaire pour vivre selon votre fantaisie pendant quinze jours. Vous constaterez que presque tous vos fantasmes sont réalisables, que vous ne désirez pas la lune mais simplement des choses que vous pouvez obtenir à condition de vous débarrasser de la peur de l'inconnu et de faire l'effort de tendre la main.

- Prenez des risques qui vous compliqueront peut-être la vie mais qui seront extrêmement rentables. Un de mes confrères avait pendant plusieurs années incité ses élèves et ses clients à se lancer dans l'inconnu. Mais ses conseils comportaient une grande part d'hypocrisie car il restait confiné dans la même université, le même travail, la même vie confortable. Tout le monde pouvait, affirmait-il, affronter des situations nouvelles, inhabituelles. Pourtant, il avait fait son trou et n'en sortait pas. En 1974, il décida de vivre six mois en Europe, ce dont il en avait toujours eu envie. Il fit deux stages de préparation à l'enseignement de la psychologie à l'étranger et se convainquit (par expérience pratique) qu'il était capable de faire face à l'imprévu. Après avoir passé trois semaines en Allemagne, il lui fut possible, grâce à sa sécurité intérieure, d'avoir une clientèle privée, de faire son travail et d'enseigner comme cela avait été le cas à New York. Même dans le coin perdu de Turquie où il vécut deux mois, il fut plus occupé qu'en Amérique. Les faits lui démontrèrent qu'il pouvait aller n'importe où, n'importe quand et mener une existence efficace, non en raison des conditions extérieures mais parce qu'il pouvait, grâce à son énergie et à ses capacités, se colleter avec l'inconnu avec autant de succès qu'avec le connu.

-- Si vous vous apercevez que vous reculez devant l'inconnu, demandez-vous : « Quelle est la chose la plus terrible qui pourrait m'arriver ? » Vous vous rendrez alors probablement compte que vos craintes sont hors de proportion avec la réalité.

-- Faites quelque chose d'absurde – vous promener pieds nus dans le parc ou vous baigner sans maillot. Essayez de faire des choses que vous vous êtes toujours interdit parce que « ce n'est pas convenable ». Elargissez vos horizons, ouvrez-vous à des expériences nouvelles dont vous vous êtes détourné jusque-là parce qu'elles étaient stupides ou ineptes.

— Rappelez-vous que la peur de l'échec est très souvent la peur de la désapprobation ou du ridicule. En vous disant que chacun est libre d'avoir son opinion — et l'opinion d'autrui ne vous concerne en aucune façon —, vous commencerez à apprécier votre comportement en fonction de vos propres critères et non en fonction de ceux des autres.

— Entreprenez des choses dont vous vous êtes toujours détourné sous prétexte que vous n'y entendez rien. Vous pouvez passer une journée merveilleuse rien qu'en peignant. Si vos toiles ne sont pas des chefs-d'œuvre, ce ne sera pas un échec puisque vous vous serez follement amusé. Il y a dans mon salon une peinture qui, sur le plan de l'esthétique, est atroce. Mes visiteurs évitent soigneusement de m'avouer qu'ils la trouvent épouvantable. Une petite phrase est écrite en bas à gauche : « A vous, Dr Dyer, ma plus belle œuvre. » Ce tableau m'a été offert par une ancienne élève qui avait toujours refusé de toucher un pinceau parce qu'elle avait compris depuis longtemps qu'elle était nulle en peinture. Elle avait passé une semaine à peindre uniquement pour son plaisir et, de tous les cadeaux que j'ai reçus, c'est un de ceux auxquels j'attache le plus de prix.

— Rappelez-vous que l'uniformité et la mort sont l'opposé de l'épanouissement. Dès lors, il vous sera loisible de prendre la résolution de vivre chaque jour d'une manière nouvelle. D'être spontané, frais et dispos — ou d'avoir peur de l'inconnu et de rester pareil à vous-même, c'est-à-dire psychologiquement mort.

— Aux gens dont vous estimez qu'ils ont une part de responsabilité capitale dans le fait que la peur de l'inconnu vous ronge, dites catégoriquement que vous avez l'intention d'entreprendre des activités nouvelles et guettez leurs réactions. Il se peut que vous constatiez que leur incrédulité est précisément l'une des causes de tous vos tourments et que vous avez choisi l'immobilisme en raison de leur désapprobation. Maintenant, vous pouvez la regarder en face et proclamer votre propre déclaration d'indépendance en affirmant que vous ne vous sentez plus esclave de leur opinion.

156

— Au lieu d'accepter comme paroles d'Evangile pour vous et vos enfants la maxime « Fais de ton mieux en toutes occasions », essayez celle-ci : « Choisis les choses qui te paraissent importantes et ne ménage pas tes efforts. Quant au reste, contente-toi de le faire. » Ne pas faire de son mieux, voilà qui est parfait ! En fait, il s'agit là d'un mythe. Ni vous ni personne n'atteint jamais la perfection absolue. Il y a toujours une possibilité d'aller plus loin car la perfection n'est pas un attribut humain.

— Ne laissez pas vos convictions vous enfoncer dans la passivité. S'accrocher à une croyance issue de l'expérience passée, c'est fuir la réalité. Seul existe le présent et la vérité du présent n'est pas forcément la vérité du passé. Ne fondez pas votre comportement sur ce que vous croyez mais sur ce qui est et que vous expérimentez dans le présent. En vous ouvrant à l'expérience au lieu de barbouiller la réalité avec vos croyances, vous vous apercevrez que l'inconnu est un royaume prodigieux !

Rappelez-vous que rien de ce qui est humain ne vous est étranger. Vous pouvez être ce que vous choisissez d'être. Gravez-vous cette sentence dans l'esprit et remémorez-vous cet aphorisme chaque fois que vous retomberez dans un comportement familier de fuite de la réalité.

Lorsque vous cédez à la peur de l'inconnu, ayez-en conscience et, à ce moment, dialoguez avec vous-même. Dites-vous que si vous ne savez pas à tous les instants de votre vie où vous allez, c'est très bien ainsi. Prendre conscience d'une routine, c'est le premier pas vers le changement.

Cherchez volontairement à rater quelque chose. Si vous avez perdu une partie de tennis ou peint une croûte, cela porte-t-il vraiment atteinte à votre intégrité ? Ou êtes-vous toujours un individu estimable qui s'est simplement livré à une activité à laquelle il a pris plaisir ?

Ayez une conversation avec quelqu'un d'un groupe que vous avez fui jusque-là. Vous ne tarderez pas à vous apercevoir que vos idées préconçues, quand vous les remettez en question, vous paralysent et alimentent votre indifférence. Avoir une idée préconçue sur quelqu'un, c'est s'interdire de nouer avec cette personne des rapports sincères puisque l'on a déjà une opinion bien établie. Plus vous rencontrerez de gens différents, plus vous aurez de chances de remarquer que vous avez perdu beaucoup et que vos craintes étaient bien sottes. Dans cette optique, l'inconnu deviendra un domaine que vous aurez toujours envie d'explorer davantage au lieu de vous en détourner.

Ultimes réflexions à propos de la peur de l'inconnu

Toutes ces suggestions sont autant de moyens constructifs de combattre la peur de l'inconnu. Au départ, on commence par comprendre le comportement d'évasion que l'on a adopté. En un second temps, on lutte activement contre cet ancien comportement et on prend des directions nouvelles. Imaginez que les grands inventeurs ou les grands explorateurs du passé aient eu peur de l'inconnu. Toute la population du monde serait exclusivement groupée dans la vallée du Tigre et de l'Euphrate. L'inconnu est le terreau de l'épanouissement. Pour les civilisations comme pour les individus.

Voici une route qui bifurque. L'un de ses embranchements conduit à la sécurité, l'autre aux vastes terres vierges de l'inconnu. Lequel prendrez-vous ? Robert Frost a répondu à cette question dans *The Road Not Taken* :

Deux chemins s'écartaient dans la forêt.
J'ai pris le moins foulé
Et cela fit toute la différence.

Le choix vous appartient. Cette zone de brouillage qu'est la peur de l'inconnu attend seulement d'être remplacée par des activités nouvelles et passionnantes qui mettront de la joie dans votre vie. Inutile de savoir où vous allez du moment que vous marchez.

VII

Briser la barrière des conventions

Il n'existe ni règles, ni lois, ni traditions qui s'appliquent universellement... y compris celle-ci.

Le monde est rempli d'impératifs, de « on doit », « il faut que » auxquels les gens se plient sans les passer au crible de la critique et dont l'accumulation engendre de très larges zones erronées. On se laisse guider par des règles et des principes auxquels on ne souscrit même pas et dont on est néanmoins incapable de se détacher pour juger de leur utilité ou de leur inutilité.

Rien n'est absolu. Il n'existe aucune règle, aucune loi qui soit universellement valable ou dont l'application apporte des avantages optimaux dans toutes les occasions. La souplesse est, et de loin, la plus grande des vertus. Cependant, il peut être difficile, voire impossible, de tourner le dos à une loi impraticable ou d'enfreindre une tradition absurde. S'adapter à la société dans laquelle on vit — ce que l'on appelle l'enculturation — est parfois commode mais, si on la pousse jusqu'à sa limite extrême, cela devient une névrose, particulièrement quand la soumission aux impératifs provoque le désarroi, la dépression et l'anxiété.

Nous ne disons nullement que vous devez traiter les lois par le mépris ou vous moquer des règles uniquement parce que cela vous convient. Les lois sont indispensables et l'ordre est un élément important d'une société civilisée. Mais adhérer aveuglement aux conventions est quelque chose de totalement différent, quelque chose qui, en fait, peut être beaucoup plus destructeur au plan de l'individu que de violer les règles. Celles-ci sont souvent stupides et il y a des traditions qui n'ont plus aucun sens. Dans ce cas, si vous êtes dans l'incapacité de mener une existence harmonieuse sous prétexte que vous êtes contraint d'obéir à des codes déraisonnables, il est temps de reconsidérer et ces codes et votre comportement.

« Je n'ai jamais eu de principes qu'il ne m'étais impossible d'appliquer en tout temps, disait Abraham Lincoln. J'ai simplement cherché à faire ce qui était le plus sensé dans le moment présent. » Lincoln n'était pas esclave d'une doctrine monolithique valable dans chaque cas d'espèce, même si la doctrine était conçue dans cette intention.

Les impératifs ne sont malsains que lorsqu'ils sont en contradiction avec un comportement positif et efficace. Si vous faites quelque chose d'ennuyeux et d'improductif par soumission à un impératif, vous renoncez à votre liberté de choix et acceptez de dépendre de forces extérieures. Analyser de façon plus approfondie la dépendance externe et la dépendance interne est une démarche utile à accomplir avant de poursuivre l'examen des impératifs erronés qui peuvent encombrer votre existence.

Contrôle interne et contrôle externe

On a établi que, dans notre civilisation, sur cent personnes, soixante-quinze étaient extérieurement motivées et vingt-cinq intérieurement motivées. Autrement dit, vous avez plus de chances de faire partie de la première catégorie que de la seconde. Être « extérieurement motivé », qu'est-ce que cela veut dire ? Pour l'essentiel, que vous attribuez la responsabilité de votre état émotionnel présent à quelqu'un ou à quelque chose qui vous est extérieur. Ainsi, si l'on vous demande pourquoi vous avez le cafard et si vous répondez, par exemple : « Mes parents me font des misères », « Elle m'a fait de la peine », « Mes amis ne m'aiment pas », « Je n'ai pas de chance » ou « Les choses ne tournent pas rond », vous êtes extérieurement motivé. Réciproquement, si, lorsque l'on vous demande pourquoi vous êtes heureux, vous répondez : « Mes amis sont chics avec moi », « Ma chance a tourné », « Personne ne me cherche d'histoires » ou « Elle ferait n'importe quoi pour moi », vous vous référez toujours à un cadre extérieur, vous rendez quelqu'un ou quelque chose d'extérieur responsable de votre état d'âme.

La personne intérieurement motivée, en revanche, s'assume sans hésitation — et les gens qui s'assument ainsi sont rares. Si on leur pose les mêmes questions, leurs réponses sont intériorisées : « Je me raconte des histoires », « J'attache trop d'importance à ce que disent les autres », « Je m'inquiète de l'opinion d'autrui », « Je n'ai pas la force de m'empêcher d'être malheureux » ou « Je ne sais pas ne pas me tracasser ». De même, l'individu intériorisé qui a une attitude positive se réfère à lui-même dans ses réponses : « Je fais des efforts pour être heureux », « Je fais en sorte de tirer partie des événements », « Je suis responsable de moi-même parce que j'ai choisi de l'être ».

Vingt-cinq pour cent des gens s'affirment de la sorte responsables de leurs sentiments alors que les soixante-quinze pour cent restant se retranchent derrière autrui. A quelle catégorie appartenez-vous ? Pratiquement tous les impératifs et toutes les traditions vous sont imposés de l'extérieur. Autrement dit, ils dérivent de quelqu'un ou de quelque chose qui vous est extérieur. Si vous ployez sous le poids des impératifs et êtes incapable de rompre avec les conventions édictées par d'autres, vous êtes un extériorisé.

Le cas d'une patiente que j'ai récemment traitée et que nous appellerons Barbara illustre admirablement l'état d'esprit extériorisé. La hantise de Barbara était son obésité, mais elle avait une multitude de doléances mineures. Quand nous avons commencé à parler de cette histoire de poids, elle me déclara qu'elle avait toujours été trop grosse, d'une part parce qu'elle avait un problème de métabolisme mais aussi parce que sa mère la gavait quand elle était petite. L'habitude prise, elle avait continué de manger exagérément parce-que - c'est toujours elle qui parle - son mari la négligeait et que ses enfants manquaient d'égards envers elle. Elle avait tout essayé : la balance, les remèdes, les diététiciens et même l'astrologie. La psychothérapie était son ultime recours. Si je ne parvenais pas à la faire maigrir, personne d'autre n'y parviendrait.

Rien d'étonnant si Barbara était incapable de perdre ses kilos superflus. Tout et tout le monde conspiraient contre elle — sa mère, son mari, ses enfants et même son propre corps, sans parler des astres. Les balances et les diététiciens auraient peut-être pu être d'un certain secours à des âmes moins affligées mais, dans le cas de Barbara, il n'y avait rien à faire.

Cette consultante était un exemple classique d'extériorisation. Si elle était trop grosse, c'était la faute de sa mère, de son mari, de ses enfants et l'on ne sait quelle partie incontrôlable de son propre corps. Cela n'avait aucun rapport avec le choix qu'elle pouvait faire de manger modérément ou exagérément, de ne prendre que certains aliments à certains moments. De plus, tous ses efforts pour améliorer la situation étaient extérieurement orientés — exactement comme sa façon d'envisager le problème. Au lieu d'admettre qu'elle avait choisi autrefois de trop se bourrer et qu'il lui fallait faire de nouveaux choix si elle voulait maigrir, Barbara se tournait vers autrui, vers les conventions admises par la société dans sa volonté de perdre du poids. Lorsque ses amies recouraient à la balance, elle en faisait autant. Chaque fois qu'une de ses connaissances découvrait un nouveau diététicien, Barbara se précipitait chez lui toutes affaires cessantes.

Au bout de quelques semaines, Barbara commença à comprendre que si elle était malheureuse, ce n'était pas à cause des autres mais de ses propres options. Tout d'abord, elle reconnut que, tout simplement, elle mangeait trop, plus fréquemment qu'elle n'en avait envie, en fait, et ne prenait pas assez d'exercice. Sa première décision fut de se discipliner pour modifier ses habitudes alimentaires. Elle avait et la capacité et la volonté d'exercer un contrôle sur elle-même. La prochaine fois qu'elle aurait faim, résolut-elle, au lieu de manger un biscuit, elle méditerait sur sa force d'âme. Au lieu d'accuser son mari et ses enfants de la traiter par-dessus la jambe et de l'inciter à se bourrer, elle reconnut qu'elle jouait les martyres depuis des années, qu'elle les supliait, pour ainsi dire, de l'exploiter. A partir du moment où elle se mit à exiger d'être traitée avec égards, elle s'aperçut que les siens ne demandaient pas mieux et, cessant de se consoler en bâfrant, elle trouva son épanouissement dans des rapports familiaux fondés sur le respect et l'amour mutuels.

Barbara prit même la décision de consacrer moins de temps à sa mère dont elle comprenait enfin qu'elle régissait son existence. A partir du moment où elle admit qu'elle n'était pas sous la tutelle de sa mère, qu'elle était libre de la voir quand elle en avait envie, elle, et non quand sa mère le voulait, qu'elle n'était pas forcée de manger un gâteau au chocolat sous prétexte que sa mère le lui ordonnait, elle commença à prendre plaisir à lui rendre visite au lieu de considérer que c'était une corvée.

Finalement, elle réalisa que le traitement auquel elle se soumettait n'avait rien à voir avec quoi que ce soit d'extérieur. Je ne pouvais pas la changer : c'était à elle de changer. Cela prit du temps, mais peu à peu, et non sans efforts, elle substitua aux impératifs extérieurs ses critères intérieurs. A présent, non seulement elle a maigri mais, en outre, elle est plus heureuse. Elle sait que son bonheur ne doit rien ni à son mari, ni à ses enfants, ni à sa mère, ni aux astres. Elle sait que c'est à elle qu'il tient d'être heureuse parce que, désormais, elle est maîtresse d'elle-même.

Les fatalistes, les déterministes, les gens qui croient à la chance sont extériorisés. Si vous êtes persuadé que votre vie est programmée d'avance, que vous n'avez qu'à suivre les chemins appropriés, vous traînez très vraisemblablement une foule d'impératifs qui vous empêchent de vous écarter de la route marquée sur la carte.

Jamais vous ne vous accomplirez si vous persistez à vous plier aux forces extérieures, à penser qu'elles vous contrôlent. Être efficace, cela ne veut pas dire éliminer tous les problèmes de l'existence mais substituer le contrôle interne au contrôle externe. On devient alors soi-même responsable de toutes ses expériences émotionnelles. Vous n'êtes pas un robot qui errez toute votre vie durant à travers un labyrinthe d'oukases décrétés par d'autres et de règles qui n'ont pas le moindre sens à vos yeux. à vous d'examiner ces « réglementations » d'un œil plus critique et d'entreprendre de contrôler vos pensées, vos sentiments et votre comportement.

Les deux pôles opposés du comportement extériorisé :
Blâmer les autres ou s'agenouiller devant eux

Blâmer autrui est une petite astuce bien pratique que l'on peut utiliser toutes les fois que l'on refuse d'assumer sa responsabilité personnelle dans la vie. C'est le refuge des personnes extériorisées.

Et c'est purement et simplement une perte de temps. Vous pouvez reprocher tout ce que vous voulez à quelqu'un : cela ne vous changera pas. Le seul avantage de cette attitude est d'éviter de vous montrer du doigt quand vous cherchez des raisons extérieures pour expliquer que vous êtes malheureux ou frustré. Mais agir ainsi est parfaitement inepte. à supposer que cela puisse être efficace, vous n'en continuerez pas moins à ne pas vous sentir à l'aise dans votre peau. Peut-être réussirez-vous à faire diversion, mais vous serez toujours malheureux.

L'autre face de cette tendance à se retourner vers les autres est le culte de la personnalité. Alors c'est à autrui que vous vous adressez pour définir vos valeurs. Si un tel fait ceci, il faut que je l'imite. Le culte du héros, c'est la répudiation de soi. Les autres ont plus d'importance que vous et vous faites dépendre votre accomplissement personnel de quelque chose qui vous est extérieur. Rendre hommage aux autres et à leurs réalisations n'est, en soi, nullement négatif mais cela devient une zone de brouillage à partir du moment où l'on applique les critères des autres à sa conduite personnelle.

Tous les héros que l'on adule sont des gens comme vous et moi. Ce sont des êtres humains, ils font quotidiennement ce que vous faites vous-même, ils se grattent là où ça les démange. comme vous, ils ont mauvaise haleine le matin, comme vous. Aucun de vos grands héros ne vous a jamais rien enseigné et ils ne vous sont supérieurs dans aucun domaine. Hommes politiques, acteurs, athlètes, idoles, tous ont du talent dans le domaine particulier qui est le leur, rien de plus — et c'est pareil pour votre patron, votre médecin, votre professeur, votre conjoint... et j'en passe. Si vous les élevez à la dignité de héros, si vous les portez au pinacle, vous vous conduisez en extériorisé parce que vous faites de quelqu'un d'autre le garant de votre harmonie intérieure.

Chercher ailleurs qu'en soi-même un modèle de comportement, c'est de la folie. Le premier pas pour éliminer cette zone de brouillage, c'est d'avoir confiance en soi et d'assumer sa propre responsabilité. Soyez votre propre héros. En renonçant à reprocher vos défaillances à autrui comme à vous livrer à l'idolâtrie, vous passez de l'autre côté de la barricade : vous vous intériorisez. Et quand on est intériorisé, il n'y a pas d'impératifs catégoriques ou universels, ni pour soi ni pour les autres.

Le piège du bien et du mal

Le problème du bien et du mal tel que nous l'envisageons ici est sans aucun rapport avec une quelconque notion religieuse, philosophique ou morale à priori. Ce genre de discussion ne fait pas l'objet de cet ouvrage. Ce qui compte, ici, c'est vous et c'est de savoir comment l'idée que vous vous faites de ce qui est bien et de ce qui est mal vous empêche d'être heureux. Le vrai et le faux sont vos impératifs universels. Il se peut que vous ayez adopté un certain nombre de points de vue malsains, par exemple que ce qui est bien est vrai et juste alors que ce qui est mal est faux et injuste.

C'est stupide. En ce sens, le bien et le mal n'existent pas. Une telle conception implique que, si vous vous conduisez d'une certaine manière, vous êtes sûr et certain du résultat. Or, rien ne vous le garantit. On peut, au départ, considérer qu'une décision quelconque aura un résultat différent d'une autre, qu'elle aura plus d'efficacité mais, dès l'instant où cela devient un débat entre le bien et le mal, on est tombé dans le piège : « Il faut que j'agisse toujours bien et si les gens ou les choses agissent mal, je serai malheureux. »

Certains lecteurs auront peut-être tendance à croire que la bonne réponse est liée à la recherche de certaines certitudes qui ont fait l'objet de la discussion amorcée au chapitre IV à propos de la peur de l'inconnu. Si tel est votre cas, c'est peut-être à cause de la tendance que vous avez à établir des séparations bien tranchées et mutuellement exclusives : noir ou blanc, oui ou non, bon ou mauvais, bien ou mal. Rares sont les choses qui s'adaptent parfaitement à ces petites cases, et la plupart des gens intelligents déambulent dans la grisaille et ne s'arrêtent que rarement sur la case noire ou sur la case blanche. Cette propension à proclamer son bon droit se manifeste avec le plus d'évidence dans le mariage et dans certains rapports entre individus adultes. La discussion devient inévitablement un débat entre deux participants dont l'un a raison et l'autre tort. Combien de fois n'entend-on pas des phrases du genre : « Tu te figures toujours que tu as raison », « Tu n'admets jamais que tu as tort » ? Pourtant, ce n'est nullement le problème. Les gens sont différents et ils voient les choses selon des optiques différentes. S'il faut absolument que quelqu'un ait raison, le seul résultat prévisible est la rupture de la communication.

Pour sortir de ce piège, la solution est de cesser de penser en termes de bien et de mal. « Au lieu d'essayer de convaincre votre femme qu'elle a tort, expliquai-je un jour à Clifford qui avait chaque jour avec son épouse des discussions sans fin à propos de tout et de n'importe quoi, abstenez-vous d'exiger d'elle qu'elle accepte vos impératifs. En lui permettant d'être différente de vous, vous éviterez ces disputes incessantes au cours desquelles vous vous obstinez, d'ailleurs sans résultat, à prouver que vous avez raison. » Clifford réussit à surmonter cette névrose : la communication passa alors mieux et l'amour du couple en fut consolidé.

Tous les « j'ai raison » et tous les « tu as tort » représentent des impératifs d'une espèce ou d'une autre et les impératifs sont des obstacles, en particulier quand il empêche l'autre d'avoir aussi les siens.

L'aboutissement : l'indécision

J'ai demandé un jour à un de mes clients s'il avait du mal à prendre une décision. « Eh bien... oui et non », me répondit-il.

Peut-être connaissez-vous cette difficulté, même lorsqu'il s'agit de choses de peu d'importance. C'est là l'aboutissement direct de la tendance à diviser le réel en catégories opposées et exclusives, le juste et le faux. D'où vient l'indécision ? De la volonté d'avoir raison. Retarder l'instant du choix vous épargne l'anxiété que vous choisissez d'éprouver chaque fois que vous estimez avoir eu tort. à partir du moment où l'on ne se préoccupe plus de savoir si ceci est juste ou faux, rien n'est plus facile que de prendre une décision. Supposons que vous essayiez de décider à quel collège vous allez vous inscrire. Vous risquez d'être définitivement bloqué, même après avoir arrêté votre décision, parce que vous vous dites que vous avez peut-être eu tort. Eh bien, vous n'avez qu'à inverser les termes de la proposition. Dites plutôt : « L'université idéale n'existe pas. Si je choisis l'université X, cela aura vraisemblablement telles conséquences alors que, si je choisis l'université Y, cela aura probablement telles autres conséquences. » Elles ne sont ni bonnes ni mauvaises mais différentes et quel que soit le choix que vous ferez — X, Y ou Z —. vous ne disposez d'aucune garantie.

Vous pouvez pareillement atténuer cette névrose de l'indécision en partant du principe que les conséquences possibles de la décision que vous avez à prendre ne sont ni bonnes ni mauvaises, ni meilleures ni pires mais, tout simplement différentes. Si vous achetez cette robe qui vous plaît, vous ne serez pas plus jolie qu'avec une autre : vous serez différente. A partir du moment où vous vous serez débarrassé de ces notions de bien et de mal, imprécises et négatives, vous vous apercevrez que prendre une décision n'est rien d'autre que peser les conséquences d'un choix pour déterminer celles qui vous paraissent préférables dans l'immédiat. Et si vous commencez à regretter d'avoir pris cette décision au lieu d'estimer que les regrets sont une perte de temps (parce qu'ils vous emprisonnent dans le passé), vous prendrez tout simplement la résolution d'arrêter une décision différente la prochaine fois, une décision dont les conséquences seront différentes de celles que vous avez eu tort de prendre. Mais ne commettez jamais l'erreur de qualifier vos décisions de bonnes ou de mauvaises.

Il n'y a pas de hiérarchie dans l'importance des choses. L'enfant qui collectionne les coquillages ne fait pas quelque chose de plus ou de moins valable que le P.D.G. de la General Motors qui prend une décision capitale concernant la politique de l'entreprise. Ce sont des activités différentes, rien de plus.

Peut-être pensez-vous que les idées fausses sont mauvaises et ne doivent pas être exprimées alors qu'il convient d'encourager les idées justes. Peut-être mettez-vous en garde vos enfants, vos amis ou votre femme : « Il ne faut pas dire ou faire quelque chose qui ne soit pas juste. » Voilà où réside le danger. Cet autoritarisme, quand il atteint des proportions nationales ou internationales, conduit au totalitarisme. Qui décide de ce qui est bien ou mal ? Personne n'a jamais apporté une réponse satisfaisante à cette question. La loi ne décrète pas que c'est mal mais seulement que c'est ou que ce n'est pas légal. Il y a plus d'un siècle, John Stuart Mill proclamait dans *On Liberty :*

> Nous ne pouvons jamais être sûrs que l'opinion que nous nous efforçons d'étouffer est une opinion erronée, et si nous l'étions, le fait de l'étouffer serait encore un mal.

Ce n'est pas à votre capacité de faire un juste choix que se mesure votre efficacité. La façon dont vous vous comportez émotionnellement après avoir fait un choix quelconque est un thermomètre beaucoup plus précieux de votre harmonie intérieure puisque le juste choix représente les impératifs dont vous cherchez à vous émanciper. L'adoption d'une nouvelle tournure de pensée présente deux avantages : d'une part, on élimine les impératifs dénués de sens et l'on s'intériorise davantage ; d'autre part, on s'aperçoit qu'il est moins difficile de prendre une décision une fois que l'on a jeté par-dessus bord ces catégories factices que sont le bien et le mal.

L'aberration des « il faut » et des « on doit »

Une brillante psychiatre, Karen Horney, a consacré tout

un chapitre à ce qu'elle appelle « la tyrannie des impératifs » dans son ouvrage, *Neurosis and Human Growth*.

> Les impératifs produisent toujours une tension qui ne fait que s'aggraver quand la personne essaye de les intégrer à son comportement...
>
> De plus, en raison de l'extériorisation, les impératifs contribuent toujours *à jeter le trouble dans les relations humaines* d'une manière ou d'une autre*.

Les impératifs régissent-ils votre vie ? Pensez-vous que vous devez être prévenant avec vos collègues, être aux petits soins pour votre femme, aider vos enfants et toujours vous tuer à la tâche ? Et si vous manquez à telle ou telle de ces obligations, vous en voulez-vous ? Et éprouvez-vous cette tension, connaissez-vous alors ce trouble auquel Karen Horney fait allusion ? Mais ce ne sont peut-être pas là des impératifs qui vous appartiennent. Il se peut fort bien qu'ils appartiennent à d'autres et que vous les ayez simplement empruntés.

Il y a autant de « il ne faut pas », « on ne doit pas » que de « il faut », et de « on doit » : il ne faut pas être malpoli, il ne faut pas se mettre en colère, il ne faut pas agir sottement, il ne faut pas faire l'enfant, il ne faut pas être impudique, il ne faut pas faire la tête, il ne faut pas être agressif, etc. Mais l'on n'a pas à s'obnubiler là-dessus. Jamais. Vous perdez votre sang-froid ? Vous ne comprenez pas quelque chose ? Et puis après ? Vous êtes en droit de manquer de dignité si cela vous chante. Personne ne compte les points, personne ne vous punira parce que vous n'êtes pas celui que quelqu'un d'autre a dit que vous deviez être. D'ailleurs, il est impossible d'être tout le temps ce que l'on ne veut pas être. Par conséquent, comme vous êtes dans l'incapacité de vous montrer à la hauteur du personnage fictif que vous voulez jouer, tout impératif est producteur de tension interne. Cette tension ne vient pas de ce que vous avez eu un comportement manquant de dignité, inconsidéré ou que sais-je encore ? mais de l'impératif imposé auquel vous vous êtes soumis.

* Karen Horney, *Neurosis and Human Growth* (New York, W.W.Norton & Co., 1950), p. 81.

Les convenances sont un exemple admirable d'enculturation inutile et malsaine. Songez à toutes les petites règles vides de sens auxquelles on vous a invité à vous plier tout simplement parce que Emily Post, Amy Vanderbilt ou Abigail van Buren les ont édictées.*

Ne mets pas tes coudes sur la table, ne commence pas à manger avant la maîtresse de maison, présente l'homme à la femme, donne un pourboire pour ceci, habille-toi comme cela, n'emploie pas cette expression. Ne te prends surtout pas pour juge : réfère-toi à ton petit livre. Certes, il est bien d'avoir de bonnes manières — tout simplement par considération pour les autres — mais 90 % des commandements du protocole sont des règles ridicules et arbitraires qui remontent à des décennies et des décennies. La seule obligation à laquelle vous avez à vous soumettre consiste à faire ce que vous jugez bon pour vous — à condition de ne pas gêner les autres. A vous de décider la façon dont vous faites les présentations, quels pourboires vous voulez donner, comment vous vous habillez, comment vous vous exprimez, où vous vous asseyez, de quelle manière vous mangez, etc. : le seul critère est votre propre désir. Chaque fois que vous tombez dans le piège du « comment *dois-je* m'habiller ? » du « comment *dois-je* faire ci ou ça ? », vous renoncez à une partie de vous-même. Je ne prétends pas qu'il faille être systématiquement contestataire dans ce domaine car une telle rébellion serait une façon de solliciter l'approbation par le biais du non-conformisme. Non, ce qui importe dans la vie quotidienne, c'est être soi-même et ne pas se laisser mener par les autres.

L'obéissance aveugle aux règles et aux lois

Dans un certain nombre de cas, des comportements ignobles et sans précédents ont eu pour excuse l'obéissance aux ordres. Les nazis ont massacré six millions de juifs, ils ont assassiné et torturé des millions d'autres personnes parce que c'était la « Loi ». Après la guerre, on s'est empressé d'imputer

---

*Auteur de manuels de savoir-vivre célèbres aux Etats-Unis. (N.D.T.)

la responsabilité de ces actes de barbarie à la hiérarchie nazie au pouvoir. Personne, en Allemagne, ne pouvait être tenu pour responsable des crimes infâmes perpétrés par Hitler et ses tortionnaires car les subordonnés ne faisaient que suivre les édits et les lois du IIIe Reich.

Dans le comté de Suffolk, État de New York, un porte-parole des autorités locales a récemment expliqué la raison pour laquelle certains contribuables qui avaient été exagérément imposés ne sauraient être remboursés : « Aux termes de la loi, les impôts fonciers, une fois payés, ne peuvent pas être réévalués. C'est la loi, je n'y peux rien. Mon travail consiste à l'appliquer, pas à l'interpréter. » Eh bien, en un autre temps et en un autre lieu, ce monsieur aurait fait un excellent bourreau. Mais c'est un refrain connu. On l'entend tous les jours. Ne pensez pas, contentez-vous d'obéir aux règlements, même s'ils sont absurdes.

Qu'il s'agisse des piscines, des courts de tennis ou d'autres lieux publics, la moitié des règlements n'ont aucun sens. Il y a quelque temps, un soir où il faisait très chaud, j'ai demandé à des jeunes gens assis au bord d'une piscine et qui, visiblement, mouraient d'envie de piquer une tête, pourquoi ils attendaient alors que le bassin était vide. Ils me répondirent que seuls les adultes avaient le droit de se baigner entre 18 h et 20 h. C'était la règle et bien qu'aucun adulte n'en excipât, on l'appliquait. Aucune souplesse, impossible de modifier le règlement alors que les circonstances militaient en faveur d'une entorse à la consigne — non : ces jeunes gens obéissaient aveuglément à une réglementation qui, en l'occurrence, n'avait aucune raison d'être. Comme je les encourageais à tourner le règlement, je reçus un coup de téléphone de la direction qui m'accusa de fomenter la révolte.

C'est la vie militaire qui me fournira le meilleur exemple de respect de la règle, si stupide qu'elle soit. Un de mes confrères, affecté à Guam, dans le Pacifique Sud, m'a dit avoir été frappé par la docilité avec laquelle nombre d'hommes de troupe appliquaient des règles dont l'inanité sautait aux yeux. Il y avait dans cette garnison un cinéma en plein air. Seuls les officiers avaient le droit de prendre place sur les bancs rouges abrités des intempéries. Lors de la séance de minuit, à laquelle les gradés n'assistaient jamais, un marin était de l'action pour veiller à ce que personne ne s'asseye sur ces bancs rouges. Ainsi, tous les soirs, on pouvait voir un groupe de matelots courbant le dos sous la pluie alors qu'une sentinelle montait la garde devant les bancs vides. Il fallait appliquer le règlement. Mon ami qui demandait pourquoi on s'en tenait à cette politique délirante reçut la réponse classique : « Ce n'est pas moi qui fait les règles. Je suis là pour les faire respecter. »

> Ceux qui sont trop paresseux et trop conformistes pour penser par eux-mêmes et être leur propre juge obéissent aux lois, dit Hermann Hesse. D'autres personnes ont leurs lois intérieures. Elles estiment qu'il leur est interdit de faire des choses que tous les gens honorables font chaque jour et qu'il leur est loisible de faire d'autres choses généralement tenues pour scandaleuses. Chacun doit voir midi à sa porte*.

Si vous vous soumettez perpétuellement à toutes les règles, vous vous condamnez à une vie de servitude émotionnelle. Mais notre culture nous enseigne qu'il est très mal de désobéir, que l'on ne doit pas enfreindre les règles. Ce qui est important, c'est de déterminer celles qui sont valables, nécessaires pour sauvegarder l'ordre qui constitue notre culture et que l'on ne peut violer sans porter préjudice aux autres ou à soi-même. Se révolter pour le plaisir de se révolter est dépourvu d'intérêt, mais être celui que l'on est, vivre selon des normes que l'on choisit est source d'enrichissement.

Résister à l'enculturation et aux traditions qui vous sont préjudiciables

Le progrès — le progrès individuel et le progrès universel — repose sur les hommes de déraison et non sur ceux qui s'adaptent à la société dans laquelle ils vivent et acceptent tout. Le progrès repose sur les novateurs qui disent non aux conventions et sont les architectes de leur univers personnel. Si l'on opte pour l'action plutôt que pour la passivité, il faut

---

* Hermann Hesse, *Demian* (New York, Bantam Books, 1974), p.53.

apprendre à résister à l'enculturation et aux multiples pressions du conformisme. Si l'on veut accéder à la plénitude, résister à l'enculturation est presque un postulat. D'aucuns vous considéreront comme un réfractaire : c'est le prix qu'il faut payer si l'on veut penser par soi-même. On dira peut-être que vous êtes différent, on vous qualifiera d'égoïste ou de rebelle, beaucoup de gens « normaux » vous désapprouveront et vous pourrez parfois être frappé d'ostracisme. Vos contemporains verront d'un mauvais œil votre refus des normes qu'ils ont adoptées pour eux-mêmes. On vous ressassera la vieille antienne : « Si chacun n'obéissait qu'aux règles de son choix, où irait la société ? »

La réponse est bien simple : personne ne le ferait ! La nécessité de s'appuyer sur des béquilles et de se soumettre aux impératifs interdit à la majorité des gens d'adopter pareille attitude.

Il ne s'agit nullement ici de prôner l'anarchie. Personne ne veut détruire la société, mais beaucoup d'entre nous aimeraient que l'individu vivant en société dispose de plus de liberté, qu'il soit affranchi des « il faut » absurdes, des « on doit » stupides.

Les lois et les règles intelligentes ne sont pas applicables en toutes circonstances. Ce que nous réclamons, c'est le droit de choisir, c'est-à-dire de refuser cette mentalité servile qui nous pousse à nous plier éternellement aux impératifs. Rien ne vous oblige à être toujours celui ou celle que votre culture attend que vous soyez. Sinon, vous êtes grégaire, vous êtes un mouton qui suit le troupeau. Pour s'assumer dans la vie, il faut faire preuve de souplesse intellectuelle, il faut se demander souvent si telle règle est valable compte tenu des circonstances du moment. Certes, il est fréquemment plus facile d'être un suiviste, d'agir aveuglément comme on vous le dit ; mais une fois que l'on s'est rendu compte que les lois sont faites pour vous servir et non l'inverse, on peut commencer à changer de comportement.

Si l'on veut résister à l'enculturation, il faut savoir tirer son épingle du jeu. D'aucuns préfèrent continuer d'obéir, même si c'est à contrecœur. Laissez-les maîtres de leurs choix. Il ne s'agit pas de se mettre en colère mais simplement d'être fidèle à ses convictions. Un de mes amis, appartenant à la marine, faisait partie de l'équipage d'un porte-avions ancré à San Francisco à l'époque où le président Eisenhower effectuait une tournée politique en Californie du Nord. Ordre fut donné à l'équipage de se rassembler sur le pont en adoptant une formation dont la configuration formerait les mots HI IKE *(Salut, Ike)* pour accueillir le président quand il arriverait en hélicoptère. Mon ami trouva cette idée idiote et décida de ne pas participer à cet exercice contre lequel se révoltaient toutes ses convictions. Mais au lieu de fomenter une mutinerie, il préféra s'absenter tout l'après-midi, laissant ses camarades participer sans lui à ce rite dégradant. Par sa faute, il n'y eut pas de point sur le I de HI. Il ne s'agit pas de mortifier ceux qui choisissent une autre voie ni de se lancer dans de vaines diatribes : bornons-nous à hausser les épaules et à laisser chacun faire ce que bon lui semble.

Résister à l'enculturation veut également dire prendre ses propres décisions et les appliquer aussi efficacement et aussi tranquillement que possible. Evitons les bruyantes manifestations d'hostilité qui ne servent à rien. Les règlements, les traditions et les principes absurdes ne disparaîtront jamais, mais rien ne vous oblige à leur apporter votre caution. Contentez-vous de hausser les épaules et de laisser les autres hurler avec les loups. Si ça leur plaît, tant mieux pour eux. Mais vous, vous ne faites pas partie du troupeau. S'emporter est le moyen le plus sûr d'attirer l'animosité et de se créer des obstacles supplémentaires. Vous vous apercevrez tous les jours qu'il est plus facile de tourner discrètement la règle que de lancer des mouvements de protestation. Vous pouvez choisir d'être celui que vous voulez être ou celui que les autres veulent que vous soyez. A vous de décider.

Presque toutes les idées novatrices qui ont bouleversé notre société ont été honnies à une certaine époque et beaucoup d'entre elles étaient même illégales. Le progrès implique de rompre avec les vieilles règles devenues caduques. On s'est gaussé des Edison, des Henry Ford, des Einstein, des frères Wright — jusqu'au jour où leurs efforts ont été couronnés de succès. Attendez-vous à être mal vu, vous aussi, quand vous résisterez aux principes absurdes.

Quelques comportements d'obligation caractéristiques

Pour faire l'inventaire des « impératifs », un livre entier suffirait à peine. Voici quelques échantillons des manifestations les plus courantes de ce comportement grégaire dans notre culture.

— Professer qu'il y a une place pour chaque chose et que chaque chose doit être à sa place. Ce syndrome d'organisation signifie que vous êtes mal à l'aise si les objets ne sont pas rangés à l'endroit prévu.

— Se demander régulièrement comment il convient de s'habiller comme s'il n'y avait qu'une seule mode acceptable, déterminée par les autres. On ne met des pantalons blancs et on ne porte des couleurs claires qu'en été. Les lainages se portent toujours en hiver. Être esclave des diktats des chroniqueurs de mode et s'habiller immuablement de façon *in* parce que, après tout, on doit être dans le vent.

— Tenir comme établi que certaines boissons accompagnent obligatoirement certains mets : le vin blanc accompagne le poisson, le rouge seulement les rôtis. Être prisonnier des règles gastronomiques édictées par d'autres.

— Se sentir obligé d'aller à un mariage ou d'envoyer un cadeau, même si l'on n'en a pas envie. Se rendre à toutes les invitations, même si c'est une corvée. Cela vous irrite d'acheter ce cadeau mais vous le faites néanmoins parce que la coutume l'exige. Même chose pour les enterrements auxquels vous assistez uniquement parce que vous êtes censé être présent. Vous vous astreignez à participer à ce genre de cérémonies protocolaires pour bien faire voir que la disparition du défunt vous affecte, en signe de respect ou parce qu'il faut montrer que vous éprouvez les sentiments requis.

— Aller à l'église alors que vous avez horreur de ça et que vous n'êtes pas croyant parce que ça se fait et que votre absence choquerait.

— Donner à des prestateurs de services des titres qui, implicitement, les placent au-dessus de vous. Comment appelez-vous votre dentiste ? Si vous dites « Docteur », est-ce vraiment une appellation professionnelle ? Appelez-vous Dupont « Menuisier », Durand « Plombier » ? Est-ce par respect pour sa position que vous pensez que sa situation est supérieure à la vôtre ? Si vous payez votre dentiste pour les services qu'il vous rend, pourquoi a-t-il un titre alors que vous, vous n'en avez pas ?

— Se coucher parce qu'il est l'heure d'aller au lit et non parce qu'on est fatigué.

Ne pratiquer qu'une ou deux positions amoureuses parce que ce sont les seules admissibles et ne faire l'amour que si toutes les conditions sont réunies : les enfants sont au lit, vous n'êtes pas fatigué, la lumière est éteinte, vous êtes dans votre chambre, etc.

— Distribuer à chacun son rôle dans la vie quotidienne parce que c'est une exigence sociale. Les femmes font la vaisselle, les hommes vident les ordures. L'épouse s'occupe de la maison, le mari du jardin. Les petits garçons font ceci, les petites filles font cela.

— Se plier, chez soi, à un protocole stupide et inapproprié à votre style de vie — par exemple, demander la permission de se lever de table, décréter que tout le monde mangera ou se couchera à la même heure alors qu'il n'y a pas de raisons valables et que ce n'est pas pratique du tout.

— Obéir à tous les écriteaux, que leurs prescriptions aient un sens ou n'en aient pas. Défense de parler ! Défense d'entrer ! Défense de faire ci ou ça ! Déférer systématiquement aux ordres de toutes les pancartes sans même se demander si elles ont été correctement placées. Les gens font des écriteaux. Ils font aussi des erreurs.

— Déjeuner tous les dimanches chez votre mère, même si c'est à contrecœur. Après tout, il s'agit d'une tradition et bien que ce soit une corvée pour tout le monde, y compris pour votre propre mère, vous devez la maintenir.

— Commencer un livre à la première page et le lire jusqu'au bout sans passer un mot, même si la moitié de l'ouvrage est sans intérêt. Terminer un livre qui vous ennuie parce que vous en avez déjà lu la moitié et que vous vous sentez obligé d'aller jusqu'au bout.

— Quand on est une femme, ne jamais fixer un rendez-vous à un monsieur. Ça, c'est la prérogative du sexe fort. Ne pas téléphoner la première, ne pas ouvrir la porte pour laisser passer un homme, ne pas régler l'addition. Il y a, comme cela, d'innombrables traditions absurdes qui ne servent strictement à rien.

— Envoyer des cartes de vœux à son corps défendant mais s'y astreindre quand même parce que c'est la tradition et qu'on l'attend de vous.

— Accumuler les diplômes ou obliger les enfants à les collectionner. Étudier non pas pour le plaisir d'apprendre, mais pour le symbole que constituent les peaux d'ânes.

Passer son temps à se demander si un tel ou une telle est la personne qui vous convient — et ne jamais trouver cet oiseau rare.

— Aller partout avec votre compagnon ou votre compagne parce que c'est ce qui se fait, même si l'un et l'autre préféreraient à tel ou tel moment être chacun ailleurs.

— Consulter en toute occasion un livre style « faites ceci, ne faites pas cela » parce que chaque chose doit s'accomplir d'une façon donnée. Être incapable de distinguer entre les manuels qui vous apportent des renseignements utiles et ceux qui se contentent de vous dire comment on doit faire.

— Est-ce la robe qui convient, le chapeau qui convient, l'automobile qui convient, le mobilier qui convient, la sauce qui convient pour la salade, les amuse-gueules qui conviennent, le livre qui convient, l'école qui convient, le travail qui convient, etc ? S'inquiéter perpétuellement de ce qui convient, ce qui aboutit à vous plonger dans le désarroi et le doute.

— Accorder plus d'importance à vos titres, vos décorations, vos diplômes qu'à votre jugement sur ce que vous avez réalisé.

— Dire : « Je n'arriverai jamais à la hauteur d'Un Tel. »

— Au théâtre, applaudir même si on n'a pas aimé la pièce.

Donner des pourboires pour un service médiocre.

Délirer d'enthousiasme parce que l'équipe locale a

remporté une victoire ou se lamenter parce qu'elle s'est fait battre, et vivre par personnes interposées en fonction du succès ou de l'insuccès des champions.

Les principaux avantages du grégarisme

La liste ci-dessous rassemble quelques-unes des raisons pour lesquelles vous vous raccrochez à vos impératifs. Ainsi qu'il en va de toutes les zones erronées, tous ces avantages sont largement autodestructeurs mais ils n'en constituent pas moins une assise, en quelque sorte.

— En obéissant à tous vos impératifs, vous pouvez vous flatter d'être « un brave garçon » ou « une brave fille ». Vous pouvez vous enorgueillir de votre docilité. C'est là une récompense régressive : vous retournez à une période antérieure de votre vie où vous aviez le plaisir de recueillir d'autrui l'approbation chaque fois que vous vous conduisiez bien — autrement dit, où vous confiiez à quelqu'un d'autre le soin de fixer vos règles de conduite.

— La soumission aux impératifs extérieurs vous permet de rejeter la responsabilité de votre attitude sur une obligation au lieu de l'assumer vous-même. Aussi longtemps que cette obligation explique ce que vous êtes (ou ce que vous n'êtes pas), vous échappez au risque impliqué par le changement. Ainsi, vos impératifs font obstacle à votre épanouissement. Prenons un exemple. Marjorie a dans la tête un principe : les rapports sexuels avant le mariage sont tabous. A 34 ans, elle est encore vierge à cause de cet interdit. Mais Marjorie ne connaît pas la paix intérieure. Elle aimerait avoir des rapports sexuels et, dans ce domaine, elle est en contradiction avec elle-même. De plus, il est possible qu'elle ne se marie jamais et, dans ce cas, ce tabou l'empêchera de connaître l'amour charnel pendant toute sa vie. Elle tremble quand elle songe à cette éventualité. Cependant, l'interdit demeure. Cela fait problème. Impossible pour elle de passer la nuit sous le même toit que son petit ami de peur d'être mal jugée. Elle se sent contrainte de rentrer tous les soirs chez sa mère. S'accrocher à ses impératifs la fait échapper au risque d'une aventure qui l'effarouche. C'est quelque chose « qui ne se fait pas ». A l'évidence, ses impératifs l'empêchent d'être heureuse.

— Les impératifs vous mettent en mesure de manœuvrer les autres. En disant à quelqu'un que ceci doit se faire comme ça, on le fait agir comme on le souhaite.

— Il est facile de brandir un impératif quand on n'a pas confiance en soi. Lorsque l'image que l'on a de soi-même pâlit, l'impératif devient un rempart.

— On peut demeurer satisfait de soi et diriger son hostilité sur ceux dont le comportement ne se plie pas aux impératifs que l'on a fixés pour soi-même et pour le reste du monde. Ainsi, on se magnifie aux dépens de ceux qui ne se soumettent pas aux principes établis.

— On est approuvé quand on se conforme aux règles. On se sent bien quand on est intégré et l'on n'arrête pas de vous répéter que c'est de cette façon-là et pas d'une autre que vous *devez* agir. La quête de l'approbation, ce besoin que nous connaissons bien, montre ici le bout de l'oreille.

— Aussi longtemps que l'on se cristallise sur les autres que l'on vit à travers leurs succès et leurs échecs, point n'est besoin de faire d'efforts pour s'améliorer. Aduler des héros vous confirme dans la piètre opinion que vous vous faites de vous-même et vous pouvez ainsi couper à la tâche consistant à vous réformer. Si c'est par héros interposés que vous êtes heureux ou malheureux, il n'y a aucune raison pour que vous assumiez cette responsabilité.

En l'occurrence, votre valeur propre est empruntée et, par conséquent, éphémère et précaire. Elle dépend de vos idoles.

Quelques techniques d'élimination des impératifs

Décaper cette zone de brouillage, c'est prendre des risques. Il faut agir ! Il convient de prendre la résolution de ne pas se conduire comme on vous a enseigné à le faire lorsque cette méthode se révèle négative. Voici quelques tactiques pour vous aider à perdre vos habitudes moutonnières.

— Commencez par étudiez votre comportement. Analysez les profits névrotiques énumérés ci-dessus. Puis demandez-vous pourquoi vous vous encombrez de tous ces impératifs, si vous croyez véritablement en eux ou si votre comportement n'est pas tout simplement affaire d'habitude.

— Faites l'inventaire de toutes les règles auxquelles vous vous soumettez et qui vous paraissent aberrantes, des conduites stupides et conventionnelles dont vous vous plaignez mais dont vous ne pouvez pas, semble-t-il, vous défaire. Élaborez ensuite vos propres « règles de conduite » — celles qui vous paraissent avoir un sens. Mettez-les par écrit, même si, à cette étape, vous ne vous sentez pas encore capable de les faire passer concrètement dans la vie.

— Créez vos propres traditions. Par exemple, si vous avez toujours décoré l'arbre de Noël juste avant le réveillon, alors que vous estimez plus logique de le faire trois jours plus tôt, rompez avec la vieille tradition pour en inaugurer une nouvelle plus raisonnable à vos yeux.

— Discutez avec vos parents et vos amis des règles de conduite que tout le monde observe et contre lesquelles vous rechignez. Peut-être sortira-t-il de ces conversations de nouvelles règles que chacun trouvera plus sensées. Et vous vous apercevrez que si les anciennes continuent d'être appliquées, c'est que personne n'a encore jamais eu l'idée de les remettre en question.

— Tenez un journal dans lequel vous noterez vos réactions d'« extériorisation » — c'est-à-dire lorsque vous attribuez à autrui la responsabilité des sentiments que vous éprouvez. Et tâchez de voir si vous pouvez vous « intérioriser » en accomplissant des actes qui demandent du courage. Surveillez de près votre démarche d'intériorisation.

— Faites le compte de toutes les règles que vous imposez aux autres et demandez-leur si ces directives leur sont vraiment indispensables ou s'ils se conduiraient de manière identique en leur absence. Peut-être constaterez-vous, alors, que vos interlocuteurs vous proposeront des principes plus efficaces et plus souples.

— Prenez le risque de braver une règle ou un principe que vous aimeriez faire disparaître. Mais attendez-vous à vous heurter à l'hostilité d'autrui. Par exemple, madame, si vous avez toujours pensé qu'une femme ne doit pas prendre l'initiative de fixer un rendez-vous à un monsieur et si vous vous trouvez seule pour le week-end, téléphonez à un garçon — et vous verrez bien ce qui arrivera. Vous pouvez aussi rapporter au magasin un vêtement qui a un défaut, même s'il est bien précisé que la maison ne rembourse pas, et exiger de l'être, dussiez-vous aller jusqu'au grand patron pour obtenir satisfaction. Ne prenez pas pour modèle la conduite des autres, ce qui fait de vous une victime.

— Quand vous avez une décision à prendre, ne vous demandez pas si elle est bonne ou mauvaise, mais dites-vous que toutes les décisions se valent et qu'elles ont seulement des conséquences différentes. Fiez-vous à vous-même sans chercher à obtenir une garantie extérieure. Faites-vous plaisir au lieu de vous conformer à des critères imposés.

— Faites en sorte que vos règles et vos impératifs vous permettent de vivre l'instant présent, et voilà tout. Persuadez-vous que ces règles et ces impératifs n'ont rien d'universel, qu'ils n'ont de valeur qu'en cet instant présent.

— Dans votre insurrection contre les règles, ne vous alliez avec personne. C'est vous que cela regarde, uniquement vous, et il n'est pas dans vos intentions de quémander l'approbation car, dans ce cas, la lutte que vous menez pour résister à l'enculturation serait motivée par le désir d'attirer l'attention et, par conséquent, les compliments.

— Renoncez à jouer le rôle que vous (et les autres) assumez dans la vie. Soyez ce que vous voulez être et non ce que, selon vous, vous êtes censé être sous prétexte que vous êtes un homme, que vous êtes une femme, que vous avez un certain âge et *tutti quanti*.

— Au cours d'une conversation, cessez pendant un laps de temps déterminé de vous focaliser sur les autres. Abstenez-vous pendant des périodes toujours plus longues de condamner, de parler d'une personne, d'un événement ou d'une idée de façon critique.

— Renoncez à attendre des autres qu'ils changent. Posez-vous la question : pourquoi devraient-ils être différents de ce qu'ils sont sous prétexte que vous préféreriez qu'il en soit ainsi ? Admettez que tout un chacun a légitimement le droit d'être ce qu'il choisit d'être, même si cela vous irrite.

— Enumérez de façon détaillée tout ce qui vous déplaît en vous. Le résultat sera quelque chose de ce genre :

Ce qui me déplaît en moi — Qui en est responsable ?
— Ce que je n'aime pas dans la vie

Je suis trop grosse. — Les émissions culinaires à la télévision, mon métabolisme, ma mère, les Dupont, mon hérédité.

J'ai une mauvaise vue. — Mes parents, mes grands-parents, Dieu, la génétique, le travail ménager, la compagnie d'électricité.

Je suis faible en math. — Mon institutrice, ma sœur, mes gènes mathématiques qui sont déficients, ma mère.

Je n'ai pas de petit (e) ami (e) — Le manque de chance, tous les autres élèves sont des nouilles, mes parents, je ne supporte pas le maquillage.

Je suis trop grande — La génétique, Dieu, ma mère.

Je suis malheureux — L'économie, les cours de la Bourse, mon divorce, mes enfants qui ne m'aiment pas, la maladie.

J'ai les seins trop petits — Ma mère, la génétique, le manque de chance, j'ai été mal alimentée dans ma petite enfance, Dieu, Satan.

La couleur de mes cheveux est laide — Elena Rubenstein, l'hérédité, ma copine, le soleil.

La situation mondiale me tracasse — Le président Ford, le président Nixon, le président Johnson, etc., les communistes, l'humanité.

Les voisins sont imbuvables — Le quartier, « ce genre de personnes », la réglementation sur l'urbanisme.

Mon score au tennis — Le vent, le soleil, le filet était trop bas (ou trop haut), j'ai été distrait, j'ai eu des crampes, mon bras qui me faisait mal, ma jambe, etc.

Je ne me sens pas bien — Mon métabolisme, mes règles, mon médecin, ce que j'ai mangé, la chaleur, le froid, le vent, la pluie, le pollen, etc. Faites votre choix !

Faites le total et demandez-vous si vous êtes autrement

maintenant que vous avez accusé tous les gens et toutes les choses que vous tenez pour responsables de vos sentiments. C'est extraordinaire, mais vous êtes toujours exactement le même. Vous pouvez blâmer qui vous voudrez, vous demeurerez tel que vous êtes tant que vous n'entreprendrez pas quelque chose de constructif pour corriger ce qui vous déplaît en vous. Voilà un excellent exercice qui vous démontre combien il est vain de se répandre en reproches.

— Déclarez à haute et intelligible voix que vous allez vous efforcer de surmonter votre propension à rendre tout et le reste responsable de vos ennuis. Le fait de vous fixer ce but vous sensibilisera à votre tendance à adopter ce comportement.

— Dites-vous une fois pour toutes que si vous vous sentez malheureux, ce n'est pas à cause de quelqu'un d'autre mais à cause de vous-même, à cause de votre comportement. Rappelez-vous constamment qu'attribuer votre sensation de malaise à des causes extérieures renforce votre esclavage. En effet, c'est partir du postulat qu'au lieu de vous contrôler et de contrôler les autres, vous êtes sous la domination d'autrui.

— Quand quelqu'un se lamente, demandez-lui poliment : « Voulez-vous savoir si j'ai envie d'entendre vos doléances ? » Ainsi vous apprendrez aux autres à ne pas venir pleurer dans votre giron. On peut aussi rétorquer gentiment : « Vous estimez que si vous êtes malheureuse, c'est bien la faute de George. Croyez-vous vraiment que ce soit le cas ? » Ou bien : « Vous n'arrêtez pas de répéter que vous vous sentiriez beaucoup mieux si les cours remontaient. Vous vous faites vraiment l'esclave de la Bourse. » Prendre conscience des doléances et des impératifs des autres vous aidera à extirper ce comportement chez vous.

— Reprenez la liste des impératifs dont nous avons discuté au début de ce chapitre et essayez de substituer à ces vieilles habitudes un comportement nouveau et différent — dîner à une heure indue, adopter une position inédite en faisant l'amour ou porter un vêtement qui vous plaît. Commencez à avoir davantage confiance en vous et à attacher moins de crédit aux obligations extérieures.

— Rappelez-vous, même si vous avez la réaction inverse,

que ce que les autres font vous est indifférent. Au lieu de dire : « Ils ne devraient pas faire ça », dites plutôt : « Je me demande bien pourquoi je me tracasserais à cause de ce qu'ils font. »

Réflexions finales sur les impératifs

Ralph Waldo Emerson écrivit en 1838 dans *Literary Ethics* :

> Les hommes font tourner sans fin la meule du truisme et rien n'en sort, hormis ce qu'ils y ont mis. Mais à partir du moment où, se détournant de la tradition, il leur vient une pensée spontanée, alors, la poésie, l'esprit, l'espoir, la vertu, l'anecdote érudite accourent à leur aide.

Quelle admirable pensée ! Si l'on s'enferme dans la tradition, on a l'assurance que l'on sera toujours le même. Mais si on l'envoie promener, le monde nous appartient et il est disponible pour tous les usages créateurs que nous choisirons d'en faire.

Soyez le juge de vos actes et apprenez à vous faire confiance à vous-même pour prendre des décisions. Cessez de chercher les solutions dans le grand livre des principes et des traditions. Chantez votre chanson du bonheur sur l'air qui vous plaît en oubliant celui sur lequel *il faut* la chanter.

VIII

Le piège de la justice

Si tout devait être juste en ce monde,
il n'est pas une créature qui survivrait plus d'un jour.
Il serait interdit aux oiseaux de manger les vermisseaux
et il faudrait déférer aux intérêts égoïstes de chacun.

Nous sommes conditionnés à chercher la justice dans l'existence et quand nous ne la trouvons pas, nous nous indignons, nous sommes anxieux et nous nous sentons frustrés. En vérité, il serait tout aussi fructueux de se mettre en quête de la fontaine de Jouvence ou n'importe quel Graal mythique. La justice n'existe pas. Elle n'a jamais existé, elle n'existera jamais. Pour la bonne raison que le monde est ainsi. Les moineaux mangent les vers. Ce n'est pas juste pour les vers. Les araignées mangent les mouches. Ce n'est pas juste pour les mouches. Les pumas tuent les coyotes. Les coyotes tuent les blaireaux. Les blaireaux tuent les souris. Les souris tuent les insectes. Les insectes... Il suffit de regarder la nature pour se rendre compte que le monde ignore la justice. Les ouragans, les inondations, les raz de marée, les sécheresses sont injustes. Cette affaire de justice, c'est de la pure mythologie. Le monde et ses habitants nagent quotidiennement dans l'injustice. Vous pouvez choisir d'être heureux ou malheureux, mais cela n'a rien à voir avec l'injustice que vous remarquez autour de vous.

Ce n'est pas là une vue pessimiste de l'humanité et du monde, mais une image fidèle de ce qu'est celui-ci. La justice est tout simplement un concept qui ne s'applique pour ainsi dire jamais, en particulier s'agissant des choix que l'on fait pour s'accomplir et être heureux. Cependant, trop de nos semblables ont tendance à exiger que les rapports humains soient placés sous le signe de l'équité considérée comme inhérente aux relations avec les autres. « Ce n'est pas juste », « Si je n'ai pas le droit de faire ça, toi non plus, » « Moi, je ne vous aurais jamais fait une chose pareille » sont des formules que l'on entend tout le temps. Nous sommes en quête de justice et comme nous ne la trouvons pas, cela justifie que l'on soit malheureux. Vouloir la justice n'est pas un comportement névrotique. Cela ne devient une zone de brouillage que lorsque l'on se punit en éprouvant des émotions négatives face à l'échec de notre revendication de justice. Ce n'est pas réclamer la justice qui est pernicieux, mais le blocage que peut engendrer le choc avec la réalité — qui est absence de justice.

Notre culture prône la justice pendant les campagnes électorales, les hommes politiques n'ont que ce mot à la bouche : « Égalité et justice pour tous ! » Pourtant, la justice n'est jamais au rendez-vous. Depuis des siècles. De génération en génération, dans la vie publique comme dans la vie privée, ce sont la pauvreté, la guerre, la corruption, le crime, la prostitution, la drogue — et j'en passe. Et si l'on s'en réfère à l'histoire de l'humanité, cela ne fera que continuer.

L'injustice est une donnée permanente mais, fort de votre sagesse aussi neuve qu'infinie, vous décidez de la combattre, de refuser de plier devant elle. Oui, vous pouvez lutter pour le triomphe de la justice et décider de ne pas être psychologiquement bloqué par l'injustice.

La loi promet la justice. Et, parfois, elle tient parole. Mais c'est exceptionnel. Les gens qui ont de l'argent ne sont pas traînés devant les tribunaux. Il est fréquent que les puissants soudoient les policiers et les magistrats. Un résident et un vice-président des Etats-Unis, coupables de forfaiture, sont absous ou amnistiés. Les pauvres remplissent les prisons et n'ont aucune chance en face du système. Ce n'est pas équitable mais c'est comme ça. Spiro Agnew fait fortune après avoir fraudé le fisc. Richard Nixon est disculpé et ses hommes de main ne tirent que quelques mois alors que les malheureux, les membres des groupes minoritaires pourrissent dans des cachots en attendant leur procès. Il suffit de se rendre dans un tribunal ou dans un commissariat de police pour se convaincre que, en dépit de ce que prétendent les pouvoirs publics, il y a deux poids et deux mesures.

Où est la justice ? Nulle part. Il est très beau, c'est certain de lutter pour qu'elle triomphe   mais céder à l'accablement devant l'injustice est aussi névrotique que tous les comportements liés à nos zones erronées — la culpabilisation, la quête de l'approbation et toutes les autres conduites masochistes.

« Ce n'est pas juste ! », slogan de l'inefficacité

Cette soif de justice peut marquer vos rapports avec les autres et empêcher toute communication efficace. Le slogan « ce n'est pas juste » est une des plaintes les plus courantes — et les plus destructrices — que profèrent les gens. Quand on estime que quelque chose est injuste, on établit une comparaison entre soi et une autre personne ou un groupe d'individus. On a dans la tête des formules de ce genre : « S'ils peuvent le faire, je peux le faire aussi », « Vous possédez plus que moi, ce n'est pas équitable », « Pourquoi obtiendriez-vous ceci ou cela alors que, moi, je ne l'ai pas obtenu ? », et ainsi de suite.

Que se passe-t-il dans ce cas ? Vous déterminez ce qui est bon pour vous en fonction du comportement de quelqu'un qui vous est étranger. Ce sont les autres qui sont alors responsables de vos émotions. Si vous vous mettez dans tous vos états parce que vous n'êtes pas capable de faire ce que quelqu'un d'autre a fait, vous vous placez sous la coupe d'autrui. Lorsque vous vous comparez à quelqu'un d'autre, vous jouez le petit jeu du « ce n'est pas juste » et, au lieu de vous faire confiance, vous vous en remettez à l'opinion d'autrui — une opinion extérieure.

Une charmante jeune femme du nom de Judy que j'ai eue pour cliente illustre parfaitement cette mentalité. Judy, mariée depuis cinq ans, était malheureuse en ménage. Un soir, au cours d'un psychodrame thérapeutique, quand le garçon qui tenait le rôle de son mari, démarcheur en assurances, lui dit quelque chose de désagréable, elle rétorqua immédiatement : « Qu'est-ce que tu racontes ? Je ne t'ai jamais dit une chose pareille. » Et quand l'autre fit allusion à leurs deux enfants, Judy s'exclama :« Ce n'est pas juste. Je ne fais jamais intervenir les enfants dans la discussion. » De fil en aiguille, on envisagea de sortir un soir pour se distraire. « Ce n'est pas juste, répliqua Judy. Tu passes ton temps dehors alors que moi, je dois rester à la maison pour m'occuper des gosses. »

Judy tenait en quelque sorte un registre de comptabilité conjugale : un point pour toi, un point pour moi. Tout doit être équitable. Si je fais ceci, tu dois faire cela . Il n'était pas étonnant qu'elle fût malheureuse et qu'elle s'attachât plus à corriger des injustices imaginaires qu'à examiner la vie commune et, peut-être, l'améliorer.

Cette obsession de la justice est une impasse névrotique. Judy jugeait l'attitude de son mari en fonction de la sienne et prenait pour critère de son bonheur le comportement de son époux. Si elle avait cessé de tenir cette comptabilité permanente et d'avoir le sentiment d'être débitrice chaque fois qu'elle faisait ce dont elle avait envie, le ménage aurait beaucoup mieux marché.

Cette idée d'équité est un concept extérieur, un moyen d'éviter de prendre sa propre existence en charge. Au lieu de crier à l'injustice, vous pouvez décider, si vous voulez vraiment quelque chose, de faire en sorte de l'obtenir sans tenir compte de ce que veulent et de ce que font les autres. Le fait est là : les gens sont différents et vous pouvez protester tout votre soûl sous prétexte que d'autres s'en tirent mieux que vous, cela ne changera rien à rien. Ce qu'il faut, c'est cesser de se référer à autrui. Cassez les lunettes qui vous focalisent sur les faits et gestes des autres. Il y a des gens qui, tout en travaillant moins, gagnent plus que vous. Des gens qui ont des promotions par piston alors que, vous, vous avez la compétence. Votre femme et vos enfants continueront d'agir autrement que vous. Mais il suffit de s'intéresser à soi au lieu de se comparer aux autres pour ne plus se tracasser à propos des inégalités que l'on observe autour de soi. L'arrière-plan de toutes les névroses, c'est d'accorder plus d'importance au comportement d'autrui qu'au nôtre. En ressassant sans arrêt « S'il peut faire ça, je devrais pouvoir en faire autant », vous passerez votre temps les yeux fixés sur les autres et vous serez incapable de construire votre propre vie.

La jalousie comme revendication de justice

John Dryden disait que la jalousie était « la jaunisse de l'âme ». Si la jalousie vous handicape et vous bloque émotionnellement, fixez-vous pour but d'éliminer ce sentiment inutile. Qu'est-ce que la jalousie, en réalité ? C'est exiger que quelqu'un vous aime d'une certaine manière et dire « ce n'est pas juste » quand la réalité ne répond pas à votre attente. La jalousie vient d'un manque de confiance en soi pour la simple raison que c'est une émotion centrée sur autrui. On se résigne à souffrir à cause du comportement d'autrui. Les gens qui s'aiment eux-mêmes ne sont pas jaloux et ils ne se laissent pas abattre quand quelqu'un d'autre ne joue pas loyalement le jeu.

On ne peut jamais deviner comment les êtres que l'on aime réagiront en présence d'une tierce personne. Mais s'il s'agit d'affection ou d'amour, vous êtes condamné à être jaloux, avec tous les blocages que cela comporte, si vous considérez que vous êtes partie prenante dans leur décision. Si l'un des membres d'un couple aime quelqu'un d'autre, il n'est pas « déloyal » : il est, tout simplement. Et si vous parlez alors de déloyauté, il y a de fortes chances pour que vous demandiez pourquoi il est déloyal. Une de mes clientes constitue un parfait exemple de cette attitude. Son mari a une aventure galante et elle est furieuse. Elle se demande pourquoi et c'est devenu une véritable obsession. « Qu'est-ce que j'ai fait de mal ? », « Qu'est-ce qui lui déplaît en moi ? », « Est-ce que je ne lui suffisais pas ? » : voilà quelques-unes des questions qui l'obnubilent et qui sont révélatrices de son manque de confiance en elle. Pour Helen, l'infidélité de son mari est une injustice. Elle pleure beaucoup et a des accès de fureur auxquels succèdent des crises d'abattement.

Son erreur — et c'est la cause de son malheur — vient de ce qu'elle réclame la justice et cette exigence lui rend la situation intolérable. Elle voit dans les rapports extraconjugaux de son mari une raison pour être bouleversée. En même temps, elle s'en sert comme d'un prétexte pour faire quelque chose qu'elle voulait sans doute faire depuis longtemps mais dont elle s'était abstenue parce que ce n'était pas juste. Cette revendication de stricte justice pourrait signifier que, dans son esprit, si c'était elle qui avait commencé à être infidèle, son époux aurait répondu par des représailles. L'état émotionnel d'Helen ne s'améliorera que lorsqu'elle comprendra que la décision prise par son époux était indépendante d'elle, qu'il avait mille et un motifs de se livrer à ce genre d'explorations sexuelles qui étaient, tous, sans aucun rapport avec elle. Peut-être désirait-il simplement changer, peut-être était-il tombé amoureux d'une autre, peut-être voulait-il faire la preuve de sa virilité ou tenir en échec le vieillissement. En tout état de cause, Helen n'était pas dans le coup. Cette aventure met en jeu deux êtres : ce n'est pas un complot dirigé contre elle. C'est en elle-même que réside le problème, et uniquement en elle-même. De deux choses l'une : ou Helen continuera à souffrir du fait de cette jalousie masochiste qui la fait se juger moins importante que son mari ou que la maîtresse de celui-ci, ou bien elle finira par admettre que la vie privée des autres n'a rien à voir avec sa valeur personnelle.

Quelques comportements caractéristiques en ce domaine

La revendication de justice est un comportement que l'on voit se manifester dans la quasi-totalité des domaines. Pour peu que vous ayez un minimum de perspicacité, vous le détectez chez vous et chez les autres. Voici les exemples les plus courants de ce type de conduite.

— Se plaindre que d'autres gagnent plus d'argent pour le même travail.

— Dire qu'il n'est pas juste qu'un Frank Sinatra, un Sammy Davis, une Barbra Streisand touchent des cachets aussi pharamineux — et ne pas s'en remettre.

— S'indigner de se faire toujours pincer quand on commet une infraction alors que d'autres passent au travers. Qu'il s'agisse de l'excès de vitesse sur l'autoroute ou de l'absolution accordée à Nixon, vous proclamez que la justice doit prévaloir et vous n'en démordez pas.

— Toutes les phrases style « Est-ce que je vous traiterais comme ça, moi ? » laissant sous-entendre que tout le monde devrait être exactement comme vous.

— Lorsque quelqu'un vous fait une gentillesse, considérer comme un devoir de lui rendre la pareille. Si vous m'invitez à dîner, je vous dois au moins une bouteille. On justifie également ce comportement en excipant que la politesse ou le savoir-vivre le veulent ainsi mais, en vérité, c'est tout simplement le moyen de rétablir l'équilibre.

— Si l'on vous embrasse, vous rendez les baisers, si l'on vous dit qu'on vous aime, vous répondez « moi aussi » au lieu de donner ce baiser ou dire « je vous aime » au moment où vous décidez vous-même d'exprimer ces sentiments. Autrement dit, il n'est pas juste de recevoir un baiser sans le rendre.

— Faire l'amour avec une personne du sexe opposé par obligation, même si l'on n'en a pas envie, parce qu'il n'est pas juste de ne pas être coopératif. Dans ce cas, c'est l'idée de la justice qui vous conduit et non votre désir du plaisir.

— Dans une discussion, s'obstiner à exiger une conclusion nette et tranchée signifiant que le gagnant a raison et que le perdant doit admettre qu'il a eu tort.

— Utiliser l'argument de l'équité pour en faire à sa tête. « Tu es sorti hier soir. Moi, je suis restée à la maison, ce n'est pas juste. » Et s'indigner de cette injustice.

— Dire ce n'est pas juste pour les gosses, pour mes parents ou pour les voisins — faire en conséquence des choses qu'on aurait préféré ne pas faire et en être ulcéré. Au lieu d'accuser tout le monde d'être injuste, essayez plutôt de vous demander sans indulgence si vous n'êtes pas incapable de décider vous-même de ce qui vous convient.

— Jouer au petit jeu du « s'il peut le faire, je le peux aussi » par lequel vous justifiez votre attitude en mettant en avant le comportement de quelqu'un d'autre. C'est l'alibi névrotique qui vous permet de tricher, de voler, de flirter, de mentir, d'arriver en retard, bref de faire une chose que prohiberait votre système de valeurs. Par exemple, sur la route, faire une queue de poisson à un conducteur qui vous en a fait une ou rester pleins phares parce que les voitures d'en face en font autant — bref, risquer votre propre vie au nom de votre sens de la justice. « Il m'a battu, alors je cogne » — ce principe est de pratique courante chez les enfants qui suivent, en cela, l'exemple de leurs parents. Poussé à l'extrême, ce comportement ridicule est à l'origine des guerres ».

Les avantages psychologiques de la revendication de justice

Les bénéfices de ce type de comportement sont généralement négatifs en ce sens qu'ils nous détournent de la réalité au profit d'un univers chimérique qui n'existera jamais. Les motifs les plus courants pour lesquels on adopte ce comportement sont les suivants :

— On tire vanité de son intégrité. C'est une façon de se sentir supérieur et meilleur que les autres. Tant que l'on souscrit dans quelque domaine que ce soit à un modèle de justice mythique et que l'on tient scrupuleusement ses comptes, on se persuade que l'on vaut mieux qu'autrui et on s'infatue de soi-même au lieu de vivre une vie efficace.

— On tire son épingle du jeu et on excuse son immobilisme en attribuant toute la responsabilité de ses manquements aux gens et aux événements qui « ne sont pas justes. » Voilà les boucs émissaires de votre incapacité à être ce que vous choisissez d'être. Si la cause de vos problèmes est l'injustice, vous ne changerez que lorsque l'injustice n'existera plus — c'est-à-dire jamais.

— L'injustice vous permet d'attirer l'attention et la comparaison d'autrui, de vous apitoyer sur vous. Parce que le monde a été injuste envers vous, tout un chacun doit s'en affliger — y compris vous. C'est encore là une admirable technique pour ne pas changer. L'attention, la compassion et l'apitoiement sur soi sont vos récompenses, vous en tirez avantage au lieu de vous prendre en charge et de cesser d'établir des comparaisons.

— Vous pouvez justifier n'importe quelle conduite immorale, illégale ou déplacée en rendant quelqu'un d'autre responsable de votre façon d'agir. « S'il fait ça, je peux le faire aussi. » Cet argument justifie tous les comportements.

— C'est une excuse sensationnelle pour votre incompétence. « S'ils n'agissent pas, eh bien, moi non plus ! » La belle échappatoire pour ne pas avouer que l'on est trop paresseux, trop fatigué ou que l'on a peur !

— Cela vous fournit un sujet de conversation et vous évite de parler de vous. Disserter des injustices qui affligent le monde et ne rien faire permet, au moins, de tuer le temps et, peut-être aussi, d'éviter des rapports plus francs et plus personnels avec les gens.

— Aussi longtemps que vous avez votre notion à vous de l'injustice, vous pouvez toujours prendre des décisions « justes ».

— Vous pouvez manipuler les autres, notamment vos enfants, en leur rappelant qu'ils sont déloyaux s'ils ne sont pas en tous points semblables à vous et s'ils ne tiennent pas un compte précis de tout ce qui est dû. C'est là une intéressante petite recette pour imposer sa volonté.

— On peut justifier l'idée de vengeance en prétendant que tout doit être équitable. Cela permet de se livrer à toutes sortes de manipulations peu ragoûtantes. La vengeance est légitime puisque tout doit être juste et équitable. De même qu'il faut rendre service pour service, il faut rendre méchanceté pour méchanceté.

Tel est le système de justification psychologique de la revendication de justice. Mais cet édifice n'est pas d'une solidité à toute épreuve. Nous allons, pour finir, indiquer un ensemble de méthodes pour liquider cette façon de penser et balayer cette zone de brouillage.

Quelques tactiques pour en finir avec la futile revendication de justice

— Établissez la liste de tout ce qui vous paraît injuste dans le monde que vous utiliserez pour une action personnelle et efficace. Posez-vous cette question capitale : « Le fait de me laisser émouvoir par les iniquités les fera-t-il disparaître ? » Bien sûr que non. En vous attaquant au processus intellectuel qui vous traumatise, vous ferez un pas pour échapper au piège du juste et de l'injuste.

— Quand vous vous apprêtez à dire : « Moi, je ne t'aurais jamais fait cela » ou toute autre phrase du même genre, changez de formule et dites : « Tu est différent de moi, même si j'ai du mal à l'admettre pour l'instant. » Cela ouvrira la communication au lieu de la couper.

— Mettez-vous dans la tête que votre vie émotionnelle ne dépend en rien de ce que peuvent faire les autres. Cela vous libérera et vous ne souffrirez plus quand les autres ne se comporteront pas conformément à votre attente.

— Quand vous prenez une décison, n'y voyez pas un tournant historique, mais considérez-la dans sa perspective. L'homme d'expérience, dit Carlos Castaneda, est celui qui « vit en agissant, pas en pensant à son action, pas en pensant à ce qu'il pensera après avoir agi... Il sait que sa vie ne finira que trop tôt. Il sait, parce qu'il le voit, qu'aucune chose n'est plus importante qu'une autre... (et) comme aucune chose n'est plus importante qu'une autre, il va jusqu'au bout de ses actions comme si cela comptait à ses yeux. Sa folie contrôlée lui fait dire que ce qu'il fait compte et le fait agir comme si cela comptait bien qu'il sache qu'il n'en est rien. Aussi, l'action accomplie, il s'éloigne en paix. Qu'elle ait été bonne ou mauvaise, qu'elle ait eu un résultat ou non, cela ne le concerne pas »*.

Remplacez la formule « ce n'est pas juste » par « c'est dommage » ou « j'aurais préféré que... » Ainsi, au lieu d'exiger que le monde soit autrement qu'il n'est, vous commenoerez à accepter la réalité — sans l'approuver obligatoirement.

— Supprimez les termes de comparaisons extérieures. Que les objectifs que vous vous fixez n'aient rien à voir avec ce que peuvent faire Pierre, Paul ou Jacques. Décidez d'être ce

---

* Carlos Castaneda, *A Separate Reality : Further Conversations with Don Juan* (New-York, Pocket Books, 1972).

que vous voulez être sans tenir compte de ce que les autres ont ou n'ont pas.

— Quand vous prononcez une phrase comme : « Moi, je te téléphone toujours quand je vais être en retard, pourquoi ne m'as-tu pas appelée ? », corrigez-vous à haute voix et dites plutôt : « J'aurais préféré que tu me préviennes. » De la sorte, vous éliminez l'idée fausse que c'est parce que vous voulez que votre interlocuteur soit conforme à votre image que vous regrettez qu'il n'ait pas téléphoné.

— Au lieu d'apporter une bouteille de vin ou un cadeau en remerciement d'un dîner ou d'une invitation, attendez pour le faire d'en avoir envie et joignez au paquet un petit mot disant : « Parce que je trouve que vous êtes un type épatant. » A quoi bon cette comptabilité fondée sur la réciprocité du troc ? Si vous faites une gentillesse à quelqu'un, que ce soit parce que vous en éprouvez le désir et non parce que la situation l'exige.

— Si vous voulez faire un cadeau, mettez le prix que vous avez envie de mettre sans tenir compte de la valeur de ce qui vous a été offert, à vous. Déclinez les invitations fondées sur l'obligation et la justice. Pour décider des personnes chez qui vous vous rendrez, laissez-vous guider par des critères intérieurs et non pas extérieurs.

— Dans votre vie familiale, conduisez-vous en fonction de ce qui vous semble valable pour vous, et que tout le monde fasse de même. Demandez-vous ensuite si vous pouvez toujours agir à votre guise sans porter atteinte aux droits de tous. Si vous souhaitez sortir trois soirs par semaine mais que ce ne soit pas possible parce qu'il faut que quelqu'un garde les enfants, la « justice » n'a rien à voir avec votre décision. Faites appel à une baby-sitter, laissez les enfants seuls, bref trouvez un arrangement qui sera satisfaisant pour tout le monde. Mais gardez-vous surtout de crier à l'injustice : ce serait le meilleur moyen de vous mettre toute la famille à dos — et vous resteriez quand même à la maison ! Agissez au lieu de vous lamenter sur les iniquités dont vous êtes victime. Chaque fois que vous subissez une injustice, il y a une façon d'agir qui ne se solde par aucun blocage pour vous.

— Rappelez-vous que se venger n'est rien de plus qu'un moyen parmi d'autres de se mettre sous la coupe d'autrui. C'est à vous, pas aux autres, qu'il appartient de décider de faire ce qui vous convient.

Ce ne sont là que quelques amorces de suggestions pour vous aider à être plus heureux en vous débarrassant du besoin de vous comparer aux autres et d'apprécier votre bonheur en fonction de la situation qui est la leur. Ce n'est pas l'injustice qui compte, mais ce que l'on fait en face d'elle.

IX

Halte à la tergiversation
et tout de suite !

*Remettre quelque chose à plus tard
ne coûte pas une goutte de sueur.*

Êtes-vous un temporisateur ? Si vous êtes semblable au commun des mortels, la réponse est oui. Mais il y a alors des chances pour que vous souffriez de l'anxiété caractérisant ceux qui remettent systématiquement les choses à plus tard. C'est là un aspect extrêmement agaçant de l'existence. Combien de fois ne dit-on pas : « Je sais que je devrais m'y mettre, mais je m'occuperai de ça un autre jour. » Cette zone de brouillage qu'est l'atermoiement, il est difficile de la mettre sur le dos de quelqu'un d'autre. C'est vous, et seulement vous, qui êtes responsable de vos tergiversations comme du malaise qui en résulte.

L'atermoiement est presque une zone de brouillage universelle. Très rares sont les gens qui peuvent affirmer en toute sincérité qu'ils ne sont pas temporisateurs, en dépit du fait que ce soit malsain à long terme. En soi — comme c'est le cas pour toutes les zones erronées —, ce comportement n'est pas malsain. En définitive, la temporisation n'existe même pas. Ou l'on agit ou l'on agit pas, et ne pas faire quelque chose, ce n'est pas le renvoyer à plus tard : c'est ne pas le faire, tout simplement. En réalité, ce qui est névrotique, c'est la réaction émotionnelle, le blocage qui s'installe alors. Si surseoir ne vous culpabilise pas, ne vous angoisse pas, ne

197

vous trouble pas, n'hésitez pas à persévérer dans ce comportement et sautez le présent chapitre. Cependant, pour la plupart des gens, tergiverser est le moyen que l'on choisit pour ne pas vivre l'instant présent dans toute sa plénitude.

Les vœux pieux et les peut-être

« J'espère que les choses marcheront. »
« Je souhaite que les choses aillent mieux. »
« Peut-être que ça ira très bien. »

Telles sont les justifications de l'atermoiement. Tant que l'on dit « peut-être, » tant que l'on formule des vœux pieux, on a une raison pour s'abstenir de passer immédiatement à l'action. Ces « peut-être », ces vœux pieux sont une perte de temps, la chimère des habitants du Pays des Merveilles. Jamais ils ne se réalisent. Ce sont tout simplement des alibis commodes pour ne pas retrousser ses manches, pour reculer devant des activités que l'on a jugées suffisamment importantes pour les faire figurer à son programme.

Vous pouvez faire tout ce que vous avez décidé d'accomplir. Vous êtes fort, vous êtes capable et vous n'êtes pas fragile pour deux sous. Mais en vous dérobant devant l'action, vous cherchez à fuir la réalité, vous doutez de vous et vous vous dupez vous-même. Le temporisateur refuse d'être fort dans le moment présent et préfère espérer que les choses iront mieux plus tard.

L'inertie comme stratégie

« Attendons et ça s'arrangera » est une phrase qui vous enferme dans l'inertie. Attendre perpétuellement un jour qui ne viendra jamais pour agir est chez certaines personnes une règle de vie.

Il y a quelque temps, un client, un certain Mark, est venu me voir. Il était malheureux en ménage. C'était un quinquagénaire marié depuis près de trente ans. Au bout de quelques minutes de conversation, il m'apparut clairement qu'il y avait belle lurette que Mark était malheureux. « Cela

198

n'a jamais marché entre nous, même au début », me dit-il. Je lui demandai comment il avait fait pour tenir le coup pendant tant d'années. « J'espérais constamment que les choses s'amélioreraient », m'avoua-t-il. Près de trente ans d'espoirs — pourtant, Mark et sa femme s'entendaient toujours aussi mal.

De fil en aiguille, il finit par confesser qu'il était impuissant depuis au moins dix ans. Il n'avait jamais cherché de conseils en ce qui concernait le problème. Non, simplement, il faisait de moins en moins souvent l'amour en espérant que sa virilité reviendrait toute seule. « J'étais persuadé que les choses s'arrangeraient. » Toujours le même refrain.

C'est là un cas classique d'inertie. Mark fuyait les difficultés et justifiait cette attitude en disant : « Si j'attends sans rien faire, peut-être que ça s'arrangera tout seul. » Seulement, force lui était de reconnaître que les choses ne s'arrangent jamais toutes seules. Elles restent toujours en état. Au mieux, elles peuvent changer, pas s'améliorer. Non rien — ni les circonstances, ni les situations, ni les gens — rien ne s'arrange tout seul. Si votre vie s'est améliorée, c'est parce que vous avez fait quelque chose de constructif dans ce but.

Il faut analyser de façon plus approfondie ce comportement dilatoire. Il existe des solutions assez simples pour l'évacuer. C'est là une zone qu'il est possible de « nettoyer » sans efforts mentaux excessifs parce qu'on l'a créée soi-même et que, contrairement à bien d'autres zones erronées, ce n'est pas une contrainte culturelle imposée de l'extérieur.

Les mécanismes de la tergiversation

L'atermoiement, disait Donald Marquis, est « l'art de s'arrêter à hier ». J'ajouterai : et de fuir aujourd'hui. Vous savez qu'il y a certaines choses que vous voulez faire, non parce que d'autres l'ont décrété ainsi, mais parce que vous avez fait un choix délibéré. Et pourtant, beaucoup d'entre elles ne seront jamais réalisées, même si vous prétendez le contraire. Décider de faire plus tard ce que l'on pourrait faire tout de suite est un acceptable substitut à l'action qui permet de garder bonne conscience. C'est un système bien pratique qui fonctionne à peu près de la façon suivante : « Je sais qu'il faut absolument que je fasse ça, mais j'ai peur de ne pas le faire bien ou de trouver que c'est assommant. Aussi, je me dis que je le ferai plus tard. De cette façon, je n'ai pas à m'avouer que je ne le ferai pas. Cela me permet de m'accepter plus facilement. » Ce genre de raisonnement commode, encore que fallacieux, on peut y avoir recours quand on se trouve confronté à une tâche désagréable ou pénible.

Si vous vivez d'une certaine manière et prétendez que, demain, vous vivrez autrement, c'est une formule creuse. Vous êtes simplement quelqu'un qui tergiverse et qui n'agit jamais.

Il y a, bien sûr, des degrés différents dans l'atermoiement. On peut gagner du temps jusqu'à un certain point et se mettre à la besogne juste avant le délai limite. C'est, là aussi, une façon fort répandue de s'illusionner. Si vous vous accordez le minimum absolu de temps pour faire quelque chose, vous pouvez ensuite vous excuser vis-à-vis de vous-même de vos résultats médiocres en prétextant que vous n'avez pas disposé d'assez de temps. Or, vous avez tout le temps qu'il faut. Vous savez que les gens occupés font ce qu'ils ont à faire. Mais si l'on passe son temps à se lamenter parce qu'on est débordé (manœuvre dilatoire), il n'en reste plus pour accomplir sa tâche.

Un de mes confrères était un spécialiste de la tergiversation. Il était toujours en quête d'affaires à conclure et il ne cessait de parler de la somme de travail qu'il abattait. Rien qu'à l'entendre, ses interlocuteurs étaient épuisés en songeant à son rythme de vie. Pourtant, si l'on regardait les choses d'un peu plus près, on s'apercevait que, en réalité, il accomplissait fort peu. Il avait des milliers de projets en tête mais cela s'arrêtait là. J'imagine que le soir, avant de s'endormir, il se racontait que, demain, il se mettrait à la tâche. Comment, en effet, aurait-il pu dormir du sommeil du juste sans cette illusion qui lui servait de bouée de sauvetage ? Peut-être savait-il que les choses en resteraient là, mais tant qu'il se jurait de passer à l'action, il était en sécurité.

On n'est pas forcément ce que l'on prétend être. Le comportement est un bien meilleur critère que les belles paroles. Ce que vous faites au jour le jour est le seul indicateur qui permet de jauger la personne que vous êtes.

Critiques et hommes d'action

La tergiversation systématique est une méthode qui permet d'éviter de passer à l'action. Celui (ou celle) qui n'agit pas est très souvent quelqu'un qui critique, qui regarde agir les autres et philosophe ensuite sur la façon dont ceux-ci agissent. La critique est aisée, mais agir exige des efforts, exige que l'on prenne des risques, exige que l'on change.

Le critique

Les critiques prolifèrent dans notre culture. Nous payons même pour les entendre.

Il suffit de s'observer et d'observer les autres pour se rendre compte qu'une très grande part des rapports sociaux est placée sous le signe de la critique. Pourquoi ? Tout simplement parce qu'il est plus facile de commenter l'action d'autrui que d'agir soi-même. Pensez aux vrais champions, à ceux qui ont accompli des prouesses de haut niveau pendant une longue période, aux Henry Aaron, aux Johnny Carson, aux Bobby Fisher, aux Katharine Hepburn, aux Jœ Louis et à tous ceux de la même trempe. Des grands. Des champions toutes catégories. Les voyez-vous assis dans un coin en train de critiquer gravement les autres ? Ceux qui sont vraiment des hommes et des femmes d'action n'ont pas le temps de critiquer. Ils ont trop à faire. Ils travaillent. Ils aident ceux qui ont moins de talent qu'eux au lieu de jouer les censeurs.

La critique constructive n'est pas sans utilité. Mais si vous avez choisi d'être un observateur au lieu d'être un homme d'action, vous ne pouvez pas vous épanouir. En outre, peut-être critiquez-vous pour faire endosser la responsabilité de votre manque d'efficacité à ceux qui font véritablement des efforts. On peut apprendre à traiter par le mépris ceux qui s'érigent en censeurs et en critiques. La première méthode consiste à identifier ce comportement en soi-même et à prendre la résolution de l'évacuer entièrement. Alors, on peut être un homme d'action au lieu d'être un censeur doublé d'un temporisateur.

L'ennui, fils de la temporisation

La vie n'est jamais ennuyeuse, mais il y a des gens qui choisissent de s'ennuyer. L'ennui, c'est l'incapacité de trouver sa plénitude dans le moment présent. Il s'agit d'un choix que l'on fait, d'une expiation et c'est encore là un de ces comportements négatifs qu'il vous est loisible d'éliminer. Quand vous tergiversez, c'est que vous préférez ne rien faire au lieu de faire quelque chose et ne rien faire débouche sur l'ennui. Alors, on accuse l'environnement. « Cette ville est vraiment assommante », « Ce que ce conférencier peut être barbant ! »

Or, ni la ville en question ni le conférencier ne sont jamais ennuyeux : c'est vous qui vous ennuyez. La solution est d'utiliser votre intellingence, votre énergie pour faire autre chose.

« L'homme qui s'ennuie est encore plus méprisable que l'ennui lui-même », disait Samuel Butler. En faisant dès maintenant ce que vous choisissez de faire, en orientant dès maintenant votre esprit vers des activités créatrices, vous aurez la certitude de ne plus jamais choisir de vous ennuyer. Et, une fois de plus, le choix vous appartient.

Quelques conduites dilatoires caractéristiques

Voici un certain nombre de circonstances où il est plus facile de tergiverser que d'agir :

— Ne pas quitter un emploi où l'on étouffe et qui vous empêche de vous épanouir.

— S'accrocher à des relations qui ont fait faillite. Rester

marié (ou célibataire) en se contentant d'espérer que les choses iront mieux demain.

— Refuser de s'attaquer de front aux difficultés — rapports sexuels, timidité ou phobies, par exemple. Attendre que la situation s'améliore sans agir de façon positive pour qu'elle s'arrange.

— Ne pas lutter contre certaines intoxications comme l'alcoolisme, l'abus des médicaments ou le tabagisme en se disant qu'on y renoncera quand on le jugera nécessaire, tout en sachant que ce n'est qu'une dérobade parce qu'on n'est pas du tout sûr d'être capable d'y renoncer.

— Remettre à plus tard les corvées — nettoyer la maison, faire des réparations, coudre, tondre la pelouse, donner un coup de peinture, etc. — dans l'espoir que, si l'on se fait tirer l'oreille assez longtemps, quelqu'un d'autre s'y mettra.

— Éviter d'avoir une confrontation avec un supérieur, un ami, votre amant ou votre maîtresse, un vendeur ou un prestateur de services. Il suffit de faire traîner les choses en longueur pour couper à la discussion alors que celle-ci pourrait améliorer vos rapports personnels ou les services que vous êtes en droit d'attendre.

— Avoir peur de changer de région et rester toute la vie au même endroit.

— Renoncer à passer une journée ou une heure qui pourrait être bien agréable avec vos enfants sous prétexte que vous êtes surchargé de travail ou que vous avez de graves problèmes à résoudre. Ou bien, et c'est la même chose, ne pas aller au restaurant, au cinéma ou à un match avec de bons amis en arguant de vos occupations.

— Dire que vous commencerez votre régime demain ou la semaine prochaine. C'est plus facile que de prendre le taureau par les cornes. Vous déclarez « je commencerai demain » mais, bien sûr, il n'en sera rien.

— Utiliser l'argument du sommeil ou de la fatigue pour remettre les choses à une date ultérieure. Avez-vous remarqué à quel point vous êtes fatigué quand vous devez faire quelque chose de désagréable ou de pénible ? La fatigue peut être une arme de dissuasion extraordinaire.

— Tomber subitement malade quand on doit accomplir

une corvée. « Dans l'état où je suis, comment voulez-vous que je fasse ça, voyons ! » Comme la « fatigue » évoquée ci-dessus, c'est une excellente technique d'atermoiement.

— « Je n'ai pas le temps », le subterfuge qui vous donne un argument pour ne pas faire quelque chose en raison de votre emploi du temps chargé alors qu'il y a toujours de la place dans votre calendrier pour faire quelque chose qui vous plaît vraiment.

— Toujours rêver à des vacances ou à un voyage mythique — pour plus tard. L'année prochaine, à nous le Nirvana.

— Avoir une attitude critique et utiliser les critiques des autres pour camoufler son refus de passer à l'action.

— Ne pas se faire faire un bilan de santé alors que l'on a des inquiétudes. En remettant à plus tard, on fuit la réalité d'une éventuelle maladie.

— Avoir peur de faire un geste gentil envers quelqu'un que l'on aime bien. On voudrait bien le faire mais on préfère attendre en espérant que l'initiative viendra des autres.

— S'ennuyer en permanence. C'est là, tout simplement, une façon de surseoir. On prétexte de cet ennui pour ne pas faire quelque chose de plus passionnant.

— Décider de faire régulièrement de la gymnastique mais dire systématiquement que l'on s'y mettra sans tarder... dès la semaine prochaine.

— Consacrer toute sa vie à ses enfants et remettre à plus tard la recherche de son bonheur personnel. Comment peut-on prendre des vacances quand on a le souci de l'éducation des gosses ?

Pourquoi persévère-t-on dans les manœuvres dilatoires ?

La motivation se compose pour un tiers de mensonges que l'on se raconte à soi-même et, pour deux tiers, de dérobades. Les principaux avantages de l'atermoiement sont les suivants :

— D'abord, une constatation d'évidence : surseoir vous permet de couper à certaines corvées. Des choses auxquelles on a peur de s'attaquer ou que l'on hésite à faire, même si l'on en a envie. N'oublions jamais que rien n'est tout à fait noir ni tout à fait blanc.

— S'illusionner soi-même est rassurant. C'est tout profit : on s'épargne en se leurrant la nécessité d'avoir à admettre que, dans les circonstances présentes, on se détourne de l'action.

— C'est le moyen de rester ce que l'on est. Alors, on n'a pas à changer et on élimine automatiquement les risques que comporte tout changement.

— Quand une activité vous assomme et que vous êtes, en conséquence, malheureux, il y a toujours quelqu'un ou quelque chose que vous accusez d'être responsable de votre état d'âme. De cette façon, vous n'avez pas à assumer la responsabilité de vous-même : si vous n'êtes pas bien dans votre peau, c'est parce que l'activité à laquelle vous vous livrez vous ennuie.

— En adoptant une attitude critique, on affirme sa propre importance aux dépens d'autrui. C'est le moyen de se mettre au-dessus des autres à ses propres yeux et critiquer la conduite des autres est encore une manière de se mentir à soi-même.

— Attendre que les choses prennent une tournure favorable vous permet de dire que si vous êtes malheureux, c'est la faute du monde entier. Rien ne vous réussit. Quelle admirable stratégie pour justifier l'inaction !

— Si l'on se détourne de toutes les activités impliquant un risque quelconque, on est sûr et certain de ne jamais échouer. C'est un excellent moyen d'éviter de douter de ses propres capacités.

— Croire au père Noël, c'est retrouver la situation protégée et sécurisante de l'enfance.

— On s'attire la compassion des autres et l'on s'apitoie sur soi-même en arguant de son mal de vivre qui n'est rien d'autre que le désagrément de ne pas faire ce que l'on voudrait.

— On excuse une contre-performance en prétendant que l'on a manqué de temps.

— A force de tergiverser, on peut, peut-être, inciter

quelqu'un à agir à votre place. La tergiversation devient ainsi un instrument de manipulation.

— Elle vous permet de vous imaginer que vous êtes différent de l'homme ou de la femme que vous êtes.

— Ne pas faire un travail, c'est se condamner à ne pas réussir dans une entreprise. Et ne pas réussir, c'est éviter d'avoir à être fier de soi et d'endosser les responsabilités qu'implique le succès.

Maintenant que vous avez une idée des motifs que vous poussent à adopter des attitudes dilatoires, vous pouvez attaquer cette zone de brouillage destructrice.

Quelques recettes pour éliminer la tergiversation

— Au lieu de vous fixer des tâches à longue échéance, prenez la décision de vous consacrer pendant cinq minutes à quelque chose que vous désirez faire et de refuser de remettre à plus tard ce que vous avez envie de faire.

— Entreprenez une tâche que vous avez différée jusqu'à maintenant. Par exemple, écrire une lettre ou commencer à lire un livre. Vous vous apercevrez que cet atermoiement était en grande partie inutile car, une fois que vous aurez décidé de vous jeter à l'eau, il y a de fortes chances pour que vous constatiez que cette tâche vous est agréable. Il suffit de commencer pour que disparaisse l'anxiété que le travail à accomplir vous fait éprouver.

— Posez-vous cette question : « Qu'est-ce qui pourrait m'arriver de pire si j'accomplissais la chose que j'ai différée jusqu'à présent ? » La réponse sera la plupart du temps tellement insignifiante que cela vous fouettera et que vous passerez à l'action. Une fois que l'on a pris la mesure de ses appréhensions, il n'y a plus aucune raison de les laisser vous paralyser.

— Décrétez que pendant un laps de temps donné (par exemple le mercredi de 10 h à 10 h 15), vous vous consacrerez exclusivement à la tâche que vous avez jusqu'ici renvoyée à plus tard. Vous vous apercevrez que ce quart d'heure de zèle suffit souvent à faire sauter le verrou de la tergiversation.

— Dites-vous que vous avez trop d'importance pour passer votre existence à vous tracasser parce que vous n'avez pas fait ceci ou cela. La prochaine fois que vous éprouverez l'angoisse qui va de pair avec ces dérobades, rappelez-vous que les gens qui s'aiment pour eux-mêmes ne se torturent pas de cette manière.

— Étudiez-vous attentivement. Demandez-vous ce que vous cherchez à éviter et prenez la décision de vous attaquer de front à votre peur de vivre. Tergiverser, c'est se détourner du présent en se tracassant pour l'avenir. Si l'événement futur investit le présent, l'angoisse doit disparaître.

— Arrêtez de fumer... dès maintenant ! Commencez votre régime... aujourd'hui ! Renoncez à boire... à partir de cette minute ! Refermez ce livre et mettez-vous à la tâche. C'est comme cela qu'il faut affronter les problèmes : en agissant immédiatement ! *Do it !* Passez à l'attaque ! Le seul obstacle, c'est vous-même et les choix névrotiques que vous avez faits parce que vous êtes persuadé de ne pas être énergique. C'est pourtant tellement simple... Foncez !

— Lorsque vous vous trouvez dans une situation que vous avez toujours considérée comme assommante, utilisez votre intelligence de façon créatrice. Pendant une morne conférence, posez une question pertinente pour casser le rythme. Ou livrez-vous à des exercices plus passionnants : composer un poème ou apprendre vingt-cinq chiffres à l'envers rien que pour le plaisir d'entraîner votre mémoire. Et prenez la décision de ne plus jamais vous ennuyer.

— Si quelqu'un vous critique, demandez-lui : « Croyez-vous que j'aie besoin qu'on me critique actuellement ? » Ou, si vous vous surprenez à avoir une attitude critique, demandez à votre interlocuteur s'il veut que vous lui fassiez part du fond de votre pensée — et, dans l'affirmative, pour quelle raison. Cela vous aidera à quitter le camp des censeurs pour rallier celui des gens d'action.

— Examinez sérieusement votre vie. Faites-vous ce que vous choisiriez de faire si vous n'aviez plus que six mois à vivre ? Si la réponse est négative, dépêchez-vous de faire ce dont vous avez envie car, relativement parlant, c'est tout le temps qui vous reste à passer sur cette terre. Par rapport à l'éternité, trente ans ou six mois, c'est du pareil au même. Votre existence n'est qu'une goutte d'eau dans l'océan. Remettre les choses à plus tard est insensé.

— Ayez l'audace d'entreprendre une activité dont vous vous êtes jusque-là détourné. Un seul acte de courage peut faire disparaître la peur que vous éprouvez. Cessez de vous dire que vous devez absolument accomplir un exploit. Il est infiniment plus important d'agir, ne l'oubliez pas.

— Prenez la décision de ne pas vous sentir fatigué avant l'heure de vous coucher. Ni la fatigue ni la maladie ne doivent être une solution d'évasion, le moyen de retarder le moment de faire quelque chose, et vous constaterez peut-être qu'en éliminant le motif de cette maladie ou de cette fatigue — c'est-à-dire le désir de couper à une tâche —, vos difficultés physiques disparaîtront « comme par magie ».

— Éliminez de votre vocabulaire les expressions du genre : (J'espère que... » « Pourvu que... », « Peut-être que.. ». Ce sont là d'excellents instruments d'atermoiement. Remplacez-les par d'autres formules. Au lieu de dire : « J'espère que les choses marcheront », « Pourvu que ça s'arrange », « Peut-être que tout ira bien », dites : « Je vais faire en sorte que les choses marchent », « Je ferai ceci ou cela pour que ça s'arrange », « J'agirai de telle façon que tout aille bien ».

— Notez par écrit vos récriminations et vos reproches. Cela aura deux résultats. Vous vous rendrez compte de la manière dont ce comportement critique se manifeste — sa fréquence, ses modalités, les événements et les gens qui sont vos cibles favorites. Et, en outre, vous renoncerez à cette attitude parce que cette page d'écriture sera une pénible corvée.

— Si vous subissez la tentation de tergiverser dans une situation qui implique d'autres personnes (une initiative à prendre, un problème sexuel, un nouvel emploi), demandez leur opinion aux intéressés. Ayez le courage d'exprimer ouvertement vos appréhensions et posez-vous la question : les motifs de mon hésitation n'existent-ils pas seulement dans ma tête ? En faisant ainsi appel à quelqu'un de confiance pour vous aider, vous verrez que l'angoisse liée à la tergiversation s'évanouit souvent quand on n'est plus seul.

— Passez avec ceux que vous aimez un contrat aux termes duquel vous vous engagerez à faire ce que vous avez envie de faire mais que vous retardez. Ce contrat devra prévoir des sanctions en cas de non-application. Qu'il s'agisse d'une partie de ballon, d'un dîner en ville, de vacances ou d'une soirée au théâtre, vous constaterez que cette stratégie est rentable et qu'elle vous apportera en outre des satisfactions personnelles puisque vous participerez de la sorte à des activités agréables.

Vous voulez que le monde change ? Eh bien, au lieu de ronchonner, faites quelque chose. Cessez de bloquer l'instant présent en vous rongeant parce que vous remettez les choses à plus tard. Prenez à bras-le-corps cette zone de brouillage négative et vivez ! Vivez dès maintenant. Soyez un homme, une femme d'action au lieu de critiquer et de faire des vœux pieux.

X

Proclamez votre indépendance

*Dans tous les rapport humains où deux êtres n'en font plus
qu'un
le résultat est deux moitiés de personnes.*

Quitter le douillet nid psychologique est une des choses les
plus difficiles qui existe. La vipère de la subordination est
partout présente dans la vie et la multitude des personnes qui
ont intérêt à maintenir autrui en état de dépendance
complique encore la tâche quand on veut l'expulser. Être
psychologiquement indépendant, c'est être entièrement
affranchi de toutes relations obligatoires, c'est avoir une
conduite qui ne soit pas dictée par les autres, c'est ne pas être
tenu de faire des choses que l'on ne choisirait pas de faire si
ces relations n'existaient pas. La difficulté particulière qu'il y
a à quitter le nid vient de ce que la société nous conditionne à
répondre à l'attente de certaines personnes avec lesquelles on
est en rapport direct — parents, enfants, images de l'autorité,
gens que l'on aime, notamment.

Quitter le nid, c'est devenir soi-même, c'est vivre comme
on le souhaite, adopter les comportements que l'on désire. Il
ne s'agit nullement de rupture. Si vous êtes satisfait de vos
rapports avec les autres et si ces rapports n'interfèrent pas
avec vos objectifs, conservez-les et ne les modifiez surtout
pas. Être psychologiquement dépendant, en revanche, c'est
ne pas avoir de choix, c'est être contraint de faire des choses
que l'on n'a pas envie de faire — et cette nécessité vous rend

amer. Voilà le fond même de cette zone de brouillage et la situation est semblable à celle de la recherche de l'approbation dont nous avons discuté au chapitre III. Les rapports qui vous lient à autrui ne sont pas nécessairement malsains. Ils ne sont négatifs qu'à partir du moment où ils deviennent un besoin ou une contrainte générateurs de ressentiment. Le problème n'est pas l'obligation, mais la relation elle-même. L'obligation enfante la culpabilisation et la sujétion, alors que le choix engendre l'amour et l'indépendance. Or, le choix est absent des relations de dépendance psychologique qui sont toujours sources de rancune et d'affrontements.

Être psychologiquement indépendant implique que l'on n'a pas besoin des autres. Je précise : *besoin*. Désirer leur présence est tout autre chose. A partir de l'instant où l'on a besoin d'eux, on est vulnérable, on est esclave. Si l'être dont on a besoin s'en va, change d'avis ou meurt, alors, c'est l'immobilisation, l'effondrement, voire la mort. Pourtant, la société nous incite à être psychologiquement dépendant d'une foule de gens, à commencer par nos parents. Aussi longtemps que vous estimez devoir faire quelque chose parce que, compte tenu des rapports sociaux existants, on attend de vous que vous le fassiez, aussi longtemps que vous le faites en rechignant ou que vous vous sentez coupable si vous ne le faites pas, vous êtes indiscutablement dans une zone de brouillage.

Liquider la dépendance, cela commence au niveau de la famille. Comment vos parents vous ont-ils traité quand vous étiez enfant et comment traitez-vous vos propres enfants aujourd'hui ? Combien de maximes de dépendance avez-vous encore dans la tête ? Combien de ces maximes serinez-vous à votre progéniture ?

Le piège de l'assujettissement au niveau de l'enfant et de la famille

Il y a quelques années, Walt Disney a produit un très beau film intitulé *Bear Contry*. Les personnages principaux étaient une maman ourse et ses deux bébés oursons. La maman ourse apprenait à ses petits à chasser, à pêcher, à grimprer aux arbres, à se défendre en face des dangers. Et puis, un beau jour, obéissant à son instinct, elle jugea que le moment était venu de disparaître. Elle fit monter ses petits en haut d'un arbre et partit sans un regard en arrière. Pour toujours ! Dans sa petite tête d'ourse, elle avait estimé avoir accompli son devoir maternel. Elle n'était plus responsable. Elle n'essayait pas de manipuler ses enfants en les contraignant à venir lui rendre visite un dimanche sur deux. Elle ne les accusait pas d'ingratitude, elle ne les menaçait pas de faire une dépression nerveuse s'ils la décevaient. Elle les abandonnait simplement à eux-mêmes. Dans tout le monde animal, le rôle des parents consiste à apprendre aux jeunes à être indépendants et, ensuite, ils se retirent. Chez les humains, le même instinct — être indépendant — est présent, mais le besoin névrotique de s'approprier ses enfants et de vivre à travers eux est le plus fort, semble-t-il. A l'objectif qui est d'élever un enfant afin qu'il soit indépendant s'en substitue un autre : l'élever pour s'appuyer sur lui.

Que souhaitez-vous pour vos enfants ? Qu'ils aient du respect pour eux-mêmes, qu'ils aient confiance en eux, qu'ils ne soient pas névrosés, qu'ils s'épanouissent et soient heureux ? Bien entendu. Mais comment parvenir à ce résultat ? Il n'y a qu'une seule façon : être tel que l'on est. Les enfants s'inspirent de l'attitude de leurs modèles. Si vous êtes culpabilisé, si vous n'êtes pas épanoui et si vous enseignez à vos enfants à ne pas être culpabilisés et à s'épanouir, vous leur vendez un produit avarié. Si vous vous mésestimez, vous qui êtes leur modèle, vous leur apprenez à adopter la même attitude. Il y a encore plus grave : si vous leur accordez plus d'importance qu'à vous-même, bien loin de les aider, vous leur apprenez à se minimiser, à se contenter d'un strapontin quand il y a des places libres dans la salle. L'ironie de la chose, c'est qu'il n'est pas possible d'inculquer la confiance de soi à ses enfants : c'est là un don qu'ils n'acquièrent qu'en vous voyant vivre de cette manière. Ce n'est qu'en vous traitant comme l'être qui a le plus d'importance sans vous sacrifier perpétuellement pour eux que vous leur enseignerez la confiance en soi. Si vous êtes de ceux qui se sacrifient, vous leur inculquez le goût du sacrifice. Et que signifie le sacrifice ? Se considérer comme inférieur aux autres, ne pas s'aimer soi-même, solliciter l'approbation — et bien d'autres zones erronées. Se mettre au service des autres est parfois admirable, mais quand c'est aux dépens de soi-même, on ne fait qu'encourager chez autrui un comportement producteur de dépit.

Dès le début, les enfants veulent se débrouiller par eux-mêmes. « Je peux faire ça tout seul ! », « Regarde-moi, maman, j'y arrive sans personne », « Je mange tout seul ». Les signaux sont incessants. Et bien que le tout jeune enfant soit extrêmement dépendant, on constate néanmoins chez lui, presque dès le premier jour, une nette recherche d'autonomie.

A quatre ans, la petite Roxanne se réfugie toujours auprès de papa ou de maman lorsque quelque chose ne va pas ou qu'elle a besoin d'un support affectif. A huit ans, à dix ans, elle vide son cœur. Elle a beau vouloir être considérée comme une grande fille (« Je boutonne mon manteau toute seule. »), elle désire aussi l'aide attentionnée de ses parents. (« Regarde, maman, je me suis écorché le genou et ça saigne. ») L'idée qu'elle a d'elle-même est subordonnée au point de vue de ses parents et des autres personnes qui comptent dans sa vie. Et voilà que Roxanne a quatorze ans. Un beau jour, elle rentre en sanglotant à la maison parce qu'elle s'est disputée avec son petit ami, elle se précipite dans sa chambre et la porte claque à grand bruit. Maman, toujours pleine de sollicitude, bondit, mais Roxanne a une attitude sans équivoque : « Je ne veux pas parler de ça. Laisse-moi tranquille. » Au lieu de comprendre que cette péripétie est la preuve qu'elle a été une mère efficace, que la petite Roxanne qui lui faisait toujours part de ses difficultés veut maintenant les régler toute seule (indépendance émotionnelle), maman est catastrophée. Elle n'est pas prête à laisser sa fille s'engager sur la voie de l'indépendance. Roxanne est toujours le petit oisillon de naguère. Mais si elle persiste dans cette attitude, si elle ne veut rien entendre, la petite Roxanne lui en voudra beaucoup.

L'enfant a un vif désir de quitter le nid, mais quand les notions de propriété et de sacrifice ont été le lubrifiant de la machine familiale, cet acte, si naturel, débouche sur une crise. Dans une atmosphère familiale psychologiquement saine, s'envoler du nid n'est pas un drame. C'est la conséquence normale d'une vie efficace. Mais quand cela engendre un sentiment de culpabilité et la peur de décevoir ceux que l'on aime, ces sentiments se prolongent toute la vie à tel point, parfois, que la relation conjugale se mue en relation parentale et le couple n'est plus alors constitué de deux êtres situés sur un pied d'égalité.

Quels sont alors vos objectifs, d'une part en tant que parents, d'autre part sur le plan de l'établissement de rapports efficaces avec vos père et mère ? La famille est indiscutablement un élément important du processus de développement, mais il ne faut pas la voir comme une unité permanente et définitive. Elle ne doit pas être un vecteur de culpabilité et de névrose lorsque ses membres accèdent à l'indépendance émotionnelle. Peut-être avez-vous entendu des parents affirmer : « J'ai le droit de faire en sorte que mes enfants soient ce que je veux qu'ils soient. » Mais que rapporte cette attitude autoritaire ? La haine, la rancune, la rage et un sentiment frustrant de culpabilité chez l'enfant à mesure qu'il grandit. Lorsque les relations parents-enfants sont efficaces, sans obligations ni contraintes, on constate que les parents traitent leurs enfants en amis. L'enfant qui renverse de la sauce sur la table ne se fait pas rabrouer d'un « Fais donc attention à ce que tu fais ! Ce que tu peux être maladroit ! » Non. On lui dit ce qu'on dirait à un ami : « Tu veux que je t'aide ? » De tels parents ne houspillent pas leurs enfants : ils respectent la dignité de ceux-ci. Et l'on constate aussi que ces parents efficaces encouragent l'esprit d'indépendance et non la sujétion, et que le normal désir d'autonomie des enfants ne provoque pas d'esclandres.

Les familles fondées sur la sujétion et les familles fondées sur l'indépendance

Dans les familles où l'on cultive l'indépendance, le désir d'être soi-même est considéré comme une chose normale et non comme un défi à l'autorité de quiconque. On ne privilégie pas le fait de s'accrocher aux autres, d'avoir besoin des autres. De même n'exige-t-on pas de l'enfant une obéissance et une soumission de tous les instants sous prétexte qu'il fait partie de la famille. En conséquence, les membres de la famille aiment être ensemble au lieu de se sentir obligés de l'être. On ne réclame pas de partager tout et le reste : on respecte l'intimité de chacun. Dans de telles familles, la femme n'est pas seulement une mère et une épouse   elle a également sa vie propre. Elle édifie une existence efficace pour ses enfants au lieu de vivre pour et à travers eux. Les parents considèrent que leur propre bonheur est capital car, sans lui, il n'y a pas d'harmonie familiale. C'est pourquoi il leur arrive parfois de sortir seuls. Ils ne se sentent pas obligés de rester à la maison pour leurs enfants. La mère n'est pas une esclave parce qu'elle ne veut pas que ses enfants (ses filles, en particulier), soient des esclaves. Elle ne pense pas qu'elle doive être perpétuellement chez elle pour satisfaire tous les besoins de ses enfants : elle sera d'autant plus heureuse avec eux qu'elle vivra pleinement et sera sur un plan d'égalité avec les hommes dans la contribution qu'elle apportera à sa famille, à sa communauté et à sa culture.

Dans les familles de ce genre, on ne manipule pas subtilement les enfants en les culpabilisant et en les menaçant afin de les maintenir sous la coupe des adultes. Et quand les enfants sont grands, leurs parents ne veulent pas que ce soit par obligation qu'ils viennent les voir. D'ailleurs, les parents de ce bois-là sont trop occupés à vivre avec efficacité pour attendre que leurs enfants et leurs petits-enfants leur rendent visite   ils n'ont pas besoin de ces visites comme raison d'être. Ils ne croient pas qu'il faille épargner à leurs enfants les épreuves qu'ils ont eux-mêmes subies car ils savent que c'est en les surmontant que l'on prend confiance en soi et que l'on se respecte. Ils se refusent à priver leurs enfants d'aussi précieuses expériences.

Le désir qu'ont leurs enfants de se débrouiller tout seuls avec l'aide de parents attentifs mais qui ne les écrasent pas est pour eux une réaction saine à laquelle il faut déférer. Le Demian de Hermann Hesse parle en ces termes des différents chemins de l'indépendance :

Chacun de nous doit, tôt ou tard, tourner le dos à son père, à ses mentors. Chacun de nous doit connaître la cruelle expérience de la solitude... Pour ma part, ce n'est pas à la suite d'un combat violent que j'ai quitté mes parents et leur univers, l'univers « lumineux », mais je me suis éloigné progressivement, presque imperceptiblement. Cela me peinait qu'il dût en aller ainsi et j'ai connu bien des heures pénibles lorsque je retournais à la maison*.

Rendre visite à ses parents peut être agréable à condition de savoir se battre pour demeurer indépendant d'eux. Et si vous inculquez à vos enfants le sens de leur propre fierté et de leur valeur personnelle, quand ils quitteront le nid, personne ne sera traumatisé ni bouleversé.

Dorothy Canfield Fisher a admirablement résumé cela dans son livre : *Her Son's Wife :* « Une mère n'est pas quelqu'un sur qui l'on s'appuie : c'est quelqu'un qui fait en sorte qu'il ne soit pas nécessaire de s'appuyer. »

Ainsi soit-il ! Quitter le nid peut être une chose naturelle ou un événement traumatisant qui marquera l'enfant et empoisonnera à jamais les rapports humains qu'il nouera à votre guise. Mais vous avez été un enfant, vous aussi, et si l'habitude de la sujétion psychologique vous a été inculquée, peut-être avez-vous substitué en vous mariant une dépendance psychologique à une autre.

Dépendance psychologique et crise du couple

Peut-être avez-vous réglé le problème de la dépendance envers vos parents et peut-être contrôlez-vous aussi bien vos rapports avec vos enfants. Peut-être admettez-vous qu'ils ont besoin d'être indépendants et favorisez-vous ce besoin. Mais il se peut aussi que vous ayez encore un problème de subordination dans votre vie. Si vous faites partie de ces personnes qui, ayant cessé de dépendre de leurs parents, ont créé de nouveaux rapports de dépendance en se mariant,

---

* Hermann Hesse, *Demian* (New York, Bantam Books, 1974), p.104.

vous avez une zone de brouillage à laquelle il importe de s'attaquer.

« Le mariage, écrivait Louis Anspacher à propos de cette institution en Amérique, le mariage est une relation entre l'homme et la femme dans le cadre de laquelle l'indépendance est égale, la dépendance mutuelle et l'obligation réciproque. »

Dépendance et obligation — les voilà lâchés, ces deux petits mots abominables qui expliquent ce qu'il en est de l'institution conjugale et du taux des divorces aux États-Unis. Cela se ramène à une constatation toute simple : la plupart des gens sont réticents à l'égard du mariage et, qu'ils le supportent ou qu'ils le rompent, la mutilation psychologique persiste.

Un rapport qui se fonde sur l'amour, répétons-le encore, est celui où chacun des partenaires laisse l'autre libre d'être ce qu'il choisit d'être sans rien attendre de lui et sans poser d'exigences. C'est simplement l'association de deux êtres qui s'aiment tellement qu'aucun des deux ne désire que l'autre soit quelque chose qu'il ne choisirait pas d'être. Mais ce genre de rapport est si rare dans notre civilisation que c'est presque un mythe. Imaginez une union où chacun des deux partenaires peut être ce qu'il souhaite. Et voyez ce qu'est la réalité de la majorité des couples. Comment cette sinistre dépendance intervient-elle pour tout gâcher ?

Un mariage type

Les rapports de domination et de soumission sont une menace permanente pour tous les couples. L'un des deux partenaires — qui peut ne pas être toujours le même — prévaut sur l'autre : c'est l'une des conditions de l'union. Voici à peu près ce qui se passe pour le couple type.

Quand ils se marient, lui a vingt-trois ans et elle vingt. Il a fait des études un peu plus poussées et a acquis un statut prestigieux et une situation confortable alors qu'elle est secrétaire, employé ou qu'elle travaille dans une profession où les femmes exercent une sorte de monopole — institutrice ou infirmière. Ce n'est qu'une occupation provisoire à laquelle elle renoncera quand elle aura des enfants. Au bout de quatre ans de mariage elle en a deux ou trois et elle reste chez elle, assumant le rôle d'épouse et de mère. Sa fonction est de s'occuper du foyer, des enfants et de son mari. Professionnellement parlant, elle est une domestique et, psychologiquement, elle se trouve dans une situation de subordination. Le travail du mari est tenu pour plus important, en grande partie parce qu'il entretient économiquement sa famille. Sa réussite devient la réussite de son épouse, ses fréquentations deviennent les amis du ménage. A la maison, la femme a la portion congrue et sa tâche consiste souvent à rendre la vie de son conjoint la plus confortable possible. Elle passe le plus clair de son temps à s'occuper des enfants ou à bavarder avec des voisines qui sont tombées, elles aussi, dans le même traquenard psychologique. Les soucis professionnels de son mari sont ses soucis et, de façon générale, tout observateur objectif constaterait que, dans le cas imaginaire qui nous occupe, l'un des partenaires est dominant et l'autre assujetti. La femme a accepté — peut-être même cherché — ce mode de rapport parce qu'elle n'avait jamais rien connu d'autre. Elle a pris pour modèles le ménage de ses propres parents et des couples qu'elle a pu côtoyer quand elle était plus jeune. Et, presque invariablement, il y a eu transfert de dépendance : avant, elle dépendait de ses parents ; maintenant, elle dépend de son mari. Celui-ci, de son côté, a cherché une compagne aimable et douce qui le conforterait dans l'idée qu'il était le moteur économique et la tête pensante de l'association. En définitive, tous deux ont obtenu ce qu'ils voulaient et leur union est conforme à la notion de mariage qu'ils avaient toujours eue.

Au bout d'un certain temps — de quatre à sept ans —, une crise se fait jour. La femme commence à avoir le sentiment qu'elle est piégée, qu'elle ne compte pas et elle souffre de n'apporter qu'une contribution subalterne à la vie commune. Le mari l'encourage à s'exprimer davantage, à avoir plus d'assurance, à prendre sa propre vie en main et à cesser de se lamenter. « Si tu veux travailler, pourquoi ne cherches-tu pas une situation ? », « Reprends tes études » : ce sont là les premiers messages qui prennent le contrepied de ce qu'il désirait à l'époque de son mariage. Il incite son épouse à chercher des voies nouvelles, à se secouer, bref, à être différente de la femme ancillaire et docile qu'il a épousée. Jusqu'à présent, celle-ci avait toujours pensé que si son mari était malheureux, elle en était responsable. « Qu'est-ce que j'ai fait de mal ? » S'il a des ennuis, s'il est frustré, c'est qu'elle n'est pas à la hauteur, c'est qu'elle n'est plus aussi attirante qu'autrefois. Tous les problèmes de son compagnon tiennent à elle.

Quand cette situation intervient, le mari est fort occupé par ses promotions, sa vie mondaine et son activité professionnelle. Il est en pleine ascension et avoir une femme qui pleurniche est quelque chose d'intolérable. Du fait de tous les contacts qu'il a avec une foule de gens différents (chose qui est interdite à sa femme), il change. Il est devenu plus autoritaire, plus exigeant et il n'admet pas de faiblesses chez les autres, même s'il s'agit des siens. C'est pourquoi il exhorte l'épouse soumise à « se reprendre ». Peut-être en est-il aussi venu, à présent, à chercher sur un autre plan des échappatoires extra-conjugales. Ce ne sont pas les occasions qui lui manquent et il est souvent en compagnie de femmes plus séduisantes que la sienne. Parfois, l'épouse docile fait, elle aussi, ses propres expériences. Elle prend un emploi bénévole, s'inscrit dans une université, fait des séances de thérapie, a une aventure — et, presque toujours, son mari approuve avec enthousiasme.

Elle peut peut-être commencer à mieux analyser son comportement. Elle se rend compte que ce n'est pas seulement dans le mariage mais depuis toujours qu'elle a choisi le rôle subalterne. Maintenant que le comportement de sollicitation d'approbation qui a été le sien est remis en cause, elle s'engage sur une voie plus favorable en éliminant la dépendance dans tous les domaines, y compris envers ses parents, son mari, ses amis et même ses enfants. Elle prend confiance en elle. Elle peut chercher un nouveau travail, elle se fait de nouveaux amis. Elle commence aussi à s'opposer à l'époux dominateur et cesse de se dénigrer comme elle l'a toujours fait depuis le jour de son mariage. Il ne lui suffit plus d'attendre qu'on lui octroie l'égalité : elle la revendique. Elle place son mari devant le fait accompli. Elle exige le partage des tâches domestiques, y compris en ce qui concerne les enfants.

Cette nouvelle indépendance, ce passage d'une pensée extériorisée à une pensée intériorisée, le mari les accepte difficilement. C'est une menace qui se profile à l'horizon. L'angoisse entre dans sa vie à un moment où il ne peut pas se le permettre. Il n'admet pas cette volonté d'autonomie, même s'il a encouragé sa femme à acquérir plus d'indépendance. Il ne s'attendait pas à créer ainsi un monstre — et il ne s'attendait surtout pas à se qu'elle remette en cause sa suprématie traditionnelle de mâle. Il réagit par un autoritarisme à haute dose : cette attitude a toujours réussi à faire rentrer dans le rang la partenaire soumise. Il est absurde qu'elle travaille puisque la quasi-totalint ne pas être sur un pied d'égalité avec lui. Elle se conduit en enfant gâtée, voilà tout ! « Tu n'as pas besoin de travailler, tout t'arrive tout cuit dans le bec. Tu as seulement à t'occuper de la maison et de tes enfants. » Il essaye la culpabilisation : « Ce sont les petits qui feront les frais de tout cela. » Il peut aller jusqu'à brandir la menace du divorce ou, en dernier ressort, du suicide. Cela marche fréquemment. L'épouse, affolée, revient à son attitude de soumission. Cette manifestation de despotisme lui a rappelé qu'elle était sa place. Mais si elle refuse de faire marche arrière, le couple est alors en péril. En tout cas, la situation est critique. Si elle s'entête à vouloir faire preuve d'indépendance, le mari, qui a besoin de dominer quelqu'un, peut la quitter pour une fille plus jeune qu'il impressionnera. D'un autre côté, l'union peut résister et subir une intéressante modification, mais les rapports de domination et de soumission persisteront : c'est le seul type d'union que les deux partenaires reconnaissent. Souvent, le mari assumera alors le rôle de dominé de peur de perdre quelque chose à quoi il tient ou, tout au moins, dont il dépend. Il s'absentera moins, se rapprochera de ses enfants (parce qu'il se reprochera de les avoir négligés auparavant), il dira, par exemple, « tu n'as plus besoin de moi » ou bien « tu as changé, tu n'es plus la fille que j'ai épousée et je ne suis pas sûr d'aimer tellement ta nouvelle personnalité ». Il sera plus souple. Peut-être se mettra-t-il à boire ou s'apitoiera-t-il sur lui-même pour manipuler sa femme ou recouvrer sa supériorité perdue. A présent, l'épouse a une professio à moins qu'elle soit en train de se faire une situation, elle a son propre groupe d'amis et s'intéresse à des choses extérieures à elle. Peut-être a-t-elle une aventure en guise de représailles et par volonté de s'affirmer. Mais une chose est sûre : elle est heureuse de recevoir des compliments pour ce qu'elle a accompli. Cependant, la menace continue de planer et la crise n'est pas loin. Tant que l'un des partenaires a plus d'importance que l'autre ou tant que la peur du divorce est le seul ciment du couple, la dépendance est toujours la pierre angulaire du ménage. Le partenaire dominant, que ce soit l'homme ou la femme, n'est pas satisfait d'avoir pour conjoint un esclave. L'union peut se maintenir sur le plan légal, mais l'amour et la communication sont morts. Quand on en est arrivé à ce point, c'est généralement le divorce, mais s'ils ne divorcent pas, les deux partenaires se mettent à vivre chacun de leur côté : ils ne font plus chambre commune, un mur les sépare, au lieu de chercher à se comprendre, ils se tournent le dos.

Toutefois, s'ils décident de réexaminer la situation, un autre dénouement est possible. S'ils s'efforcent de gommer les zones erronées et de s'aimer dans le sens où s'aimer veut dire laisser l'autre choisir de s'accomplir, l'union peut alors s'épanouir et prospérer. Quand deux être indépendants sont suffisamment attachés lün à l'autre pour préférer l'autonomie à la sujétion mais sont en même temps capables de vivre dans un bonheur partagé, le mariage peut être une perspective exaltante. Mais lorsque deux personnes tentent de n'en plus faire qu'une seule ou que l'une cherche à dominer d'une manière ou d'une autre, l'étincelle qui couve en chacun de nous — le besoin d'indépendance qui est le plus puissant des besoins humains — devient feu dévorant.

La longévité d'une union n'est pas la preuve de sa réussite. Beaucoup de gens restent mariés par peur de l'inconnu, par inertie ou, tout simplement, à cause des convenances. Le mariage réussi est celui où les deux partenaires s'aiment véritablement, où chacun accepte volontiers que l'autre fasse ses choix au lieu de vouloir le dominer. La dépendance est le serpent tapi dans la paradis du mariage heureux. Elle crée des rapports de domination et de soumission et, au bout du compte, elle détruit le couple. Il est possible d'éliminer cette zone de brouillage mais ce n'est pas un combat facile car, ce qui est en jeu, c'est le pouvoir et l'autorité — et rares sont ceux qui y renoncent sans se battre. Et surtout, il ne faut pas confondre dépendance et amour. Paradoxalement, prendre un certain recul contribue à cimenter un ménage.

Les autres vous traitent
comme vous leur apprenez à vous traiter

La dépendance n'est pas une fatalité qui naît d'une association avec des gens dominateurs. Comme tous les comportements erronés, elle est un choix. Vous apprenez aux gens à vous dominer et à vous traiter comme vous l'avez toujours été. Les schémas du processus de domination sont nombreux et ne sont répétés que s'ils fonctionnent, c'est-à-dire s'ils vous maintiennent dans une position de dépendance. Voici quelques tactiques courantes de maintien de la domination dans le couple :

— Crier, hurler, brailler — tous les moyens sont bons pour maintenir en tutelle celui qui n'aime pas le tapage et les heurts.

- Les menaces dans le genre : « Je m'en vais », « Je vais demander le divorce ».

-- La culpabilisation : « Tu n'avais pas le droit de... », « Je ne comprends pas comment tu as pu faire une chose pareille. » Si vous êtes vulnérable à la culpabilisation, ce genre de propos est garant de votre docilité.

— La colère et les manifestations de fureur — lancer des objets, jurer, flanquer des coups de pied dans les tables.

— Le truc de la maladie. On a une crise cardiaque, la migraine, des douleurs dans le dos, que sais-je encore ? Quand l'autre ne fait pas ce que l'on voudrait qu'il fasse. Votre partenaire peut vous manipuler de la sorte s'il a compris que vous filez doux quand il est malade.

— Le silence. Ne pas desserrer les lèvres et bouder

constitue une excellente stratégie pour obtenir que l'autre ait le comportement désiré.

— Le coup des larmes. Quand on pleure, l'autre se sent coupable.

— La scène du départ. Il suffit de se lever et de sortir pour amener le ou la partenaire à résipiscence.

— Proclamer « Tu ne m'aimes pas » ou « Tu ne me comprends pas » est également une bonne recette pour imposer sa volonté et maintenir des rapports de dépendance.

— Le chantage au suicide. « Si tu refuses de faire ce que je veux, je me tue » ou « Si tu me quittes, je me supprime. »

Toutes les tactiques énumérées ci-dessus servent à maintenir l'autre dans le rôle qui lui est dévolu. On a recours à elles quand elles marchent. Si le partenaire ne se laisse par manipuler, on renoncera à les employer. C'est seulement quand l'un des conjoints réagit positivement que l'autre prend l'habitude d'employer ces méthodes. En ayant la réaction de soumission attendue, vous indiquez à votre partenaire jusqu'où il peut aller.

Si l'on vous malmène, c'est que émettez des messages dont la traduction est : « Malmenez-moi. » On peut, en revanche, enseigner aux autres à vous traiter comme on souhaite l'être. Cela demande du temps et des efforts car il vous a fallu longtemps, jusqu'ici, pour leur apprendre comment vous vouliez être traité. Mais il est en votre pouvoir de changer les choses. Que ce soit au travail, dans la famille, au restaurant, dans l'autobus, partout où l'on a envers vous une attitude qui vous déplaît. Au lieu de dire : « Pourquoi ne me traitez-vous pas avec plus d'égards ? », demandez-vous : « Comment m'y prendre pour apprendre aux autres à me traiter de cette façon ? » Braquez le projecteur sur vous et appliquez-vous à modifier vos réactions.

*Quelques comportements courants de **dépendance**
ou promoteurs de dépendance*

— Etre incapable de voler des ses propres ailes ou, quand

on quitte le nid familial, ne le faire que contraint et forcé de sorte que tout le monde en veut à tout le monde.

— Se sentir obligé de rendre visite, de téléphoner, de jouer les chauffeurs et les chevaliers servants, etc.

— Demander invariablement à son époux ou à son épouse l'autorisation de faire quelque chose — faire une dépense, prendre la parole, se servir de la voiture...

— Les atteinte à la vie privée : fouiller dans les tiroirs, fureter dans les affaires personnelles de ses enfants.

— Dire : « Je suis incapable de lui dire ce que je pense, il ne l'admettrait pas. »

— Sombrer dans la dépression et être bloqué après la disparition d'un être cher.

— Estimer que l'on est voué à un emploi donné et ne jamais prendre l'initiative d'en changer.

— Attendre de son époux ou son épouse, ses parents, ses enfants, qu'ils se conduisent de telle ou telle façon.

— Etre gêné si son enfant, son conjoint ou ses parents se comportent de telle ou telle manière — comme s'ils étaient une partie de vous-même.

— Se préparer toute sa vie à occuper telle ou telle fonction, telle ou telle situation, être perpétuellement en stage et ne jamais prendre le taureau par les cornes.

— Souffrir de ce que les autres peuvent dire, penser ou faire.

— Etre heureux ou malheureux selon que son compagnon ou sa compagne est heureux ou malheureux.

— Etre aux ordres de quelqu'un.

— Laisser les autres décider à votre place ou leur demander leur avis avant de prendre vous-même une décision.

— « Regarde tout ce que j'ai fait pour toi. Tu me dois quelque chose. » La notion d'obligation va de pair avec la dépendance.

— Ne pas faire quelque chose devant ses parents ou une personne en position de domination parce qu'ils ne l'approuveraient pas. Ne pas fumer, ne pas boire, ne pas dire de gros mots, ne pas manger une pêche melba parce que l'on assume le rôle de la soumission.

— Se mettre en veilleuse si un être cher meurt ou est atteint d'une maladie grave.

— Faire attention à son vocabulaire en présence d'une personne dominante pour ne pas se la mettre à dos.

— Mentir systématiquement sur son propre comportement et déformer la vérité pour ne pas « leur » déplaire.

Les bénéfices psychologiques de la dépendance

Les raisons pour lesquelles on s'accroche à ce comportement mutilant ne sont pas très compliquées. Peut-être connaissez-vous les avantages qu'apporte la dépendance. Mais savez-vous à quel point ils sont destructeurs ?

Elle peut sembler inoffensive. Pourtant, elle est l'ennemie du bonheur et de l'accomplissement. Voici quels sont les motifs les plus courants de l'état de sujétion :

— Etre dépendant vous place sous la protection sécurisante des autres et vous fait bénéficier de cet attribut de l'enfance : ne pas être responsable de sa conduite.

— Celui qui est dépendant peut mettre ses erreurs sur le dos des autres.

— Si vous êtes subordonné à autrui, vous n'avez pas à faire l'effort et à prendre le risque de changer. Vous être à l'abri : ce sont les autres qui sont responsables de vous.

— Vous êtes content parce que les autres sont satisfaits de vous. Vous avez appris à être heureux en faisant plaisir à maman. Et combien de mamans symboliques vous manipulent-elles à présent !

— Vous évitez de vous sentir coupable en vous affirmant. Il est plus facile de plier l'échine que d'apprendre à repousser le sentiment du péché.

— Vous n'avez pas besoin de faire des choix ou de prendre des décisions. Vous suivrez l'exemple de vos parents, de votre conjoint ou de la personne dont vous dépendez. Tant que vous pensez comme ils pensent, que vous éprouvez les sentiments qu'ils éprouvent, vous coupez à la rude tâche de déterminez vous-même ce que vous devez penser et éprouver.

— En cas de crise grave, il est tellement plus facile de

suivre que de prendre des initiatives ! En faisant ce qu'on vous dit de faire, vous n'avez pas d'ennuis, même s'il vous déplaît un peu d'être un mouton de Panurge — c'est quand même plus simple que d'assumer le risque d'être soi-même. La dépendance est une chose épouvantable parce qu'elle porte atteinte à l'intégrité de la personne. Mais il est indiscutable que c'est une attitude commode.

Petite notice à l'usage de ceux qui veulent en finir avec leur état de dépendance

— Rédigez votre Déclaration d'Indépendance personnelle. Vous y indiquerez comment vous concevez vos rapports avec les autres, sans éliminer les compromis mais en bannissant toute manipulation. « Nous , la personne que nous sommes, en vue de former une union plus parfaite, etc. »

— Prenez langue avec toutes les personnes par qui vous avez le sentiment d'être écrasé. Annoncez-leur votre volonté d'autonomie, expliquez-leur ce que vous ressentez quand vous faites quelque chose par obligation. C'est une exellente tactique comme point de départ parce que votre interlocuteur peut fort bien ne pas se rendre compte de ce que signifie pour vous cet état de sujétion.

— Réfléchissez pendant cinq minutes à la manière dont vous allez agir avec les gens qui vous dominent. Essayez de dire : « Non, je ne veux pas » et voyez comment l'autre réagit.

— Lorsque vous ne vous sentez pas en état d'infériorité, ayez, avec le partenaire dominant, une conversation au cours de laquelle vous lui expliquerez que vous avez parfois l'impression d'être manipulé, asservi, et que vous voudriez convenir avec lui d'un signal que vous lui adresserez quand vous en sentirez la nécessité. Il vous suffira de vous gratter l'oreille ou de vous mordiller le pouce, par exemple, pour lui faire comprendre que, à ce moment-là, vous vous sentez écrasé.

— Lorsque vous êtes psychologiquement maltraité, faites part de vos sentiments à la personne qui abuse de vous, puis agissez comme vous avez envie de le faire.

— Rappelez-vous que vos parents, votre conjoint, vos amis, votre patron, vos enfants et bien d'autres encore seront souvent en désaccord avec votre conduite mais que leur réprobation n'a absolument rien à voir avec votre moi profond. La désapprobation fait partie intégrante de tous les rapports humains — c'est un fait établi. Si vous le savez, vous ne serez pas démoralisé. De cette façon, vous serez en mesure de briser nombre de liens de dépendance qui vous emprisonnent émotionnellement.

— Même lorsque vous fuyez délibérément les personnes qui vous dominent (parents, conjoint, patron, enfants), vous êtes toujours sous leur coupe, même en leur absence, si vous êtes émotionnellement inhibé à cause d'eux.

— Si vous vous sentez obligé de rendre visite à certaines personnes, demandez-vous si vous aimeriez que les gens viennent vous rendre visite, à vous, uniquement parce qu'ils s'y sentent forcés. Si la réponse est non, rendez la même politesse à ceux que vous traitez de cette manière et expliquez-vous ouvertement avec eux. En d'autres termes, inversez les termes de la proposition et prenez conscience de l'aspect sordide qu'ont les relations fondées sur l'obligation.

— Pour cesser d'être un personnage soumis, prenez la décision de faire un travail bénévole, de lire, de prendre une baby-sitter (même si vous n'en avez pas les moyens), de chercher un emploi qui ne sera pas nécessairement bien rémunéré. Pourquoi ? Tout simplement parce que votre propre estime mérite le prix que vous paierez, sur le plan de l'argent comme sur celui du temps.

— Revendiquez l'indépendance financière et exigez de n'avoir de comptes à rendre à personne. Si vous devez quémander de l'argent, vous êtes esclave. Et dans le cas où ce serait impossible, trouvez un moyen d'en gagner de façon créatrice.

— Que les autres fassent ce qui leur plaît ! Vous même, faites ce qui vous plaît ! Cessez de donner des ordres et d'en recevoir.

— Dites-vous bien que vous avez votre vie personnelle à mener et que vous n'êtes pas contraint de partager toutes vos pensées et toutes vos expériences avec des tiers. Dans ce cas, vous n'avez pas le choix et, évidemment, vous êtes dépendant.

— Que la chambre de votre enfant soit vraiment la sienne. Donnez lui un endroit qui lui appartienne et qu'il décide lui-même de son organisation. Un lit bien fait n'est pas plus sain, psychologiquement parlant, qu'un lit défait, même si l'on vous a juré le contraire.

— Quand vous allez à une réception, mêlez-vous à d'autres gens et abandonnez votre compagnon ou votre compagne. Ne vous sentez pas obligé de suivre votre partenaire pas à pas. Séparez-vous. Plus tard, quand vous vous retrouverez, vous aurez appris deux fois plus de choses et fait deux fois plus d'expériences.

— Vous voulez aller au cinéma et votre partenaire veut faire une partie de tennis ? Eh bien soit, partez chacun de votre côté et quand vous serez à nouveau ensemble, vous serez plus heureux et ce sera plus passionnant.

— Faites de petits voyages tout seul ou avec des amis. Vous éprouverez davantage d'affection pour votre partenaire à votre retour et cette indépendance sera un bien précieux.

— Mettez-vous dans la tête qu'il ne vous incombe pas de rendre les autres heureux. C'est à eux que cette tâche appartient. Alors, vous prendrez vraiment plaisir à la compagnie d'autrui. En revanche, si vous êtes persuadé que vous avez pour mission de les rendre heureux, vous êtes sous leur dépendance et lorsqu'ils seront à plat, vous aurez le cafard. Ou, plus grave encore, vous aurez le sentiment que c'est à cause de vous qu'ils sont dans le creux de la vague. Vous êtes responsable de vos propres émotions et il en va ainsi pour chacun de nous. Personne, hormis vous-même, ne gouverne vos sentiments.

— Rappelez-vous que l'habitude n'est pas une raison pour faire quelque chose. Ce n'est pas parce que vous avez toujours eu une attitude de soumission que vous devez forcément continuer à l'avoir.

Vivre efficacement, être un parent efficace, c'est être indépendant. De même, le signe distinctif d'une union efficace, c'est une fusion minimale et une autonomie, une indépendance optimales. Peut-être avez-vous réellement peur de rompre vos rapports de dépendance, mais si vous interrogiez les personnes auxquelles vous êtes émotionnellement assujetti, vous découvririez à votre grande surprise que c'est à ceux qui pensent et agissent par eux-mêmes que vont avant tout leur admiration. Comble de l'ironie : plus vous serez indépendant, plus vous serez accepté, en particulier par ceux qui cherchent le plus à vous maintenir en position de subordination.

C'est au sein du nid que l'enfant — et c'est admirable — se développe le mieux mais c'est encore plus admirable qu'il le quitte. Et tout le monde peut envisager la chose sous ce jour — aussi bien celui qui prend son essor que ceux qui le voient s'envoler à tire-d'aile.

XI

Adieu à la colère

*Le seul antidote à la colère consiste
à éliminer cette petite phrase intérieure :
« Si seulement vous me ressembliez davantage ! »*

Explosez-vous pour un oui ou pour un non ? Il se peut que
vous considériez que la colère est inhérente à votre façon de
vivre mais admettez-vous qu'elle ne sert à rien ? Peut-être
justifiez-vous votre tempérament soupe au lait en disant :
« C'est humain, voilà tout » ou bien : « Si je ne donne pas
libre cours à ma colère, je suis bon pour l'ulcère. » Il n'en
demeure pas moins que c'est sans doute une partie de votre
personnalité que vous n'aimez pas et, est-il besoin de le dire ?
que personne d'autre n'aime.

La colère n'est pas « quelque chose d'humain, et voilà
tout ». Elle n'est pas un attribut fatal et, s'agissant de la
conquête du bonheur et de l'accomplissement de soi, elle
n'est d'aucun secours. C'est une zone de brouillage, une
espèce de grippe psychologique qui vous handicape tout
autant qu'une affection physique.

Définissons le mot *colère*. Il correspond, dans ce contexte,
à une réaction de blocage qui intervient quand un événement
ne répond pas à notre attente. Ses manifestations sont
l'emportement, une attitude d'hostilité, le recours aux coups
ou un silence boudeur. La colère n'est pas simplement une
contrariété ou de l'irritation. Là encore, le mot clé est
« blocage ». La colère est paralysante et, généralement, on se

prend à regretter que le monde et les gens ne soient pas différents de ce qu'ils sont.

La colère est un choix aussi bien qu'une manière d'être. C'est une réaction acquise que déclenche la frustration et qui vous fait vous conduire d'une façon que vous n'approuvez pas. En fait, une grosse colère est une forme de folie. Etre fou, c'est ne pas se contrôler. Aussi, quand vous vous mettez en colère et perdez votre sang-froid, vous êtes dans un état de démence passagère.

Il n'existe pas de bénéfices psychologiques à retirer de la colère. Elle est débilitante. Sur le plan de la physiologie, elle peut provoquer l'hypertension, des ulcères, des éruptions de boutons, des palpitations, l'insomnie, un état de fatigue et même des maladies de cœur. Psychologiquement parlant, la colère détruit l'amour, fait obstacle à la communication, aboutit à la culpabilisation et à la dépression et, plus généralement, elle vous entrave. Peut-être demeurez-vous sceptique. En effet, n'avez-vous pas toujours entendu dire qu'il était plus salubre de laisser éclater sa colère que de la ravaler ? Certes, la libérer est plus sain que la refouler. Mais il y a une solution plus saine encore : ne pas se mettre du tout en colère. Alors, plus de dilemme !

La colère, comme toutes les émotions, est le résultat d'un processus intellectuel. Ce n'est pas tout bonnement un accident contre quoi l'on ne peut rien. Quand les choses ne sont pas conformes à votre espérance, vous vous dites que cela ne devrait pas se passer ainsi (frustration) et vous avez la réaction de fureur qui vous est habituelle et qui répond à un but. (Voir plus loin le paragraphe traitant des avantages que l'on retire de la colère.) Tant que vous estimerez que la colère est un aspect intrinsèque de l'humaine nature, vous aurez une raison pour l'accepter et ne pas faire l'effort de la dominer.

Si vous persistez à vouloir vous mettre en colère, n'hésitez surtout pas à la libérer de façon non destructrice. Mais pour que cette colère paralysante puisse céder la place à des émotions plus satisfaisantes, dites-vous, lorsque vous êtes frustré, que vous êtes capable d'apprendre à penser différemment. La contrariété, l'irritation et la déception sont des sentiments que vous continuerez très vraisemblablement d'éprouver car le monde ne tournera jamais comme vous le voudriez. Mais il est possible d'extirper cette réaction préjudiciable qu'est la colère.

Il se peut que vous plaidiez en sa faveur parce qu'elle vous permet d'obtenir ce que vous désirez. Examinons cet argument de plus près. Si vous voulez dire par là que faire la grosse voix ou froncer les sourcils vous aide à dissuader votre petite fille de deux ans de jouer dans la rue où elle pourrait avoir un accident, c'est une excellente stratégie. On ne peut réellement parler de colère que lorsque vous êtes vraiment dans tous vos états, que vous devenez écarlate, que votre cœur bat la chamade, que vous lancez au loin tout ce qui vous tombe sous la main, bref, lorsque vous êtes bloqué pendant un laps de temps variable. Recourez sans réserve à toutes les tactiques propres à inciter l'enfant à se conduire ainsi qu'il convient mais sans perdre votre empire sur vous même. Dites-vous, par exemple : « Il est dangereeux de jouer dans la rue et je veux lui faire comprendre que je ne le tolérerai pas. Je ferai la grosse voix pour qu'elle voie que je ne plaisante pas. Mais je ne sortirai pas de mes gonds. »

Imaginons la mère type incapable de contrôler ses accès de colère. Elle est constamment sous pression parce que ses enfants ne cessent de faire des bêtises et il semble que plus elle s'agite, plus ils en font. Elle les punit, les envoie dans leur chambre, passe son temps à crier, est presque toujours en état de furie. Sa vie de mère de famille est une bataille sans fin. Elle ne sait que tempêter et, le soir venu, épuisée par cette petite guerre, elle n'est plus qu'une loque, émotionnellement parlant.

Pourquoi donc les enfants ne se tiennent-ils pas bien alors qu'ils savent à quel point maman est bouleversée quand ils font la comédie ? Parce que, et c'est là toute l'ironie de la chose, la colère est impuissante à changer le comportement des autres. Elle ne fait qu'intensifier leur désir tyrannique de dominer la personne qui se met en colère. Que diraient les enfants, à supposer qu'ils puissent expliquer les motifs qui les poussent à se mal conduire ? « Tu vois comme c'est simple de faire enrager maman ? Il suffit de dire ci ou de faire ça et hop ! elle éclate. Evidemment, on risque de se faire enfermer dans la chambre un petit moment mais regarde ce qu'on obtient en échange ! Une domination émotionnelle totale. Ce n'est vraiment pas cher payé. Comme on a si peu de prise sur elle, poussons-la un peu pour qu'elle jette feu et flammes. »

La colère, et c'est vrai dans tous les types de relations, incite presque inéluctablement l'autre à persévérer dans sa conduite. Le provocateur peut avoir une réaction extérieure de peur : il ne s'en sait pas moins capable de faire prendre la mouche à son interlocuteur quand il en a envie. Il exerce à son encontre le même genre de tyrannie vengeresse que celui-ci se figure exercer sur lui-même.

En recourant à la colère pour exprimer votre mécontentement en face du comportement de quelqu'un, vous déniez à cette personne le droit d'être ce qu'elle choisit d'être. Vous dites en votre for intérieur : « Ne pouvez-vous donc pas essayer de me ressembler un peu plus ? Alors, au lieu d'être en colère, je vous aimerais bien. » Mais jamais les autres ne seront en permanence comme vous voudriez qu'ils soient. Il est bien rare que les êtres et les choses se conforment à votre attente. C'est ainsi que va le monde et vous n'avez aucune chance de le changer. Par conséquent, chaque fois que vous choisissez la colère parce que quelque chose ou quelqu'un vous contrarie, vous décidez sous prétexte que vous vous heurtez à la réalité de souffrir ou de vous bloquer d'une manière ou d'une autre. Il est parfaitement stupide de s'énerver pour des choses que l'on ne pourra jamais changer. Commencez plutôt par vous dire que les autres ont le droit de ne pas agir comme vous le souhaiteriez. Cela peut vous déplaire mais il n'y a aucune raison de se fâcher pour cela. La colère aura pour seul effet de les encourager à s'enfermer dans le même comportement et vous ne ferez que récolter toutes les souffrances physiques et mentales décrites plus haut. A vous de choisir : ou vous mettre en colère ou adopter une nouvelle manière de voir les choses qui vous aidera à en éliminer le besoin.

Peut-être pensez-vous être dans le camp opposé, c'est-à-dire être quelqu'un de très porté sur la colère mais qui n'a jamais eu le courage de la manifester. Vous la refoulez, vous vous taisez, vous vous préparez de pénibles ulcères et vous vivez presque tout le temps dans l'anxiété. Mais la personne qui a ce caractère ne se distingue en rien de celle qui tempête et qui casse les vitres. Elle se dit elle, aussi, dans son for intérieur, que choses et gens devraient être tels qu'elle voudrait qu'ils soient. Alors, elle ne serait pas en colère contre eux.

C'est là un raisonnement fallacieux et le secret pour vous débarrasser de la tension qui vous habite est de l'extirper. Peut-être désirez-vous apprendre à libérer votre colère au lieu de la refouler mais le but ultime est d'apprendre à penser autrement, à penser d'une manière qui ne créera pas la colère. A se dire, par exemple : « S'il veut se conduire comme un imbécile, libre à lui. Je choisis de ne pas me fâcher. Cette attitude idiote est son fait, pas le mien. » Ou bien : « Les choses ne prennent pas la tournure que j'aurais espérée. Je le déplore mais je ne me bloquerai pas pour autant. »

Apprendre à exprimer sa colère en adoptant les comportements nouveaux et courageux évoqués tout au long de ces pages constitue le premier pas. Et cultiver de nouveaux modes de pensée qui aident à passer de l'extériorisation à l'intériorisation, refuser d'endosser le comportement d'autrui est le pas définitif à sauter. Vous pouvez apprendre à considérer avec détachement la conduite et les idées des autres, et leur dénier le pouvoir de vous troubler. Si vous avez une haute estime pour vous-même et ne laissez pas les autres vous dominer, vous serez immunisé contre les coups de colère.

Avoir le sens de l'humour

Il est impossible d'être en colère et de rire en même temps. La colère et le rire s'excluent mutuellement et il est en votre pouvoir de choisir l'une ou l'autre.

Le rire est le soleil de l'âme. Et, sans soleil, rien ne peut vivre, rien ne peut croître. « Il n'est possible de s'occuper des choses sérieuses que si l'on comprend les choses amusantes », disait Winston Churchill.

Il se peut que vous preniez la vie trop au sérieux. La caractéristique essentielle des êtres sains est peut-être un sens de l'humour dénué d'agressivité. Aider les autres à choisir de rire et apprendre à prendre du recul pour observer l'incongruité de la plupart des situations est un excellent remède à la colère. Les choses étant ce qu'elles sont, ce que vous faites, que vous vous mettiez en colère ou non, ne compte pas plus qu'un verre d'eau dans les chutes du Niagara. Choisir le rire ou choisir la colère n'a guère d'importance si ce n'est que le premier vous apportera de la joie et que la seconde vous rendra malheureux.

Vous prenez-vous vous-même et prenez-vous la vie tellement au sérieux que vous êtes incapable de vous rendre compte de l'absurdité d'une attitude si solennelle ? L'absence du rire est un symptôme pathologique. Quand vous vous surprenez à vous regarder et à regarder ce que vous faites avec une gravité exagérée, rappelez-vous que la vie est courte et que vous n'en avez qu'une à votre disposition. Pourquoi gâcher l'instant présent en se mettant en colère alors qu'il est si bon de rire ?

Riez pour le plaisir de rire. Le rire n'a pas besoin d'autre justification que lui-même. Vous n'avez pas à lui chercher de bonnes raisons. Riez, c'est tout. Observez-vous vous-même et observez les autres qui s'agitent dans notre univers de cinglés et posez-vous la question : faut-il traîner partout sa colère avec soi ou acquérir un sens de l'humour qui vous apportera, à vous et à autrui, le don le plus précieux qui soit : le rire. C'est tellement bon !

Quelques causes fréquentes de colère

La colère est un phénomène qui se manifeste tout le temps. Les gens qui sont sujets à des blocages plus ou moins intenses allant de l'agacement à la fureur aveugle sont légion. La colère est le cancer, encore que ce soit un cancer appris, qui empoisonne les rapports humains. Nous allons passer en revue quelques situations courantes dans lesquelles les gens cèdent à la colère :

— En auto. Les conducteurs injurient les autres chauffeurs sous à peu près n'importe quel prétexte : parce qu'ils roulent trop lentement ou trop vite, qu'ils ne mettent pas leur clignotant ou le mettent à gauche quand ils tournent à droite (et vice versa), qu'ils changent de file ou commettent d'autres fautes. Si vous conduisez, vous pouvez être sujet à de violentes crises de rage et à des blocages émotionnels sérieux en raison des commentaires que vous faites sur les erreurs des autres. Les encombrements sont pareillement des déclencheurs privilégiés de colère et d'agressivité. Les conducteurs invectivent leurs passagers et se répandent en blasphèmes parce qu'ils vont être en retard. Ce comportement procède d'un raisonnement bien simple : « Cela ne devrait pas arriver et, puisque cela arrive quand même, je vais m'énerver et aider par la même occasion les autres à choisir d'être malheureux. »

— Les jeux de compétitions. Le bridge, le tennis, la belote, le poker et bien d'autres encore sont de remarquables inducteurs de colère. Les gens se mettent en fureur parce que leurs partenaires ou leurs adversaires ne font pas ce qu'il faudrait faire ou qu'ils transgressent les règles. Ils lancent leur raquette à terre à cause d'une faute de jeu. S'il est plus sain de tout envoyer au diable et de taper du pied que d'injurier les autres ou les rouer de coup, c'est néanmoins toujours un obstacle qui empêche de jouir pleinement du moment présent.

— Ceux qui n'ont rien à faire là. Nombreux sont les gens qui se déchaînent contre une personne (ou un événement) dont ils considèrent la présence commer incongrue. Par exemple, l'automobiliste qui estime qu'un cycliste ou un piéton ne devrait pas se trouver là et qui essaie de le chasser de la route. Ce genre de colère peut être extrêmement dangereuse. Beaucoup de prétendus accidents sont, en réalité, la conséquence d'incidents de ce type où l'abandon à une colère incontrôlée peut avoir de fâcheux résultats.

— Les impôts. Ce n'est pas en se mettant en fureur que l'on changera quoi que ce soit à la fiscalité de la nation, mais les gens se révoltent quand même parce que les impôts ne sont pas ce qu'eux-mêmes voudraient qu'ils soient.

— Le manque de ponctualité des autres. Si vous escomptez des autres qu'ils se plient à votre horaire et qu'ils ne le font pas, vous vous mettez en colère et justifiez ce blocage en disant : « J'ai le droit d'être en colère. Il m'a fait attendre une demi-heure. »

— La désorganisation ou la négligence des autres. Bien que cela les encourage probablement à persister dans leur comportement, vous optez quand même pour la colère.

— Les objets inanimés. Quand on se cogne le tibia ou qu'on se donne un coup de marteau sur les doigts, pousser un bon cri peut avoir une valeur thérapeutique mais s'emporter vraiment et se laisser aller à taper des poings sur le mur n'est pas seulement vain : c'est, en outre, douloureux.

— Egarer les choses. Ragez autant que vous voudrez : cela ne vous fera pas retrouver la clé ou le portefeuille perdus et cela vous empêchera probablement d'entreprendre des recherches méthodiques.

— Ce qui se passe dans le monde et échappe à votre contrôle. Il se peut que vous ayez à redire à la politique intérieure, à la politique étrangère ou à la politique économique en vigueur, mais ni la colère ni le blocage qui en résulte n'y changeront quoi que ce soit.

Les visages de la colère

Maintenant que nous avons examiné un certain nombre de situations susceptibles d'être génératrices de colère, passons aux formes que revêt celle-ci.

— La violence verbale. Etre grossier avec son conjoint, ses enfants, les gens que l'on aime, ses amis ou les tourner en dérision.

— La violence physique. Jouer des poings, lancer des coups de pied, cogner sur les objets — ou frapper les gens. Poussé à l'extrême, ce comportement débouche sur la violence criminelle qui intervient presque toujours quand on est sous l'empire d'un accès de colère aboutissant à un blocage. On ne se livre à des voies de fait, on n'assassine que lorsque l'on ne contrôle plus ses émotions : la colère conduit à un état de démence passagère. Considérer la colère comme quelque chose de normal ou faire siennes les thèses des écoles de psychologie professant qu'il est bon de la laisser s'extérioriser comporte un danger en puissance. De même, les spectacles de télévision, les films et les livres qui peignent la colère et la violence sous un jour favorable et les présentent comme des phénomènes normaux sapent aussi bien l'individu que la société.

— Employer des formules telles que « il me met en fureur » ou « tu m'exaspères ». On permet ainsi au comportement de quelqu'un d'autre de vous rendre malheureux.

— Employer des expressions comme « tue-le ! », « réduisez-les en bouillie ! », « à mort ! ». Peut-être pensez-vous que ce ne sont là que des paroles. Pourtant, elles sont des encouragements à la colère et à la violence auxquelles elles donnent droit de cité, même quand il s'agit de compétitions amicales.

— Les accès de mauvaise humeur. Ce ne sont pas seulement des manifestations courantes de colère : cela permet souvent d'obtenir ce que l'on veut.

— Le sarcasme, la raillerie et le silence. Ces formes de colère peuvent faire autant de mal que la violence physique.

On pourrait continuer jusqu'à la consommation des siècles à énumérer les formes que peut prendre la colère, mais ces exemples recensent les aspects les plus répandus de cette zone de brouillage.

Les autojustifications de la colère

Si l'on désire céder moins facilement à la colère, il est bon de commencer par s'interroger sur les raisons pour lesquelles on y cède. Voici donc quelques-unes des motivations psychologiques qui nous incitent à nous emporter :

— Quand on a du mal à être à la hauteur des circonstances, quand on se sent frustré ou quand on essuie un échec, on se met en colère pour rendre telle personne ou tel événement responsable du sentiment de dépit que l'on éprouve au lieu de le prendre soi-même en charge.

— On peut utiliser la colère pour manipuler ceux qui vous

craignent. C'est particulièrement efficace pour tenir sous sa coupe ceux qui sont plus jeunes ou plus petits — physiquement ou psychologiquement.

— En vous mettant en colère, vous attirez l'attention sur vous de sorte que cela vous donne un sentiment d'importance et de puissance.

— La colère est une excuse commode. Après un accès de folie passagère, il suffit de dire : « C'était plus fort que moi. » L'argument selon lequel vous avez perdu votre contrôle vous disculpe.

— Vous obtenez ce que vous voulez parce que les autres aiment mieux se montrer conciliants que subir vos foudres.

— Si vous avez peur de l'intimité ou de l'amour, vous vous mettez en colère à propos d'une chose ou d'une autre afin d'éviter le risque de la tendresse partagée.

— On peut manipuler les autres en les culpabilisant pour qu'ils se demandent ce qu'ils ont fait pour déclencher votre colère. S'ils se sentent coupables, vous êtes puissant.

— Si, dans un domaine quelconque, quelqu'un se révèle avoir plus de talent que vous, vous pouvez rompre la communication. La colère vous sert tout simplement à esquiver le danger de perdre la face.

— Quand on est en colère, on est dispensé de faire des efforts en vue de s'améliorer. Il est si simple de s'emporter pour ne pas s'astreindre à faire ce qu'il faudrait pour s'amender.

— Après un éclat, on peut s'apitoyer sur soi-même et se lamenter sous prétexte que personne ne vous comprend.

— On peut éviter de réfléchir clairement rien qu'en se mettant en colère. Tout le monde sait que, dans ce cas, vous en êtes incapable. Aussi, pourquoi ne pas recourir à ce comportement familier quand on veut s'épargner la peine de raisonner lucidement ?

— On peut excuser une défaite ou une mauvaise performance grâce à une crise de rage. Peut-être même vos adversaires renonceront-ils à gagner puisque votre colère les impressionne tellement.

— On peut justifier la colère en disant qu'elle aide à accomplir certaines tâches. Mais, en réalité, elle est inhibitrice et n'a jamais amélioré les performances de personne.

— Dire qu'il est humain de se mettre en colère est une bonne excuse toute prête : « Je suis un homme et tous les hommes en font autant. »

Quelques recettes de substitution

Il est possible d'éliminer la colère. Mais cela exige que l'on adopte de nouvelles tournures de pensée et ne peut se faire que pas à pas. Confronté à des personnes ou à des événements qui déclenchent chez vous une réaction de colère, prêtez l'oreille à votre discours intérieur et efforcez-vous de trouver un monologue nouveau qui engendrera d'autres sentiments et un comportement plus fécond. Voici quelques stratégies anticolère spécifiques :

— Tout d'abord, et c'est le plus important, surveillez vos pensées lorsque vous êtes en colère et rappelez-vous que ce n'est pas sous prétexte que vous avez toujours pensé de la même façon que vous êtes obligé de continuer. La prise de conscience est capitale.

— Essayez de différer l'accès de colère. Si vous réagissez régulièrement par la colère dans une situation donnée, attendez quinze secondes avant d'éclater. La fois suivante, attendez trente secondes et continuez d'allonger les intervalles. A partir du moment où vous commencerez à ajourner la crise, vous aurez appris à vous contrôler. Différer la colère, c'est la maîtriser et, à la longue, vous finirez par l'éliminer entièrement.

— Lorsque vous tentez de vous servir de la colère de façon constructive pour apprendre quelque chose à un enfant, contentez-vous de la simuler. Faites la grosse voix, prenez une mine sévère mais en veillant à ne pas subir les souffrances tant physiques que psychologiques qui vont de pair avec la colère.

— Ne cherchez pas à vous leurrer en vous efforçant de vous persuader que vous aimez une chose qui vous est désagréable. Vous pouvez fort bien être rebuté par quelque chose sans vous mettre en colère pour autant.

— Quand vous vous mettez en colère, rappelez-vous que chacun a le droit d'être ce qu'il choisit d'être et qu'exiger des autres qu'ils soient différents aura pour seul résultat de prolonger votre colère. Efforcez-vous de laisser autrui faire ses propres choix. Ne revendiquez-vous pas ce droit pour vous-même ?

— Demandez à une personne de confiance de vous aider, de vous prévenir verbalement ou par un signal convenu quand elle s'aperçoit que vous cédez à la colère. A la vue de ce signal, pensez à ce que vous êtes en train de faire et essayez d'appliquer la tactique de l'ajournement.

— Tenez un « journal de la colère » où vous noterez exactement à quel moment, à quel endroit et à propos de quoi vous avez cédé à la colère. Astreignez-vous à coucher scrupuleusement par écrit tous vos éclats. Si vous faites preuve de persévérance, vous ne tarderez pas à vous rendre compte que la seule obligation d'avoir à vous soumettre à ce pensum vous incite à résister plus souvent à la tentation de la colère.

— Lorsque vous avez eu un accès de colère, proclamez bien haut que ce n'était qu'un faux pas et que vous vous êtes fixé pour objectif de penser différemment afin d'éliminer ce comportement. Cette déclaration vous fera voir plus clair en vous et sera la preuve que vous faites de réels efforts.

— Lorsque vous vous mettez en colère, tâchez d'être physiquement près de quelqu'un pour qui vous avez de l'affection. Lui tenir la main, même si vous n'en avez pas envie, est un moyen de neutraliser votre animosité. Ne la lâchez qu'après avoir exprimé ce que vous ressentez et que votre colère se sera dissipée.

— Parlez, en période de calme, avec ceux qui sont le plus fréquemment victimes de vos crises de colère. Que chacun confie à l'autre quelles sont les attitudes de l'interlocuteur qui l'irritent le plus et imaginez un moyen d'exprimer vos sentiments en éliminant le coup de colère débilitant. Cela pourra être un petit mot, un message transmis par un tiers ou une promenade qui vous rafraîchira les idées. Ainsi, vous cesserez de vous déchirer mutuellement en vous invectivant sans rime ni raison et après être sorti prendre l'air un certain nombre de fois, vous commencerez à vous rendre compte de l'absurdité qu'il y a à exploser de la sorte.

— Désamorcez votre colère pendant les premières secondes en analysant vos sentiments et en cherchant à définir ceux de l'autre. Les dix secondes initiales sont les plus critiques. Passé ce laps de temps, la colère s'est souvent évanouie.

— Gardez présentes à la mémoire toutes les choses dont vous êtes convaincu qu'elles seront, une fois sur deux, réprouvées par cinquante pour cent des gens. Si vous vous attendez à être désapprouvé, vous ne céderez pas à la colère. Vous vous direz, au contraire, que tout va bien puisque tout le monde n'est pas d'accord avec tout ce que vous pensez, tout ce que vous ressentez, tout ce que vous dites et tout ce que vous faites.

— Ne perdez pas de vue que si libérer sa colère est plus sain que la refouler, ne pas se mettre du tout en colère est encore la meilleure solution. Une fös que l'on cesse de considérer la colère comme naturelle ou inhérente à l'homme, on a une motivation profonde pour travailler à son éradication.

— Renoncez aux ambitions que vous nourrissez en ce qui concerne les autres. Quand vous n'attendrez plus rien d'eux, la colère disparaîtra.

— Il faut se faire une raison : les enfants seront toujours remuants et bruyants. Se mettre en colère n'y changera rien. On peut les aider à faire des choix constructifs dans d'autres domaines mais il est absolument impossible de modifier leur nature fondamentale.

— Aimez-vous vous-même et vous ne traînerez jamais plus le fardeau de cette colère autodestructrice.

— Lorsque vous êtes coincé dans un bouchon, chronométrez-vous. Voyez combien de temps vous êtes capable de tenir le coup sans éclater. Exercez-vous à vous maîtriser. Au lieu de crier après vos passagers, posez-leur courtoisement des questions. Utilisez ce temps mort de façon créatrice : écrivez une lettre, composez une chanson, cherchez un moyen d'échapper à l'embouteillage ou revivez l'épisode le plus grisant de votre vie amoureuse. Mieux encore : faites des plans afin que ce soit encore mieux la prochaine fois.

— Au lieu d'être émotionnellement esclave de toutes les circonstances engendrant un sentiment de frustration, voyez dans la situation où vous vous trouvez un défi à relever. Si vous vous efforcez de la modifier, vous n'aurez pas le temps de vous mettre en colère.

La colère est un handicap. Elle ne sert à rien. Comme toutes les zones dee brouillage, c'est une façon d'utiliser les choses extérieures pour expliquer les sentiments que l'on éprouve. Oubliez les autres. Faites vos propres choix — des choix qui ne soient pas des choix de colère.

XII

Portrait d'une personne qui a éliminé toutes ses zones erronées

Ils sont trop occupés à être
pour remarquer ce que font leurs voisins.

Une personne exempte de zones erronées peut paraître relever de la fiction. Pourtant, être dégagé de tout comportement autodestructeur n'est nullement un concept mythique. C'est, bien au contraire, une réelle possibilité. Il est à votre portée d'accéder à la plénitude de soi et la santé mentale peut être un choix. Nous allons voir dans ce dernier chapitre comment vivent les gens dont aucune zone de brouillage n'obère ni la pensée ni la conduite. Ce sont là, vous le constaterez, des personnes qui ne ressemblent pas au commun des mortels et dont la marque distinctive est une faculté surprenante de dynamisme créateur.

Tout en étant très semblables à monsieur tout-Le-monde, ces personnes possèdent des qualités particulières qui ne sont d'ordre ni ethnique, ni socio-économique, ni sexuel. Elles ne correspondent exactement à aucun moule, à aucun profil professionnel, à aucune classification géographique, culturelle ou financière. Elles ont quelque chose de spécial, mais échappe aux facteurs extérieurs traditionnels servant généralement à cataloguer les gens. Elles peuvent appartenir à l'un ou l'autre sexe, être riches ou pauvres, noires ou blanches, habiter n'importe où, faire n'importe quoi. Elles constituent un groupe disparate mais ont un trait commun :

elles sont exemptes de zones, zones erronées. Comment reconnaître ces personnes ? Regardez-les, écoutez-les et voici ce que vous découvrirez.

D'abord, et c'est le plus frappant, vous verrez des gens qui aiment pratiquement tous les aspects de la vie — des gens qui sont contents de faire ce qu'ils font, quoi que ce soit, et qui ne perdent pas leur temps à se plaindre et souhaiter que les choses aillent autrement. La vie les enthousiasme et ils tiennent à en tirer le maximum de satisfactions. Ils aiment les pique-niques sur l'herbe, le cinéma, la lecture, le sport, les concerts, la ville, la campagne, les animaux, la montagne -- ils aiment pour ainsi dire tout ! Ils aiment l'existence. Si vous vous trouvez en présence d'êtres de cette espèce, vous ne les entendrez jamais grogner, ronchonner, ni même, plus passivement, soupirer. S'il pleut, ils sont contents. S'il fait chaud, ils ne récriminent pas. Dans les embouteillages, à une soirée ou tout seuls, ils prennent les choses comme elles viennent. Ils ne prétendent pas que ce soit grisant, mais ils acceptent raisonnablement les circonstances et ils ont la rare capacité de prendre plaisir aux réalités du moment. Si vous leur demandez ce qu'ils n'aiment pas, ils ont beaucoup de mal à vous donner une réponse sincère. Ils n'ont pas assez de bon sens pour s'enfermer quand il pleut parce qu'ils trouvent que la pluie est quelque chose de beau qui mérite d'être vécu. Ils aiment la pluie. Ils ne se mettent pas en colère contre les flaques : ils les regardent, les contournent et se font une raison parce qu'elles font partie de la vie. Aiment-ils les chats ? Oui. Les ours ? Oui. Les vers de terre ? Oui. S'ils n'accueillent pas avec une joie délirante les désagréments tels que la maladie, la sécheresse, les moustiques, les inondations et *tutti quanti* ils ne passent pas tous leurs instants à geindre et à se lamenter sur ces aléas. Quand il faut sortir d'une situation donnée, ils se mettent à l'œuvre — et de bon cœur. Vous aurez toutes les peines du monde à trouver quelque chose qu'ils détestent faire. En vérité, ils sont amoureux de la vie, ils la dévorent à belles dents et en tirent toutes les joies possibles.

Les gens sains et accomplis ne se sentent pas culpabilisés et ne connaissent pas l'angoisse dont souffrent ceux qui se bloquent en ressassant le passé. Ils peuvent, certes, avoir commis des erreurs, mais se promettent d'éviter à l'avenir tel ou tel comportement négatif plutôt que de perdre leur temps à se lamenter. Ils ne se mettent pas martel en tête sous prétexte qu'ils réprouvent ce qu'ils ont pu faire à telle ou telle époque de leur existence. Etre affranchi de tout sentiment de culpabilité est l'une des marques distinctives des êtres sains. Ils ne pleurent pas sur le passé et ne cherchent pas à culpabiliser les autres en leur posant des questions ineptes dans le genre : « Pourquoi n'avez-vous pas agi différemment ? » ou « n'avez-vous pas honte ? » Ils tiennent pour acquis que ce qui est fait est fait et que ce n'est pas en se rongeant qu'on y changera quoi que ce soit. Ne pas se sentir coupable ne leur demande aucun effort et, parce que c'est pour eux normal, ils n'incitent jamais autrui à se sentir coupable de quelque chose. A leurs yeux, s'en vouloir ne fait que renforcer l'image négative que l'on a de soi et ils trouvent beaucoup plus payant de tirer des leçons du passé que de le stigmatiser. Vous ne les verrez jamais manipuler les autres en leur reprochant d'avoir mal agi et vous ne les manipulerez pas davantage en usant de cette tactique : ils ne se mettront pas en colère — ils se contenteront de vous ignorer. Ils passeront leur chemin ou changeront de conversation, voilà tout. Les techniques qui réussissent si bien avec la plupart des gens échouent lorsque l'on a affaire à des individus sains. Au lieu de se rendre malheureux, et les autres avec eux, en se culpabilisant, ils poursuivent leur route tranquillement.

Pareillement, les personnes exemptes de zones erronées ne sont pas tourmentées. Des événements qui feraient perdre la tête à bien des gens les affectent à peine. De tels êtres refusent de se tracasser et ne connaissent pas les angoisses de ceux qui ont un tempérament bileux. Ils sont incapables de vivre dans les transes. Ce n'est pas dans leur nature. Ils ne sont pas forcément et à demeure d'un calme marmoréen, mais ils répugnent à se torturer pour des choses à venir et sur lesquelles ils ne peuvent rien. Ils sont fortement polarisés sur l'instant présent et il semble qu'une voix intérieure soit là pour leur rappeler qu'à chaque jour suffit sa peine. Ils ne vivent ni dans le passé ni dans l'avenir : ils vivent aujourd'hui.

Ils n'ont pas peur de l'inconnu et ils recherchent les expériences nouvelles et inédites. Ils cultivent l'ambiguïté. Ils savourent l'instant présent en toutes occasions, sachant que c'est là toute leur fortune. Ils n'établissent pas de plans en vue d'un événement à venir et laissent de longues périodes d'inactivité s'écouler en attendant cet événement. Le laps de temps qui sépare les événements est tout aussi digne d'être vécu que les événements eux-mêmes et ces personnes connaissent l'art suprême de savoir savourer tous les plaisirs de la vie quotidienne. Pas question pour elles de tergiverser et, bien que notre culture réprouve leur façon de se conduire, elles sont inaccessibles au remords. Elles butinent le bonheur au jour le jour et quand le futur est là, elles font de même. Elles jouissent de tout ce qui se présente parce qu'elles savent qu'il est fou d'attendre. C'est une manière de vivre naturelle, très proche de celle de l'enfant ou de l'animal. Contrairement à la plupart des gens qui passent leur existence à se morfondre dans l'attente d'une joie qu'ils seront incapables de saisir au vol, elles s'appliquent à jouir du présent dans toute sa plénitude.

Les êtres mentalement sains sont remarquablement indépendante. Ils vivent hors du nid et si vif que soit l'amour qu'ils portent à leurs proches, ils estiment que l'indépendance est supérieure à la dépendance. Ils fondent leurs relations sur le respect du droit qu'a chacun de prendre lui-même ses décisions. Ils n'obligent pas ceux qu'ils aiment à se soumettre à telle ou telle échelle de valeurs. Le prix qu'ils accordent à la vie privée peut donner aux autres l'impression vexante d'être éconduits. Ils aiment parfois être seuls et n'hésitent pas à employer des moyens drastiques pour protéger leur intimité. Vous ne les verrez pas multiplier les relations sentimentales. Leur amour est sélectif, ce qui ne l'empêche pas d'être profond et total. Il est difficile pour ceux qui sont dépendants ou qui n'ont pas la même santé mentale de les apprécier parce qu'ils ne font pas de concessions quand leur liberté est en cause. Ils n'admettent pas que quelqu'un d'autre ait besoin d'eux, trouvant que c'est également néfaste pour les deux parties. Ils tiennent à ce que ceux qu'ils aiment soient indépendants, qu'ils fassent leurs propres choix et vivent pour eux-mêmes. S'ils goûtent le contact avec autrui, ils veulent par-dessus tout que les autres marchent sans béquilles. Aussi, dès que l'on commence à s'appuyer sur eux, ils disparaissent, émotionnellement d'abord, physiquement ensuite, ce qui est le signe de relations adultes. Ils refusent de dépendre des autres et que les autres dépendent d'eux. Il n'y a pas plus attentif qu'eux avec les enfants mais, très tôt, et sans lésiner avec l'amour qu'ils leur portent, ils les encouragent à compter sur eux.mêmes.

Ces individus heureux et intégrés manifestent une rare indifférence envers l'approbation. Ils n'ont besoin ni d'applaudissements ni de louanges. Contrairement à la plupart de leurs semblables, ils ne recherchent pas les honneurs. L'opinion d'autrui les laisse absolument froids et ils ne prêtent pour ainsi dire aucune attention à ce que disent ou font les autres. Ils n'essaient ni de les choquer ni d'avoir leur caution. Ils sont si intériorisés qu'ils se moquent éperdument du jugement que l'on porte sur leur comportement. Ce n'est pas qu'ils méprisent l'approbation et la louange : simplement, elles ne leur sont pas nécessaires. Leur franchise risque presque de les rendre cassants car lorsqu'ils ont quelque chose à dire, ils le disent carrément, sans enjolivures pour dorer la pilule. Si l'on veut savoir ce qu'ils pensent, il suffit de les écouter : leurs propos traduisent exactement le fond de leur pensée. Réciproquement, les remarques que l'on peut leur faire ne les traumatisent ni ne les bloquent. Ils les font passer au crible de leur système de valeurs et les utilisent pour s'épanouir davantage. Ils n'ont pas plus besoin d'être aimés par tout un chacun que de voir tous leurs faits et gestes recueillir une approbation unanime. Ils n'ignorent pas qu'ils se heurteront toujours à une part de désapprobation. Ce qu'il y a de particulier chez eux, c'est qu'ils vivent comme ils le souhaitent au lieu de se plier aux impératifs des autres.

En les observant, on constate que l'enculturation leur fait défaut. Ce ne sont pas des rebelles mais ils font leurs propres choix, et tant pis si ceux-ci prennent le contre-pied des opinions admises. Ils dédaignent les prescriptions futiles qui n'ont pas de sens et traitent par le mépris les petites conventions qui comptent tellement pour la majorité des gens. Ils ne fréquentent pas les cocktails et parler de la pluie et du beau temps parce que la politesse le veut ainsi n'est pas dans leurs habitudes. Ils sont leurs propres maîtres et, sans nier pour autant l'importance que la société a dans leur vie, ils n'entendent pas qu'elle les régisse et se refusent à en devenir esclaves. Ils ne lèvent pas l'étendard de la révolte, mais ils savent quand il convient de passer outre pour agir avec lucidité et raisonnablement.

Ils ont le don du rire et celui de faire naître le rire. Ils sont sensibles à l'humour que contiennent pratiquement toutes les situations et rient dans les occasions les plus absurdes comme dans les plus solennelles. Ils adorent aider les autres à rire et c'est sans effort qu'ils créent une atmosphère d'humour autour d'eux. Ce ne sont pas des gens graves et sérieux qui traversent la vie avec une mine austère et sévère -- non, ce sont des hommes et des femmes d'action à qui l'on fait souvent le reproche de se montrer frivoles au moment inopportun. Pour eux, il n'y a pas de bons ou de mauvais moments parce qu'ils savent que cette notion est ni plus ni moins une idée fausse. Ils aiment ce qui est incongru. Cependant, leur sens de l'humour est dépourvu d'hostilité. En aucun cas, ils n'utilisent le ridicule pour faire rire. Ils ne rient pas des gens : ils rient avec eux. Ils rient de la vie qu'ils voient comme une vaste plaisanterie, alors même qu'ils sont réfléchis dans leur démarche. Quand ils prennent du recul pour contempler l'existence, ils sont conscients du fait qu'ils ne se dirigent vers aucune destination précise et ils sont capables d'en tirer de la satisfaction et de créer un climat permettant aux autres de choisir la joie. On s'amuse en leur compagnie.

Ce sont des gens qui s'acceptent tels qu'ils sont sans protester. Ils savent qu'ils sont des êtres humains et que cela implique certains attributs. Ils savent qu'ils ont l'aspect qu'ils ont et ils ne s'insurgent pas contre leur image physique. S'ils sont grands, c'est très bien, mais c'est très bien aussi d' être petit. C'est très bien d'être chauve et c'est très bien d'avoir beaucoup de cheveux. Ils ne voient pas d'inconvénients à transpirer ! Rien de factice en eux. S'étant acceptés, ce sont les créatures les plus naturelles qui soient. Ils ne se camouflent pas derrière de faux-semblants, ils ne s'excusent pas d'être comme ils sont. Rien de ce qui est humain ne saurait les irriter. De même qu'ils s'aiment et s'acceptent tels qu'ils sont, ils acceptent la nature telle qu'elle est, en bloc, sans déplorer que les choses n'aient pas pris une autre tournure. Jamais ils ne se lamentent sur les réalités contre lesquelles ils ne peuvent rien comme les vagues de chaleur, les averses ou le fait que l'eau soit froide. Ils s'acceptent et ils acceptent le monde comme il est. Jamais, au grand jamais, vous ne les entendrez formuler un regret. Regardez-les. Ils agissent, ils observent le monde comme il va à l'instar des enfants qui le prennent comme il est et s'en délectent.

Ils apprécient la nature. Ils aiment le grand air, les paysages sauvages qui n'ont pas été profanés. Ils aiment en particulier les montagnes, les couchers de soleil, les rivières, les fleurs, les arbres, les animaux — presque toute la flore et toute la faune. Ce sont des naturalistes sans prétention ni vanité qui ont le goût de ce qui est naturel dans l'univers. Ils ne hantent pas les bistrots, les boîtes de nuit, les réceptions, les réunions, les salles enfumées, encore qu'ils soient incontestablement capables de tirer un vif plaisir de ce genre d'activités. Ils sont en paix avec la nature, avec le monde de Dieu, si l'on veut, tout en étant à leur aise dans le monde créé par les hommes. Ils savent aussi apprécier ce dont les autres sont blasés. Le crépuscule, une promenade en forêt, ils ne s'en lassent jamais. Un oiseau en plein vol est un merveilleux spectacle toujours aussi neuf. D'aucuns pourraient trouver artificiel ce don d'admiration spontanée et continuelle, mais que leur importe ce que pensent les autres ? Ils sont trop fascinés par les immenses possibilités que recèle l'instant présent pour s'en soucier.

Le comportement de leur prochain est pour eux sans mystère. Ils comprennent clairement ce qui peut sembler complexe et indéchiffrable aux autres. Ces individus ne voient souvent que des désagréments mineurs dans les problèmes qui bloquent et paralysent tant de personnes.

N'étant pas émotionnellement impliqués dans ces problèmes, ils peuvent surmonter des obstacles invincibles pour les autres. Leur propre comportement est tout aussi peu énigmatique à leurs yeux et ils se rendent immédiatement compte des tentatives de manipulation dont ils sont l'objet. Ils les traitent avec indifférence au lieu de s'emporter et de se bloquer comme il en va si fréquemment dans la vie. Ils ignorent le désarroi et ce qui déconcerte et réduit à qui la plupart des gens leur paraît souvent être une situation facile à résoudre. Ils ne se polarisent pas sur les problèmes émotionnels. Ce ne sont pour eux que des obstacles à surmonter et non le reflet de ce qu'est ou n'est pas quelqu'un. Leur valeur propre est une notion intérieure. Aussi peuvent-ils considérer objectivement tous les aléas extérieurs sans y voir la moindre atteinte à leur intégrité. C'est là une caractéristique extrêmement malaisée à comprendre dans la mesure où nous sommes pour la plupart vulnérables à ce qui vient de l'extérieur — événements, idées et gens. Mais ceux qui sont indépendants et mentalement sains sont immunisés contre ce genre de menaces, et ce trait de caractère risque précisément de les faire apparaître comme une menace aux yeux d'autrui.

Ils ne se lancent jamais dans des batailles perdues d'avance. Ce ne sont pas des opportunistes qui partent en croisade tantôt pour une cause, tantôt pour une autre afin de se donner de l'importance. S'il faut se battre pour changer quelque chose, ils se battent, mais ils ne trouvent pas qu'il soit nécessaire de se battre inutilement. Ce ne sont pas des martyrs. Ce sont des hommes et des femmes d'action. Et aussi des hommes et des femmes qui viennent en aide aux autres. Ils travaillent presque invariablement à faire en sorte que la vie de leurs semblables soit plus agréable ou plus supportable. Ils sont à l'avant-garde du combat pour le changement social, mais sans que cela devienne une idée fixe qui les obnubilerait, une obsession de tous instants génératrice d'ulcères, d'infarctus et autres maladies. Ils ne savent pas ce que c'est de penser de façon stéréotypée. La plupart du temps, ils ne remarquent même pas les différences que présentent les gens, qu'elles soient d'ordre racial, ethnique, physique ou sexuel. Ils ne jugent pas en s'arrêtant aux apparences. Ils ont beau donner l'impression d'être des hédonistes et des égoïstes, ils consacrent un temps considérable à rendre service aux autres. Pourquoi ? Parce qu'ils aiment cela.

Ils ne sont pas souffreteux. Trouvant sans objet d'être immobilisés par un rhume de cerveau ou une migraine, ils sont convaincus d'être capables de se débarrasser de ce genre de désagréments et il n'est pas dans leur nature de raconter à qui veut les entendre qu'ils sont patraques ou fatigués, ni de narrer par le menu tous les maux dont ils souffrent. Ils traitent leur corps avec les égards qui lui sont dus. Ils s'aiment et, par conséquent, ils mangent correctement, ils font régulièrement de la culture physique et refusent la plupart des affections qui frappent tant de gens d'impuissance pendant des laps de temps variable. Ils aiment bien vivre et ils vivent bien.

la sincérité est un autre signe distinctif de ces individus pleinement accomplis. Leurs réponses ne sont pas évasives, ils ne simulent pas, ils ne mentent pas. Pour eux, mentir, c'est dénaturer leur réalité et ils ne sont pas gens à chercher à s'illusionner sur eux-mêmes. Tout en étant discrets, ils ne sont pas, non plus, gens à altérer la vérité pour protéger les autres. Ils se sentent responsables de leur univers et savent qu'il en est de même pour chacun. Aussi, leur comportement est souvent tenu pour cruel alors que, en fait, ils laissent simplement les autres maîtres de leurs décisions. Ils affrontent avec efficacité les situations telles qu'elles sont au lieu de déplorer qu'elles ne soient pas comme ils l'auraient souhaité.

Ce ne sont pas des gens qui s'érigent en procureurs. Intériorisés, ils refusent de rendre les autres responsables de ce qu'ils sont. De même ne s'attardent-ils pas à jaser sur autrui ni à faire des gorges chaudes sur ce qu'un tel a fait ou n'a pas fait. Ils ne parlent pas des gens, ils parlent avec les gens. Ils ne se répandent pas en reproches mais aident les autres — s'aident eux-mêmes — à attribuer les responsabilités à qui de droit. Ils ne sont pas médisants, ils ne font pas courir de ragots. Vivre efficacement est une tâche qui les occupe trop pour qu'ils aient le temps de se livrer à ces mesquines intrigues qui meublent l'existence de tant de personnes. Les hommes d'action agissent. Les critiques condamnent et se plaignent.

L'ordre, l'organisation, les systèmes sont de peu d'attrait à leurs yeux. Ils se plient à une discipline de vie mais point n'est besoin pour eux que les êtres et les choses se soumettent à l'idée qu'ils se font de ce que devrait être leurs modalités. Ils n'imposent pas de règles de conduite à autrui. Ils estiment que chacun est maître de ses choix et que les petits détails qui rendent les gens fous de rage ne sont que les conséquences des décisions de quelqu'un d'autre. Ils ne pensent pas que le monde doive se couler dans un moule précis. Ils ne se préoccupent pas d'ordre et de méthode. Leur conduite est fonctionnelle et si tout ne s'agence pas comme ils l'auraient préféré, eh bien ils n'y voient pas non plus d'inconvénient. L'organisation est pour eux simplement un moyen utile et non une fin en soi. Etant affranchis de toute névrose organisatrice, ils sont créateurs. Qu'il s'agisse de faire la soupe, de rédiger un rapport ou de tondre le gazon, ils se mettent à la besogne du moment en la prenant sous l'angle particulier qui est le leur. Ils agissent en faisant appel à leur imagination et ont, par conséquent, une attitude créatrice dans toutes leurs entreprises. Ils n'ont pas à se conformer à une recette précise, ils ne consultent pas de manuels, ils n'interrogent pas les spécialistes : ils attaquent tout bonnement le problème de la manière qu'ils jugent adéquate. Cela s'appelle être créateurs et, créateurs, ils le sont tous sans exception.

De tels individus possèdent une énergie exceptionnelle. Ils paraissent ne pas avoir autant de sommeil que les autres et, pourtant ils ont la passion de vivre. Ils agissent et ils se portent bien. Ils peuvent mobiliser de prodigieuses ressources d'énergie quand ils ont une tâche à accomplir parce qu'ils voient dans l'activité du moment l'occasion d'un épanouissement enrichissant. Cette énergie n'a rien de miraculeux : elle découle tout simplement de l'amour qu'ils portent à la vie sous tous ses aspects. Ils ne s'ennuient jamais. L'existence offre mille et une occasions d'agir, de penser, de sentir, de s'exprimer et ils ont l'art d'appliquer leur énergie à toutes les circonstances. En prison, ils utiliseraient leur intelligence de façon créatrice pour échapper à la paralysie qui naît de l'indifférence. Ils ignorent l'ennui parce qu'ils canalisent leur énergie d'une manière productive.

Une intense curiosité les dévore. Ils veulent sans cesse accroître leurs connaissances car ce qu'ils savent ne leur suffit pas. S'y prendre bien ou mal n'est pas pour eux un sujet de préoccupation. Si quelque chose ne marche pas ou ne réussit que médiocrement, ils le mettent au rancard sans se perdre en vains regrets. Ils sont en quête de vérité, ils ont la passion d'apprendre et ne se considèrent pas comme un produit achevé une fois pour toutes. S'ils tombent sur un coiffeur, ils veulent savoir comment on fait pour couper les cheveux. Ils ne se croient pas supérieurs aux autres et ne font pas étalage de leurs mérites pour être applaudis. Tout est pour eux occasion d'apprendre ; les enfants, les agents de change, les bêtes. Ils cherchent à avoir une idée plus précise du travail d'un soudeur, d'un cuisinier, d'un cheminot ou d'un P.D.G. Ce sont des élèves, pas des maîtres. N'importe quelle personne, n'importe quel objet, n'importe quel événement est une source d'enseignement. Et leur curiosité n'est pas passive : ils n'attendent pas que l'information vienne à eux, ils vont la chercher eux-mêmes. Ils n'hésitent pas à parler avec une serveuse, à demander à un dentiste quelle impression cela fait de passer toute la journée les mains plongées dans la bouche des gens ou à un poète ce que veut dire tel vers ou tel autre.

Ils ne redoutent pas l'échec. En fait, ils lui font souvent bon accueil. Ils ne confondent pas le fait de réussir une entreprise avec le fait de réussir en tant qu'être humain. Comme leur valeur propre est une donnée intérieure, ils sont capables de considérer objectivement tout événement extérieur sous l'angle de son efficacité ou de son inefficacité. Ils savent que l'échec n'est rien de plus que l'opinion de quelqu'un d'autre et qu'il n'est pas à craindre puisqu'il ne saurait affecter leur valeur propre. Aussi sont-ils disposés à faire toutes les expériences uniquement parce que cela les amuse et n'ont-ils jamais peur d'avoir à s'expliquer. De même ne sont-ils jamais bloqués par la colère. Usant de la même logique, c'est devenu pour eux un automatisme et ils n'ont pas à raisonner chaque fois, ils ne disent pas en leur for intérieur que les autres devraient faire autrement, que les événements devraient se passer différemment. Ils prennent les gens comme ils sont et lorsqu'une situation n'est pas à leur convenance, ils s'efforcent de la transformer. De la sorte, ils ne peuvent pas être trompés dans leurs espérances et toute colère est impossible. Ils sont capables d'éliminer leurs émotions destructrices et d'encourager celles qui sont épanouissantes.

Ces heureux individus ont l'admirable faculté de ne jamais être sur la défensive. Ils ne s'amusent pas à impressionner les autres, ils ne s'habillent pas dans l'espoir de recueillir l'approbation, ils ne se répandent pas en explications. Ils sont simples, ils sont naturels et chicaner, qu'il s'agisse de choses sérieuses ou futiles, ne présente pas d'intérêt pour eux. Ce ne sont pas des ergoteurs ni des polémistes prompts à s'emballer. Ils se contentent d'exposer leur point de vue et d'écouter les autres, sachant qu'il est vain d'essayer de convaincre quelqu'un qu'il a tort. « Fort bien, se bornent-ils à répondre. Nous sommes différents, voilà tout. Nous ne sommes pas obligés d'être du même avis. » Ils n'insistent pas car ils n'éprouvent pas le besoin de sortir vainqueurs de la discussion ou d'amener leur interlocuteur à reconnaître que sa position n'est pas fondée. Ils ne craignent pas de donner une mauvaise impression d'eux-mêmes mais, d'un autre côté, ils ne cherchent pas systématiquement à en donner une qui soit flatteuse.

Leurs valeurs ne sont pas limitées. Ils ne s'identifient pas à leur famille, à leur voisinage, à leur communauté, à leur ville, à leur région, à leur pays. Ils se considèrent comme membres de l'espèce humaine et un chômeur autrichien ne vaut ni plus ni moins qu'un chômeur californien. Ils ignorent le chauvinisme : ils appartiennent à l'humanité tout entière. La mort d'un ennemi ne les réjouit pas puisque l'ennemi est un homme au même titre que l'allié. Ils ne souscrivent pas aux démarcations artificielles entre les hommes. Ils transcendent les frontières traditionnelles au nom desquelles on catalogue souvent les autres en les qualifiant de rebelles ou de traîtres.

Ils n'ont ni héros ni idoles. Tous les gens sont, à leurs yeux, des êtres humains et ils n'établissent pas de hiérarchie entre eux. Ils ne réclament pas la justice à tout bout de champ. Quelqu'un est-il plus privilégié qu'eux ? Ils se disent que c'est tant mieux pour l'intéressé au lieu d'y voir une raison d'être malheureux. Ils aiment que leur adversaire joue bien plutôt que de gagner parce qu'il aura fait une performance médiocre. Ils n'exigent pas que tout le monde soit également doué mais que l'on trouve le bonheur en soi-même. Ils n'admonestent pas, ils ne prennent pas plaisir aux infortunes d'autrui. Ils sont trop occupés à *être* pour remarquer ce que font leurs voisins.

Ce sont, et c'est le plus important, des êtres qui ont de l'amour pour eux-mêmes. Ils sont motivé par le désir de s'épanouir et ils se traitent bien quand ils en ont le choix. L'apitoiement sur soi-même, le refus et la haine de soi n'existent pas pour eux. Si vous leur demandez : « Est-ce que vous vous aimez ? », ils vous répondront par un « Bien sûr ! » retentissant. En vérité, ce sont des merles blancs. Chaque jour est pour eux une joie nouvelle. Ils le dégustent dans toute sa plénitude et vivent à fond l'instant présent. Ce n'est pas qu'ils n'aient pas de problèmes, mais ils sont affranchis du blocage émotionnel que provoquent les problèmes. Ce n'est pas à leurs erreurs que l'on doit juger de leur santé mentale mais à l'attitude qu'ils ont quand ils en commettent. Quand ils trébuchent, restent-il par terre à se lamenter et à geindre parce qu'ils sont tombés ? Non, ils se relèvent, s'époussettent et se remettent à la tâche — c'est-à-dire à vivre. Les individus exempts de zones erronées ne pourchassent pas le bonheur : ils vivent et ils reçoivent le bonheur de surcroît.

L'extrait suivant, paru dans le *Reader's Digest* à propos du bonheur résume cette démarche de vie efficace qui est l'objet de ces pages :

> Rien au monde ne rend le bonheur aussi inaccessible que le fait de se lancer à sa poursuite. L'historien Will Durant raconte qu'il l'avait cherché dans l'érudition et n'avait trouvé que désillusion. Il le chercha ensuite dans

les voyages et ne trouva que l'ennui. Dans la richesse, et il trouva la discorde et les soucis. Il chercha le bonheur en écrivant des livres et il n'y gagna que de la fatigue. Un jour, il vit une femme qui attendait dans une petite auto avec un enfant endormi dans les bras. Un homme sortit de la gare, s'approcha d'elle, l'embrassa et embrassa tout doucement le bébé pour ne pas le réveiller. La voiture démarra avec le couple et l'enfant. Durant, stupéfait, eut la révélation de la véritable nature du bonheur. Recouvrant sa sérénité, il découvrit que « toute fonction normale de la vie contient une part de joie* ».

Si vous utilisez l'instant présent pour vous épanouir au maximum, vous cesserez d'être un observateur, pour devenir l'une de ces personnes. Etre exempt de zones erronées — quelle chose merveilleuse ! Vous pouvez faire ce choix sur-le-champ — à condition de le décider !

* *The One Sure Way to Happiness*, par June Callwood, octobre 1974.